솔직하고 발칙한 **한국 현대사**

솔직하고 발칙한 **한국 현대사**

초판 1쇄 발행일 2017년 1월 20일
초판 2쇄 발행일 2018년 6월 12일

지은이 김민철 · 노항래 · 오준호 · 임영태

펴낸이 김완중
펴낸곳 내일을여는책
편집총괄 김세라
본문디자인 ㈜네오애드앤씨
관리실장 장수대

인쇄 예림인쇄
제책 바다제책

출판등록 1993년 1월 6일(등록번호 제475-9301)
주소 전라북도 장수군 장수읍 송학로 93-9(19호)
전화 063) 353-2289
팩스 063) 353-2290
전자우편 wan-doll@hanmail.net
블로그 blog.naver.com/dddoll

ISBN 978-89-7746-067-6 43910

ⓒ 김민철 노항래 오준호 임영태 2017

(CIP제어번호: 2017001042)

학교에선 배울 수 없는
우리 역사 이야기

솔직하고 발칙한
한국 현대사

글 김민철 · 노항래 · 오준호 · 임영태

내일을여는책

숨기고 싶은 이야기
그러나 반드시 알아야 할 이야기

지난해 봄, '설현'이라는 아이돌 연예인이 안중근의 얼굴을 몰라 누리꾼들로부터 몰매에 가까운 비난을 받은 적이 있다. 급기야 기획사측은 기자회견 자리를 만들었고, 이 연예인은 눈물로 사죄함으로써 사태를 수습했다. 누리꾼들도 처음에는 개념 없는 아이돌로 맹렬하게 비난하다가 시간이 지나자 '아이돌만 왜 비난하느냐. 교육의 효율성 운운하며 한국사 교육을 줄인 기성세대에게도 잘못이 있다'는 목소리에 다소 귀를 기울이는 것 같았다. 사실 이 일은 연예활동 때문에 공부할 시간이 없다는 개인적인 문제와 이명박 정부가 역사교육을 홀대한 정책의 결과라는 구조적인 문제가 겹쳐서 일어난 해프닝일지도 모른다.

대학에서 새내기 학생들의 교양수업을 할 때마다 매번 곤욕을 치르곤 한다. 광주항쟁에 대해 이야기하고 있노라면 어느 순간 학생들의 눈빛이 이상하게 느껴질 때가 있다. '저 양반 도대체 뭔 소리를 하는지' 하는 반응이나 멍한 표정이 어느새 강의실에 차 있는 것이다. '아차, 애들이 이 사건을 처음 듣는구나!' 사태를 수습해야 하니 급하게 아는 학생들을 확인해 보면 역시 10% 정도나 알고 있다. 그것도 이름 정도만 들어봤거나 고향이 광주인 경우가 많다. 물론 인문계열 학생들의 경우 다소 비율이 높게 나오긴 하지만 오십보백보다.

보수적인 정부가 들어선 이후 역사교육은 전체적으로 후퇴했다. 이명박 정부가 내세운 신자유주의 교육정책으로 역사교육은 홀대를 당했다. 역사 과목을 배울 시수가 줄어든 데다 이과생들은 근현대사를 제대로 배울 기회조차 사라졌다. 여기에 정부가 검정한 기왕의 근현대사 교과서를 종북 좌파 교과서로 몰아세우는 어처구니없는 사태가 벌어졌다. 일부 기득권 집단의 권력욕이 역사교육마저 사유물로 만들어버리고 말았다. 민주화 이후 한국 시민사회가 다양한 논의와 검토를 거쳐 사회적 합의를 만들어낸 모든 노력(절차와 내용)들을 민주화 이전으로 돌리려는 반역사적인 공격이 집요하게 일어났고, 지금도 이어지고 있다.

이른바 '뉴라이트'라 불리는 세력들이 2005년경부터 기존의 한국사 교과서들을 '자학 사관', '종북 좌파 사관'에 빠져있다고 집요하게 공격하기 시작했다. 이 주장은 일본 우익들이 1990년대 중반부터 기왕의 역사교과서를 비난하면서 내걸었던 것을 그대로 빌려온 것이었다. 일본 우익들은 일본 사회가 침체된 것이 '기존의 역사교육이 자랑스러운 역사를 가르치지 않고 자신을 학대하는 역사를 가르쳤기 때문'이라 진단하고 '역사공격'을 벌였다. 일본 우익들의 논리대로라면 일본이 일으킨 침략전쟁도 '아시아민족을 해방시키기 위한 전쟁'이었다. 단지 일본이 졌기 때문에 잘못된 것뿐이라는 것이다. 일본군 '위안부'도 스스로 돈을 벌기 위해 간 매춘이며, 난징대학살도 일본을 공격하기 위해 과장된 것에 지나지 않는다. 일본 우익들은 역사공격에 그치지 않고 직접 교과서를 만들어 권력을 이용해 보급에 나섰다. 그것이 후소샤(扶桑社)와 지유샤(自由社)에서 발간한 교과서들이다.

한국의 뉴라이트 역시 이런 방식을 모방했다. 그러나 그 모방이 너무 서투르고 엉성한 데다 실력조차 갖추질 못해 교과서라는 이름을 달기조차 창피한 한국사 책을 만들어냈다. 교학사에서 출간한 고등학생용 <한국사>가 그것이다. 사실을 잘못 적은 것도 헤아릴 수 없이 많고 인터넷에서 떠도는 엉터리 글들을 자료로 인용해 망신을 당했다. 게다가 특정 인물을 찬양하기 위해 만든 한심한 위인전이라 부를 만한 책이었다. 출세를 꿈꾸던 B급 이데올로그들이 만들어낸 졸작 중의 졸작이었다. 최소한의 기본도 갖추지 못한 책을 써놓고도 큰소리를 치는 집필자들을 보면서 인간이 어디까지 뻔뻔해질 수 있는지를 확인할 수 있었다. 뉴라이트 세력들이 전가의 보도처럼 여기는

'시장'의 논리를 따르더라도 교학사 교과서는 참패를 당하는 수모를 겪었다. 권력을 등에 업고 강매를 해서라도 책을 보급하려던 시도는 그 수준이 너무 낮아 사람들로부터 배척당한 것이다.

권력을 배경으로 해서 뉴라이트의 역사인식을 담은 교과서를 만들어 보급하려던 시도가 무산되자 박근혜 정부는 아예 판을 갈아엎는 만행을 저질렀다. 한국사 교과서를 국정화하겠다고 나선 것이다. 이것은 국가가 하나의 역사인식만을 강요하던 독재정권 시절 때의 발상이 아니면 도저히 생각조차 할 수 없는 일이다. 더군다나 민주주의 사회를 운영하는 가장 기본적인 원리마저 부정한 채 일방적으로 밀어붙였다.

역사교육을 정권의 전리품 정도로만 여기는 정부가 친일과 독재를 노골적으로 합리화시키고 있으니 이런 영향이 시민사회에도 매우 나쁜 영향을 미쳤다. 광주민주화항쟁 때 북한의 특수부대가 잠입해 활동했다고 주장하는 '지만원'식 역사공격과 '일베'류의 혐오발언(hate speech)이 언론자유라는 이름 하에 공공연하게 유포되고 유통되고 있다. 한국의 민주주의는 도대체 어디까지 후퇴할 것인가.

출판사로부터 학생들이 쉽게 읽을 수 있는, 한국 근현대사의 어두운 이면이나 부끄러운 내용을 담은 역사책을 내자는 의뢰를 처음 받았을 때는 사실 주저했다. 이미 그런 내용을 담은 책들이 있어 괜히 내용만 일부 달리해서 냄으로써 또 하나의 문자공해나 생산하지 않을까 하는 우려가 컸기 때문이다. 그런데 막상 떠올려 보니 큰 흐름 속에서 조금씩 언급된 정도이고, 그것도 대부분 어른을 독자층으로 하고 있어 중고등학생용으로 적합한 것은 없는 것 같았다. 특히 친일과 한국전쟁, 박정희 정권, 베트남전쟁 문제를 집중적으로 정리한 책은 없었다. 그래서 네 명의 필자들이 용기를 내 글을 쓰기로 결의하고, 각자의 주요 관심에 따라 김민철-친일, 노항래-해방정국과 한국전쟁, 오준호-베트남전쟁, 임영태-박정희 정권으로 나눴다(베트남전쟁은 박정희 대통령 집권 기간에 있었던 일이지만, 사안의 중대함과 사회에 끼친 영향 등을 고려하여 별도의 장으로 구성하였다).

이 책은 자랑스러운 역사를 가르쳐야 한다고 주장하는 사람들에게서는 결코 나올 수 없는 이야기들, 숨기고 싶은 이야기들, 부끄러운 이야기들, 그러나 반드시 알아야 할 이야기들을 다뤘다. 몇 개의 에피소드를 이어가면서 국정교과서에서는 결코 다루지 않을 이야기들을 썼다. 기왕의 한국사 교과서들도 훌륭하지만 우리가 다루고 있는 내용들에 대해서는 간단하게 언급하는 수준이다. 교과서라는 성격 때문에 깊게 다루지 못한다는 점을 인정하더라도 필자들로서는 아쉬움과 불만이 많다. 예컨대 베트남전쟁을 다루면서 전쟁으로 한국의 경제가 발전되었다는 식으로 서술하고 있는 것은 역사교육이 지향하는 바와 거리가 멀다. 베트남전쟁이 어떤 전쟁인가를 두고 논의하는 것은 별개로 치더라도, 타인의 고통과 불행으로 인해 내게 이익이 생겼다면 그 이익이 옳지 못하다는 것을 가르쳐야 하지 않을까. 더구나 한국군이 저지른 민간인 학살 문제는 언급조차 하지 않고 있다.

과거를 돌아보는 일은 잘못을 되풀이하지 않기 위함이다. 그런 의미에서 기왕의 한국사 교과서들은 제대로 과거와 대면하지 못하고 있다. 역사의 은폐, 미화, 왜곡을 일삼는 일본 앞에 우리는 과연 떳떳하다고 말할 수 있을까? 우리의 부끄러운 역사를 날것 그대로 대면할 때 비로소 우리 민족, 우리 사회 안에서 진정한 자기반성과 역사 청산이 이루어질 수 있을 것이다. 이 책은 부끄러운 과거와 대면하기 위한 하나의 작은 시도이다. 부디 이 시도가 파장이 되어 퍼져나가 학교 현장에서 자유롭게 이야기되는 장면들을 상상해본다.

출판을 기획하고 게으른 필자들을 재촉해서 책이 나올 수 있도록 애쓴 '내일을 여는 책' 사장님과 직원들에게 마음을 모아 감사드린다. 하루 빨리 역사교육이 정상화될 수 있기를 간절히 바라며 교실이 자유로운 말과 상상과 토론으로 가득차길 기대한다.

2017년 1월

김민철, 노항래, 오준호, 임영태

차례

1장. 일제 강점기 _ 김민철

2장. **해방 이후 한국전쟁까지** _ 노항래

3장. **베트남전쟁** _ 오준호

4장. **박정희 정권 시기** _ 임영태

1장
일제 강점기

글 **김민철**

한국 근현대사를 전공하는 연구자로 친일문제를 비롯하여 강
제동원 피해자, 일본의 역사 왜곡, 한국전쟁 전후 민간인 학
살 등 과거 청산 문제와 씨름하면서 민족문제연구소 책임연
구원 겸 경희대 후마니타스칼리지 객원교수로 일하고 있다.
<기억을 둘러싼 투쟁>, <기로에 선 촌락>을 썼으며, <친일인
명사전>을 비롯하여 <친일파란 무엇인가>, <일본군 '위안부'
문제의 책임을 묻는다>, <일제 식민지 지배의 구조와 성격>,
<일제하 전시체제기 정책사료총서>, <청산하지 못한 역사>,
<친일파 99인>, <식민지 유산, 국가 형성, 한국민주주의> 등
을 함께 기획하고 썼다. 역사학자로, 시민운동가로, 선생으로
여러 정체성을 갖고 있으며, 가끔은 빅뱅 이후 138억 년 + 50
여 년의 내력을 가진 우주먼지로 무의미함에 의미를 부여해
보려 노력하고 있다.

연표

1장을 열며
한국의 '과거 청산'과 친일문제

지난 20여 년간 우리 사회를 뜨겁게 달구었던 대표적인 문제 중 하나로 '과거 청산' 문제를 들 수 있다. '과거사 정리', '과거사 청산', '과거 극복' 등의 이름으로도 불리는 이 과제는 한국 사회가 험난한 근현대사를 통과해오면서 정리하거나 해결하지 못한 채 봉인돼 왔던 어둡고 우울한, 그리고 아픈 상처들과 관련된 문제들을 말한다. 구체적으로 보면 식민지 시기의 강제동원피해자 문제와 친일문제, 그리고 분단과 한국전쟁 전후의 민간인 학살 문제, 독재정권 하에서 일어난 고문과 의문사, 간첩조작 사건 등 각종 인권탄압 문제 등이다. 식민지에서 독립국가로, 독재체제에서 민주주의사회로 이행되는 과정에서 일어난 각종 문제들이 냉전과 독재체제 아래서 억압되어 있다가 사회가 민주화됨에 따라 한꺼번에 제기된 것이다. 그래서 이런 현상을 두고 어떤 이는 '복합골절'이라 비유하기도 했다. 한두 군데가 아니라 여러 군데가 부러졌고, 다친 곳에 또 다른 상처가 생기면서 복합적 문제·누적된 문제가 되었음을 강조하기 위해서다.

이 중 식민지 하의 친일문제는 매국행위와 식민지 지배체제에 대한 협력행위, 그리고 일제가 저지른 침략전쟁에 협력한 행위의 진실을 밝히고 그 죄에 대한 역사적 책임을 물음으로써 공동체가 가져야 할 최소한의 윤리적 규범을 세우는 일과 관련되어 있다. 강제동원 피해자 문제나 국가권력(폭력)에 의한 인권침해 문제가 진상 규명을 통한 국가책임 추궁과 피해자 구제에 초점을 둔 것이라면, 친일문제는 역사적 정리라는 성격이 강하다. 이러한 성격 차이는 운동 방법이나 배경에도 반영되어 있다. 다른 과거 청산 운동은 피해자 운동에서 출발하고 있으며, 이념 대립으로 인한 희생자 의식이나 민주화 운동의 성과에 따른 보상심리가 밑바탕에서 작동한 측면이 크다. 그러나 친일문제는 진실(기억투쟁)과 정치윤리·가치의 운동으로서, 1949년 반민족행위특별조사위원회*의 와해로 인한 역사적 부채의식과 함께 강한 민족 정서도 작동했다 할 수 있다.

과제의 배경과 목적에서 차이는 있지만 모두 공통된 역사적 배경을 갖고 있다는 점에서 서로 연결되어 있는 과제라 할 수 있다. 즉 냉전체제와 독재체제 하에서 국가폭력을 벌인 중심세력이 친일경찰과 군 출신들이었다는 점에서 친일문제는 다른 과거 청산 문제의 뿌리에 해당한다. 따라서 민주주의의 확대와 과거 청산 문제는 긴밀하게 연결되어 있다. 민주화가 진행되면 과거 청산 문제도 진전되지만, 민주화가 후퇴하면 과거 청산 문제도 후퇴한다. 4.19혁명 이후와 김대중·노무현 정부 시절에 과거 청산을 요구하는 목소리가 커지고 제도적으로 해결하려는 노력들이 진행되었지만, 5.16군사정변 이후와 이명박·박근혜 정부에서 민주주의가 후퇴하면서 과거 청산 영역에도 치명타가 가해졌다. 그런 점에서 김대중·노무현 정부 시절에 추진된 과거 청산은 민주화의 중요한 성과이자, 민주주의를 한 걸음 더 성숙시키고 강화시켜나가는 과제였다고도 할 수 있다.

'과거 청산'의 방법에 대해 독일의 역사가 볼프손(Wolfsohn)은 4W(Wissen[앎], Werte[가치], Weinen[슬퍼함], Wollen[의지])를 제안한 바 있다. 즉 무엇이 일어났는지 알아야 하고, 그 행위가 잘못이었다는 가치판단을 해야 하고, 희생자를 위해 최소한 상징적으로 슬퍼해야 하며, 좀 더 도덕적이고 일반적인 어떤 것으로 승화시키려는 의지를 보이고 실천해야 한다는 것이다. 여기에 나는 책임 규명을 추가하여 다음과 같은 다섯 가지 방식을 통해 과거 청산이 진행되어야 한다고 생각한다.

1. 무엇이 일어났는가(진상 규명).

2. 그때 일어난 일이 옳았는가, 틀렸는가(가치).

3. 피해자의 슬픔을 이해하고 함께할 준비가 되어 있는가(슬퍼함).

4. 이를 통해 현실의 문제를 개선하려는 의지가 있는가(의지).

5. 일어난 일에 누가 어떤 책임을 져야 하는가(책임 규명).

2005년 8월 15일, 노무현 대통령은 8.15 경축사에서 이른바 '포괄적인 과거 청산'을 발표했다. 한국 사회가 민주화되자 앞서 언급한 각종 '과거사' 문제를 해결하기 위해 피해자와 시민단체들의 목소리가 커지고 있었다. 그러한 노력으로 광주민주항쟁의 피해를 밝히고 가해의 책임을 물어 전두환, 노태우 전직 대통령을 감옥에 보내는 한편, 독재정권 하에서 의문의 죽음을 당한 군인과 시민들의 억울한 죽음을 밝히는 등 힘든 싸움을 통해 일부 진상규명과 보상이 이루어졌었다. 그러나 보수 세력의 방해로 그 성과는 크지 못했고, 민주화운동에 참가한 사람들에 대한 명예회복과 일부 보상 등은 있었으나, 그 또한 사건에 따라 심한 차이도 있었다. 노무현 대통령의 8.15 경축사는 이런 문제들을 모두 모아 진상규명을 통해, 비록 늦긴 하지만, 국가폭력의 야만성을 밝혀냄으로써 정의를 실현하고 아픈 상처를 치유해서 미래세대에게 과거의 부담을 넘겨주지 않겠다는 의지를 표출한 것이었다. 이를 계기로 국가 차원에서 '과거 청산' 사업이 종합적·본격적으로 진행되기 시작했다.

그러자 보수 세력들도 대대적인 반격에 나섰다. 한국 사회에서 이른바 '기억투쟁'이 전면화된 것이다. 보수 세력들은 수십 년간 장악해 온 정치권력을 민주세력에게 넘겨준 것에 대한 위기감에 더해 지금까지 독점해 오던 과거에 대한 기억과 해석마저 해체될 위기에 빠졌다고 인식했다.

1980년대 이후 역사를 독점해 오던 한국 사회의 지배계급은 두 방향에서 크게 도전을 받았다. 하나는 그동안 한국 근현대사에서 배제되어 있던 좌파와 민중들의 이야기가 역사 속에서 복원되기 시작했다. 식민지 시기에 독립운동에 몸 바쳤던 주인공들이 지배계급인 우파가 아니라 실제로는 사회주의자들과 민중이었다는 사실이 밝혀졌다. 비록 그러한 저항이 좌절과 실패의 연속이었지만 제국주의의 침략과 억압에 저항한 주체가 우파가 아닌 좌파와 민중들이었다는 사실은 우파들이 현재와 과거, 그리고 미래를 지배하는 데 필요한 역사적 정통성과 권위에 심대한 타격을 주는 것이었다.

또 하나의 도전은 우파들의 일제 하 행적에서 나왔다. 지배계급들이 일제에 저항하기는커녕 강요에 의해서든 개인적 이해에 의해서든 간에 식민지배정책에 협력하고 심지어 일제가 벌인 침략전쟁에 앞장서서 나팔수 역할을 했다는 사실들이 폭로되었다. 처음에는 '친일한 사실이 없다'고 우기다가 증거가 계속 나오자 '어쩔 수 없었다', '너희도 그때를 살아봐라, 친일하지 않고 살 수 있는가'라는 식으로 변명하는가 하면, '친일 청산을 주장하는 놈들은 빨갱이이며, 국론분열을 조장하는 놈들이다'라고 역공을 펼치기도 하고, '지금 와서 과거를 들춰서 무슨 이득이 있겠느냐'는 식으로 대응하기도 했다. 그러나 이러한 주장들은 크게 설득력을 얻지 못했다. '친일을 하면 삼대가 흥하고 독립운동을 하면 삼대가 망한다'는 자조적이고 허무적인 역사의식이 있었지만, 그에 못지않게 정의와 윤리에 대한 욕구와 갈증도 적지 않았기 때문이다. 1990년대 들어 친일파들을 위한 각종 기념사업을 둘러싸고 시민사회에서 치열한 싸움이 전개되어, 시민들은 과거의 진실을 마주볼 기회를 자주 갖게 되었다. 그리고 이완용 후손의 조상 재산 되찾기 등은 억압되고 잠재되어 있던 시민들의 '정의와 윤리의 욕구'에 불을 붙이는 역할을 했다. 친일을 변호하던 목소리는 갈수록 그 힘이 약해졌다.

이처럼 좌파와 민중들의 역사 복원, 그리고 친일문제의 본격 제기라는 두 방향에서의 도전은 지배계급이 독점하던 기억과 역사에 균열을 가져왔다. 여기에 노무현 대통령의 '포괄적인 과거 청산' 담화는 균열을 넘어 기억 자체를 해체시킬지도 모른다는 위기의식을 가져다주었다. 군사정권에 협력해서 부와 권력을 누린 것에 대한 도덕적 부담에 과거 지배적 기억의 해체까지 더해진다면 지배계급으로서의 '권위'에 아래로부터의 '동의'를 구하는 일은 더더욱 어려워질 수밖에 없었다.

이런 위기의식 아래 2000년대 초부터, 전향한 좌파 일부와 우파들이 정계와 재계의 지원을 받아 이른바 '뉴라이트*'라는 이름으로 세력을 조직화했다. 그리고 기존의 역사교육이 한국의 업적을 무시하고 나쁜 점만 가르치는 자학 사관, 종북 좌파 사관에 바탕을 두고 있다며 대대적인 '역사공격'에 나섰다. 보수 세력이 정권을 장악하자 뉴라이트 세력은 권력을 동원해서 기존의 한국사 교과서 내용을 강제로 수정하게 하고, 그것도 성에 차지 않자 직접 교과서를 만들어 보급하려 했다. 그러나 졸속으로 만들어 교과서 수준이 너무 엉망인 데다 이승만과 박정희 대통령을 노골적으로 찬양하고 친일과 독재를 변호하고 합리화하는 것이 도가 지나쳐 배척받은 바 있다.

　　최근 뉴라이트의 이 '역사공격'에서 두드러지는 특징은 독재세력과 친일파들을 적극 비호하고 나섰다는 점이다. 친일파들을 자본주의 문명을 도입하는 데 기여한 인물로 묘사하고, 독재자와 그 동조자들이 경제를 발전시킨 결과 중산층이 증대되었고 이 중산층이 민주화를 성취하였으니 결국 독재세력이 한국 민주화의 공로자라는 어처구니없는 논리를 펴고 있다. '식민지근대화론'이니 '산업화세력과 민주화세력'이니 하는 주장들이 학술적인 영역에서도 공공연하게 제기되고 각종 언론매체를 통해 확대되고 있다. '어쩔 수 없었다'에서 시작해 '역사의 공(功)이 이렇게 많은데 누가 내게 돌을 던지랴'를 넘어 이제 '내 업적을 높이 평가하라'는 논리로 변화되고 있다. 친일파에 대한 '기억투쟁'이 단순히 기억의 문제에 그치지 않고 한국 사회가 앞으로 어떤 사회를 만들어갈 것인가를 두고 새로운 '가치투쟁', '윤리투쟁'의 문제로 제기되고 있는 상황이다. 따라서 친일문제는 여전히 과거형이 아니라 현재형이다.

01 친일파, 친일문제란?

친일파라는 이야기가 나오면 우리는 쉽게 이완용, 을사오적 등 나라를 팔아먹는 데 앞장 선 사람들을 떠올린다. 좀 더 역사에 관심을 가진 사람들 입에서는 독립운동 탄압의 대명사인 고등계 형사 노덕술*의 이름이 나오기도 한다. 또는 일제 말기 침략전쟁에 적극 협력한 이광수나 김성수, 김활란 등의 지식인을 떠올리기도 한다. 따라서 한국 사회에서 친일파란 단지 일본에 우호적이고 일본문화를 찬양하는 자를 가리키는 말은 아니었다. 그것은 주로 '왜정 36년간 조선 민족의 고혈을 빨아 사리사욕을 채운 자', '동족의 생명과 정신을 강탈하는 폭정에 의식적으로 협력하여 자신의 명예와 향락을 누린 악질적인 자'를 일컬었다.

그러나 사실 친일파란 단어처럼 정의하기 어려운 말도 없을 것이다. 매국노라는 의미를 띨 때는 개인의 윤리 문제가 앞서고, 부일협력자라는 의미를 띨 때는 식민체제라는 구조적인 성격이 강조된다. 친일문제가 대중의 이야기가 되면서 구조적인 문제보다는 개인의 윤리 문제가 더 부각된 것은 자연스런 현상일 것이다. 일반적인 감각에서는 식민지라는 구조·체제보다는 한 개인의 정치적 선택이나 행보가 윤리적으로 얼마나 옳으냐 그르냐에 관심을 가지기 때문이다.

'친일파'라는 말은 구한말부터 시작해서 지금까지 사용되고 있으니 1세기가 넘는 연륜을 가지고 있다. 100년 전 한국 사회에는, 근대화를 통한 부국강병만이 식민지를 면하는 길이라 보고 이를 실현하기 위한 근대화 모델로 일본이나 청나라, 미국을 신뢰하는 정치집단들이 있었다. 그 중 일본이 메이지유신 이후에 추진한 자본주의화 과정을 모델로 삼는 집단이 있었는데 이들을 '친일'개화파라고 불렀다. 따라서 이 시기의 '친일파'는 특정한 이념과 외세에 가까운 정치세력을 가리켰다. 이처럼 '정치적 선택'의 의미를 갖던 '친일'이 현재와 같이 부정적 의미를 갖게 된 것은 러일전쟁으로 조선이 일본의 반(半)식민지가 되었을 때부터다.

식민지기에 들어와서도 친일파라는 단어는 국제 관계를 나타내는 의미와 매국노 또는 일본제국의 앞잡이라는 의미로 함께 사용되었다. 중국 민족운동의 노선 대립을 두고 '양극단으로 대립한 구미파와 친일파'(<조선중앙일보>, 1935.12.4.)라는 식의 기사가 있는가 하면, 부정적인 의미에서 ''친일파' 따리고 20여명 검속돼'(<중외일보>, 1929.9.28.)라는 식의 기사도 있다.

이처럼 여러 의미로 쓰이던 친일파란 말이 본격적으로 청산의 대상으로 인식된 것은 해방 이후부터였다. 해방정국에서 '친일파', '친일분자', '매국노', '부일협력자', '민족반역자'라는 말이 거의 매일

언론지면을 장식하거나 각 사회단체의 강령과 성명서 속에 자리하고 있었다. 그러나 정작 친일파가 무엇인가를 규정하고 있는 곳은 흔치 않다. 이미 정서적으로 사람들 사이에 공감대가 형성되어 있었기에 구체적으로 '이렇다'고 할 필요가 없었기 때문일 것이다.

친일파에 대한 구체적인 규정은 1946년 3월 1일 민주주의민족전선(민전)에서 발표한 <친일파 규정 초안>에 나온다. 이 초안에서 민전은 친일파를 '일본제국주의에 의식적으로 협력한 자의 총칭'으로 규정하고 이 중에서 '극악한 부분'을 민족반역자로 규정하였다. 즉 친일파라는 포괄적 규정 안에 민족반역자의 규정을 별도로 다룬 것이다. 이처럼 친일파와 민족반역자를 구분하여 정의하는 것이 당시 보편적으로 받아들여지던 방식이었다. 다른 단체들도 대체로 이런 기준에 따랐다. 다만 과도입법의원에서 작성한 <부일협력자·민족반역자·전범·간상배에 대한 특별법률조례> 초안에서는 '부일협력자'란 용어를 썼으며, 특히 전범을 별도로 규정하고 있다. 그러나 전범은 '전승국의 권리로 부일협력자의 행위가 전쟁과 관계 있다 해도 전범은 아니'라는 비판 때문에 <조례>에서는 빠지고, 대신 주요 내용은 부일협력자 항목에 포함되었다.

2009년 친일인명사전편찬위원회가 발간한 <친일인명사전>에서는 수록대상자를 '을사조약 전후부터 1945년 8월 15일 해방에 이르기까지 일본제국주의의 국권 침탈·식민통치·침략전쟁에 적극 협력함으로써 우리 민족 또는 타 민족에게 신체적·물리적·정신적으로 직간접적 피해를 끼친 자'로 규정했다. 사전에서는 민족반역자와 부일협력자 중에서 역사적 책임이 무겁다고 판단되는 사람들로 수록대상을 제한한다고 했다. 따라서 지금은 민족반역자와 부일협력자 모두를 부르는 용어로 친일파란 단어를 사용하고 있으며, 이는 '친일'과 '친일파'란 단어가 우리 사회에서 하나의 역사적 용어로서 시민권을 갖게 되었기 때문이다.

이제 친일파들이 어떤 친일행위를 했으며, 그 논리는 무엇인지, 그리고 친일파가 한국 사회에 남긴 부정적인 유산(negative heritage)은 무엇인지를 찾아 여행을 떠나 보자.

02 갑신정변의 주역들은 왜 친일파로 변절했을까

1884년 10월 초, 청이 안남(安南, 베트남) 문제로 프랑스와 싸워 패배했다는 소식을 들은 급진 개화파는 청이 조선 문제에 개입할 여

유가 없을 것이라고 믿고, 개화당 정권을 수립하기 위한 정변을 단행키로 했다. 10월 30일 서울로 돌아온 일본 공사 다케조에 신이치로는 개화파에 대한 종전의 적대적인 태도를 바꾸어 호의를 보이면서 접근해 왔다. 서재필의 조련국 병력은 적고, 윤웅렬의 함경남도 병영에서 병력을 전부 차출하는 것이 힘들다고 본 김옥균 등은 우선 부족한 무장능력을 보충하고 청군을 견제하기 위한 수단으로 일본의 호의에 응했다. 다케조에는 공사관 병력 150명을 지원하고 일본 정부로부터 3백만 엔을 얻어내 빌려주겠다고 제안하였다.

11월 4일 박영효의 집에서 김옥균·박영효·홍영식·서재필·서광범 등이 모였다. 거사의 날짜와 구체적 방법 등을 결정하기 위한 자리였다. 이 자리에 일본 공사관의 시마무라 히사시 서기관이 참석했다. 그는 김옥균과 서광범에게 "서울에 주둔하는 청나라 병사를 구축하는 일은 우리의 1개 중대 150명으로도 그다지 어려운 일이 아닐 것이다."라고 말했다. 다케조에 공사 역시 11월 16일자 보고에서 "정변이 나면 그(김옥균)를 보호할 방침이며, 정변이 나더라도 우리의 1개 중대로 청국의 현재 병력(단지 5~6백 명으로 추산됨)을 격퇴함은 지극히 용이한 일입니다."라고 장담하였다.

이러한 일본 공사의 호언장담에 고무된 김옥균 일파는 12월 4일 홍영식이 총판으로 있는 우정국 개국 축하 만찬회를 이용하여 정변을 일으켰다. 이들 개화파들은 연회가 열릴 즈음 이웃집에 불을 질러 혼란을 일으킨 다음, 행동 전위대로 나선 서재필을 비롯한 토야마 군관학교 출신 사관생도들이 초청한 사대당 요인들을 모조리 암살하려 했으나, 겨우 민영익에게 중상을 입혔을 뿐 계획은 실패하고 말았다.

150명으로 3천 명을 격퇴하겠다던 호언장담은 청군의 반격에 물거품이 되고 말았다. 12월 6일 오후 3시, 고종이 혁신 정강을 결재하고 개혁 정치 실시 조서를 내릴 무렵, 청군은 흉도들에게 납치된 왕과 왕비를 구한다는 포고령을 내린 뒤 1,500명의 병력을 두 개의 부대로 나누어 창덕궁의 돈화문과 선인문으로 각각 공격하여 들어왔다. 청군이 궁궐로 쏟아져 들어오자 다케조에는 사태가 불리하다고 판단해 재빨리 군대를 철수, 돌아가 버렸다. 150명에 불과한 개화파 군사로는 청군을 막을 방법이 없었다. 이렇게 해서 개화파 정권은 '3일 천하'로 끝났고, 그들이 내건 혁신 정강과 왕이 내리려던 조서 또한 휴지가 되어버렸다.

홍영식과 박영교(박영효의 형)는 고종을 북관종묘까지 호위하다가 청군 손에 죽었다. 김옥균, 박영효, 서광범, 서재필, 변수 등 9명은 창덕궁 북문으로 빠져나가 옷차림을 바꾸고 일본 영사관 직원 고바야시의 주선으로 제일은행지점장 기노시타의 집에 은신하였다. 그러나 묄렌도르프가 추격대를 이끌고 오자, 그들은 제물포항에 정박 중이던 일본 선박 지도세마루 호로 도망갔다. 이들을 추격한 묄렌도르프는 승선하려던 다케조에 공사에게 '숨어 있는 자들'을 내놓을 것을 요구했고, 다케조에는 김옥균 일행에게 배에서 내리라고 독촉했다. 그러나 다케조에의 말 바꾸기에 분노한 지도세마루 호의 선장 스치 가츠자부노우는 다케조에의 무책임함을 추궁하며, 묄렌도르프에게 그런 사람들이 온 적 없다고 했다. 묄렌도르프 역시 조선의 외교 고문이므로 일본 선박을 함부로 수색할 수 없어 그냥 물러갔다. 목숨을 구한 이들은 일본으로 망명한다.

이 사건이 갑신정변이다. 조선 정부는 이 사건을 역모로 규정하는 한편, 주모자들을 대역 죄인으로 공표하고 서재창·이희정·김봉균·신중모·이창규·이윤상·오창모·차홍식·남흥철·고흥종·이점돌·최영식을 처형하였다. 국내에 남은 다른 개화파들은 민비 척신 세력에 의하여 철저히 색출되어 수십 명이 피살되었고, 개화당은 몰락하였다.

관련자로 지목된 김옥균의 처는 관노가 되기 전에 딸과 함께 음독 자결했으며, 서재필의 아버지 서광효 내외와 맏형도 음독 자결했다. 박영효의 아버지 박원양은 판서직에서 해임된 뒤 투옥, 옥사했다. 이때 처형된 이가 600여 명에 달했다고 한다. 윤효정은 "개화당의 박영효, 김옥균이 일본으로 망명하고 사대당의 천하가 되면서 개화 소장파 570명이 교수대의 이슬로 사라지자 유길준은 그저 망연할 뿐"이었다고 한다. 한편 고종의 소환령을 듣고 귀국하던 유길준은 귀국 직전 일본에 들러 김옥균, 박영효, 박중양을 만났으며, 한성부로 돌아오자마자 체포되어 구금되었다. 박영효와 김옥균의 은신처를 자백하라며 고문을 당했지만 만난 적이 없다고 버텼다. 감옥살이는 면했지만 그는 포도대장 한규설의 집에 감금되었다.

갑신정변으로 일본에 망명한 사람은 8명이다. 그 중 김옥균은 암살당했고, 서광범과 임은명은 병사했다. 살아남은 사람은 류혁로·박영효·신응희·이규완·정란교 등 5명인데, 모두 거물 친일파가 되었다.

류혁로는 갑신정변 때 행동대원으로 정찰과 통신 업무를 담당했다. 통감부가 개설된 후 귀국한 그는 이토 히로부미의 추천으로 구한국 서북영창 사무관과 평북 관찰사로 있다가, '강제병합'과 함께 조선총독부 경기도 참여관이 되었다. 지금의 부지사에 해당되는데, 각 도에 1명씩 조선인으로 임명되었으며, 도지사를 자문·보좌하는 한편 도의 부장(현재의 국장)을 겸하기도 했다. 1916년 충북 지사로 승진한 그는 1940년까지 23년간 중추원 참의를 7번이나 지냈다.

박영효는 철종의 딸 영혜 옹주와 결혼한 국왕의 사위였다. 갑신정변 실패로 일본으로 망명한 후 청일전쟁 때 일본의 비호로 귀국했다. 갑오개혁 때 김홍집 내각의 내부대신을 지냈으나 고종의 아관파

천으로 다시 망명길에 올랐다. 1907년에 귀국한 그는 이완용 내각의 궁내부대신 등을 하다가 한때 제주도에 유배되기도 했다. '강제병합'과 함께 후작이 된 그는 식산은행 이사, 조선사편찬위원회 고문, 조선농회 부회장을 지냈고, 1921년 중추원 고문이 된 이후 부의장을 14년이나 지냈으며, 일본 귀족원 의원까지 되었다.

신응희는 박영효의 심복인 육군 참위로 갑신정변에 가담했다. 통감부의 비호 하에 귀국한 그는 '강제병합'과 함께 함경남도 지사에 임명되었다. 1918년 황해도 지사가 된 그는 3.1운동 때 만세를 반대하는 경고문을 발표했다. '독립은 망령된 이야기이니 경거망동해서 조금도 효과가 없'으며 '불온한 행동을 강요하는 자가 있으면 이를 제지'하라는 주장이었다. 1921년 황해도 지사를 물러난 뒤 1928년까지 중추원 참의를 지냈다.

이규완은 대위로 갑신정변에 가담했으며 1893년에 귀국, 이듬해 갑오개혁 때 김홍집 내각의 경무관(현 치안본부장)이 되었으나, 명성황후 시해사건으로 다시 망명했다. 1907년에 귀국한 뒤 구한국 중추원 부찬의와 강원도 관찰사를 지낸 그는 '강제병합'과 함께 강원도 지사로 변신했다. 3.1운동이 일어나자 그 역시 "일부 불령한 무리의 선동으로⋯ 군중이 망동을 감행하는 일"을 반대하는 경고문을 발표했다. 1924년 도지사를 사임한 뒤 동양척식주식회사 고문이 되어 청량리 전농농장과 춘천농장을 개간했다.

정란교는 사관생도로 갑신정변에 가담했으며, 망명 중에는 박영효 등의 신변 보호를 맡았다. 청일전쟁 때 귀국해 동학농민군을 충청·전라도에서 격파했으며, 1895년에는 군무아문 참의를 거쳐 군인으로 출셋길에 올랐다. '강제병합' 때 충남 참여관으로 변신한 뒤 1927년부터 1943년까지 17년간 중추원 참의를 지냈다.

여기서 한 가지 의문이 생긴다. 봉건적 질서를 타파하고 근대적 국가를 세우기 위해 목숨을 걸고 거사를 단행했던 그들이 왜 모두 친일파의 거두로 변신했을까. 그들 역시 일본에서 메이지유신을 단행했던 혁명가들과 같은 세상을 꿈꾸며 정변을 일으켰지만, 결과는 전혀 반대였다. 근대적 개혁은 실패로 돌아가고 나라마저 망해 식민지로 떨어지고 말았다. 왜 이처럼 자신들이 꿈꾸던 것과는 전혀 다른 사태를 만들었을까. 물론 그 일차적인 책임은 일본제국주의의 침략 야욕에 있다. 그러나 역사의 주체라는 관점에서 볼 때, 외세를 이용해 개혁을 하겠다던 구상이 얼마나 독이 되어 돌아오는지, 그 대가가 얼마나 큰지를 갑신정변의 젊은 개혁가들은 깨닫지 못했다. 아니면, 그것을 알았다 하더라도 봉건적 기성질서에 대한 극도의 환멸과 조선 정세에 대한 위기감 때문에 외세의 힘이라도 빌릴 수밖에 없었던 것일까.

개화사상의 이론가이자 갑오개혁의 중요 개혁안을 대부분 기획했던 유길준에게서 해답의 실마리를 찾을 수 있다. 1894년 경복궁을 향해 무력시위를 하며 '내정개혁'이라는 명분을 들어 갑오개혁을 강요한 일본군의 폭거에 유길준은 주저하면서도 강요된 개혁을 활용하고자 했다. 그때의 심정을 그는 이렇게 말했다.

> "지금 조선의 개혁은 행하지 않을 수가 없지만 조선인 된 자에게는 삼치(三恥, 세 가지 부끄러움)가 있습니다. 제가 말하는 삼치란 스스로 개혁을 행하지 못해 귀국의 권박(勸迫)을 받았으므로 본국 인민에 대하여 부끄러운 그 하나요, 세계 만국에 대하여 부끄러운 것이 그 둘이요, 천하 후세에 대하여 부끄러운 것이 그 셋입니다. 지금 이 삼치를 무릅쓰고 세상에 나설 면목이 없으나 오직 개혁을 잘 이룸으로써 자기의 독립을 보존하고 남에게 굴욕을 당하지 않으면서 개진(開進)의 실효를 거두어 보국안민(保國安民)하게 되면 오히려 허물을 벗어날 수 있을 겁니다. 만일 다시 구폐(舊弊)를 그대로 행한다면 장차 또 한 번의 권박을 초래해 국가가 앞으로 어떤 지경에 이를지 알 수 없습니다. 우리들이 장차 이 점에 힘써 국인(國人)의 마음이 따르면 개혁의 일을 행할 수 있고, 만일 이에 통하지 못해 다만 권면(勸勉)을 행할 뿐이라면 아마도 성공할 날이 없어 난이 먼저

일어날 듯합니다."(<유길준전서>4, 1894년 10월 일본 외상 무쓰 무네미쓰와의 '문답')

　삼치론(三恥論)이라고도 하는 이 글에서 우리는 유길준이 일본 군에 의해 강요된 개혁에 나설 수밖에 없었던 마음을 조금은 이해할 수 있다. 타율적으로 주어진 기회이지만 그것을 최대한 활용하고자 갑오개혁에 참여했다는 자기변명처럼 들릴 수 있으나, 그가 추진한 개혁과 이후의 행적들로 볼 때 그를 친일파로 부르지는 않는다. '강 제병합' 때 많은 개화파들은 일본이 주는 작위와 돈과 관직을 흔쾌히 받았다. 그러나 유길준은 작위를 사양했다. 굳이 위안이라면 위안이 라 할 수 있겠다.

　그런데 자주적인 근대국가를 꿈꾸던 수많은 개화파·문명개화론 자들이 친일의 길로 걸어간 것을 합리화시켜준 논리는 무엇인가. 역 사학자들은 그 해답을 사회진화론에서 찾고 있다.

　다윈의 '진화론'을 사회에 응용해 스펜서와 헉슬리가 주장한 '사 회진화론'을 조선에 소개한 이는 유길준이다. 이 사회진화론이 하나 의 사상으로 자리 잡게 된 것은 을사조약을 전후해서다. 국권이 위협 받게 되자 조선의 신구 지식인들은 사회진화론에 기초해 민족의 실 력양성과 그를 통한 국권회복운동을 전개했다. 애국계몽운동이라 불

일본 유학 시절의 유길준(1882년)   윤치호(1930년대)

리는 이 운동의 기본 구조는 이렇다. 이 세계는 약육강식과 적자생존 즉 경쟁의 논리에 따라 진보하며, 이는 자연의 법칙이다. 따라서 '국권을 잃어버리지 않기 위해서는 힘을 기르자. 힘을 기르기 위해선 우매한 민중을 계몽해야 하며, 교육과 산업을 육성하는 것이 그 방법이다'라는 것이 논리의 요지이다.

주관적으로는 선한 의도를 갖고 있었다. 그러나 결과는 정반대로 나타났다. 국권을 지키기 위해서 교육과 산업의 힘을 키우자고 했으나 여전히 조선은 약자의 지위에서 벗어나지 못했다. 강자와의 차이는 더 벌어졌으며, 약자의 주권마저 상실될 위기에 처했다. 이제 계몽주의자들은 갈림길에서 선택을 해야 했다. 강자를 비판하는 길과 약자의 지위를 인정하고 체념하는 길이었다. 신채호는 전자의 길을 택했으며, 윤치호는 후자의 길을 택했다. 그리고 대부분의 개화파들 역시 후자를 따랐다. 강자의 길을 요구한 사회진화론이 이제 부메랑이 되어 일제의 조선 지배를 용인하고 자신들의 변절을 합리화시켜 주는 논리로 바뀌게 된 것이다. 즉 식민지화의 위기를 자신(약자)의 문제로 돌림으로써 제국주의(강자)의 침략을 사실상 인정하고 마는 논리적 파국을 초래한 것이다. 스스로를 무장하기 위해 도입한 사상이 자신을 무장 해제시키는 논리로 전환되는 역설이 성립하였다. 침략자인 강자에게 잘못이 있는 게 아니라 내가 못났기 때문이라는 '내 탓이오!'론은 자신을 채찍질하는 데는 일시적으로 유효할지 모르나 문제의 본질을 이해하고 해결하는 데는 오히려 나쁜 영향을 끼치고 있음을 역사는 말해주고 있다.

또한 사회진화론은 문명의 논리로 제국주의의 침략과 지배를 합리화시켜 주는 구조를 갖고 있다. 즉 경쟁으로 인해 강자가 세상을 지배하는 것이 세상의 법칙이라 한다면, 제국주의의 식민지배조차 문명의 이름으로 정당화시킬 수 있기 때문이다. 문명개화를 최우선의 과제로 삼았던 윤치호가 영국의 인도 지배를 긍정적으로 이해한 것도 이 때문이다. 독립협회의 많은 논설들 또한 열강의 이권 침탈을 경제 침략이 아닌 근대화를 위한 것이자 독립을 보장받는 길로 인식했다. 제국주의 국가들이 노리는 바를 제대로 알지 못한, 국제정세에 대한 무지 탓도 있겠지만, '주권 없는 근대화론=자본주의 문명화론'이 결국은 주권을 위협하고 민중을 더 큰 고통에 빠트리는 주장임을 깨닫지 못한 사상적 한계를 드러낸 것이다.

　사회진화론이 가진 사상적 한계를 정면으로 극복하고 반제국주의의 이론을 선명하게 제시한 이가 신채호였다. 한때 사회진화론자였던 그조차 1907년에 이르러서야 비로소 일제의 주권 침략을 본격적으로 비판할 수 있었던 점에서 볼 때 개화·계몽기에 조선의 지식사회에 미친 사회진화론의 영향은 긍정적이든 부정적이든 간에 그만큼 컸다고 할 수 있다.

03 일본에 이용당한 친일파 이용구와 일진회*

　1868년 경상북도 상주군 진두리에서 출생한 이용구는 1890년 동학에 들어간 뒤 포교활동에 뛰어난 성과를 보여 3년 동안 10만 여 명에게 포교했다고 한다. 1894년 동학농민전쟁 때 최시형이 동원령을 내리자 손병희의 우익장으로 손천민과 함께 경기도·강원도·충청도의 교도 수천 명을 거느리고 참가했다. 음성·음죽·괴산을 공격해 무기를 입수한 이용구의 동학군은 괴산과 청주에서 이두황의 관군과 일본군을 격파하면서 논산으로 이동하였다. 동학군 5만 명을 지휘하던 이용구는 논산싸움에서 패전하면서 왼쪽 허벅다리에 총상을 입었다. 충주로 후퇴한 그는 관군과 일본군이 포위망을 압축해 오자 버텨낼 재간이 없었다. 남은 군사 1천여 명을 해산하고 거주지인 황산리로 도피했다.

이때부터 1898년까지 만 4년, 노모와 처자를 동반한 이용구의 피신행각은 그야말로 가시밭길이었다. 아내는 1894년에 체포·투옥되었으며, 이때 얻은 병으로 1896년에 사망했다. 이용구도 1898년 1월에 잡혀 교주 최시형의 행방을 대라는 모진 고문에 왼발에 골절상까지 입었다.

이 무렵 동학교도는 전국에서 혹독한 탄압을 받았다. 동학교도이거나 동학교도와 내통하고 있다는 의심을 받는 일은 곧 죽음을 의미했다. 이런 상황은 1904년 러일전쟁이 일어날 무렵까지 계속되어, 전국에서 수많은 교도들이 불법 체포되거나 살해되었고 가산을 몰수당했다. 최시형이 처형된 뒤 3대 교주 손병희가 정부 탄압도 피하고 변화의 대세도 관찰할 겸 1901년 3월 일본으로 망명했다. 망명길에 함께 오른 이용구는 손병희의 명을 받아 먼저 귀국해서 동학교도를 모아 정치개혁을 목적으로 하는 진보회를 조직했다.

러일전쟁이 일어날 조짐이 보이자 손병희와 이용구는 새로운 탈출구를 찾기 시작했다. 전쟁에 이길 나라를 원조해서 그 후광으로 조선 정부의 탄압을 완화시킨다는 발상이었다. 반봉건·반외세의 기치를 내걸었던 동학정신이 정부의 압정으로 왜곡되면서 외부의 힘에 의지하려는 모습으로 바뀌게 된 것이다. 이용구는 일본의 필승을 믿어, 러시아의 승리를 점치는 손병희와 은근히 대립했다. 그러나 이러한 노선 차이는 단지 손병희와 이용구 사이에서만 있었던 것은 아니다. 당시 조선은 관변과 재야 할 것 없이 러·일 양국 중 승리할 나라를 원조하여 조선의 살 길을 찾으려고 하는 기회주의적 경향이 일반화되어 있었다고 할 수 있다.

이러한 분위기를 이용해 이용구에게 마수를 뻗친 것은 일본군 참모부장인 마쓰이시 대좌와 조선주차군 참모장인 사이토 중좌였다. 일본군 참모진들은 러일전쟁 작전군의 배후를 안정시키고 경의선 군용철도 건설 등 병참설비를 효율적으로 관리하기 위해 송병준의 일진회와 이용구의 진보회를 이용할 생각이었다. 이리하여 진보회와 일진회가 합쳐져 '(합동)일진회'로 재출발했다. '(합동)일진회'의 13

도지회 지방총장이 된 이용구는 황해도와 평안도 일대의 회원 연인원 26만 명을 동원해 일본군의 철도 건설과 군수품 운반을 원조했다.

러일전쟁에서 승리한 일본이 아시아의 대세를 좌지우지하게 되자, 이용구의 친일노선은 급기야 매국의 길로 치달았다. 1905년 11월 송병준과 함께 일진회 명의로, 한국이 일본의 보호를 받아야 한다는 이른바 '일진회 선언서'를 발표하였다. 선언서가 발표된 지 10여 일 뒤인 17일에 을사조약이 강제 체결되자 손병희로부터 선언서 발표에 대해 엄중한 책망을 들어야 했다. 그 뒤 손병희는 동학교도의 재조직을 위해 12월 1일 교명을 천도교로 개칭하는 한편, 일진회의 망동을 계속 고집하는 이용구 등 62명을 출교시켰다.

조선 민중은 물론 동학교단으로부터도 배척을 받은 이용구에게 손을 내민 것은 한국의 병합과 황도아시아 건설을 꿈꾸는 침략파 낭인들이었다. 1906년 2월 통감부가 개설되면서 흑룡회 주간 우치다 료헤이가 통감 이토 히로부미의 정치참모로 조선에 오자, 이러한 연줄로 해서 낭인들의 책동이 활발해졌다. 일진회의 고문이었던 다케다 한지의 지도와 협조로 이용구는 시천교를 창설하고 교조가 되었다.

1907년 6월 헤이그특사 파견문제가 불거져 나오자 이용구는 송병준과 함께 고종의 양위를 강박하는 데 앞장서, 일진회원을 동원하여 궁궐 밖에서 시위하였다. 7월 고종이 강제 양위되고 한국 군대가

이용구(1930년)

해산되자, 이른바 정미의병이 전국적으로 들고 일어났다. 일제가 항일의병을 '초토살육작전'이라는 이름으로 무자비하게 진압할 때, 이용구는 무장조직인 일진회 자위단을 조직해서 의병 탄압에 앞장섰다.

1909년 12월 일본의 배후조종에 따라 일진회 임시총회에서 "한국 황실을 영구히 안전하게 할 것, 한국 정부를 폐지하고 일본 정부가 직접 정치를 할 것, 통감부를 폐지할 것, 일진회를 제외한 다른 단체는 해산할 것"을 결의, '일진회 합방성명서'를 발표하고 이어 한일합병을 주장하는 글을 순종, 총리대신 이완용, 소네 통감에게 보냈다.

이용구의 일진회가 친일매국활동을 할 때 전국 13도에서는 회원들의 피습사건이 꼬리를 물었다. 그는 집과 살림살이를 파괴당한 채 서울로 쫓겨 온 회원들을 '간도 영농 이주'라는 원대한 꿈으로 무마하곤 했다. 이용구는 그에 필요한 자금 3백만 엔을 가쓰라 태프트 수상과 상의했고, 가쓰라는 흔쾌히 약속했다. "3백만 엔이 아니라 3천만 엔이라도 책임을 지겠다."

그러나 강제병합을 완성한 가쓰라가 일진회에 준 돈은 해산비 15만 엔에 불과했다. 회원들의 불평과 원성이 폭발했고, 이를 감당할 수 없게 된 이용구는 일본으로 달아났다. 그는 스마에 은거하면서 심한 울화병과 폐병으로 쇠약해져 갔다.

그는 조선 정부의 압정을 면하기 위해 일한합병을 추진했다. 그러나 합병으로 얻은 것은 1주일 내로 일진회를 해산하라는 명령뿐이었다. 사냥이 끝났으니 사냥개가 더 이상 쓸모없어진 것이다. 일본 정부가 내린 작위를 거부한 이용구는 죽기 석 달 전 다케다에게 보낸 편지에서 자신의 심경을 이렇게 밝혔다.

"어릴 때부터 평생 제가 추구한 것은 일신상의 사리(私利)가 아니라 국가의 대리(大利)와 인민 구제의 소망이었습니다. 지금 돌이켜 보면 제가 잘도 속임을 당하고 잘도 농락되었음을 깨닫게 됩니다. 2000만 인민을 일본의 최하등민으로 빠뜨린 죄도 소생에게 있습니다. 문을 나서면 이웃 사람들로부터 조롱받고 욕먹고…. 당국의 조치를 보면 우리를 대하는 것이 원수 대하듯, 거지 대하듯, 사냥 뒤의 개 대하듯 합니다. 소생을 보고 매국노라고 부르는 사람 있어도, 어찌 입이 있어 변명을 하겠습니까. 지하에 선인의 영혼이 있다면 거기에 간들 무슨 낯으로 그들을 대하겠습니까. 스기야마, 우치다, 다케다가 속임을 당했는지, 송병준과 이용구가 사기를 당했는지, 태어날 때부터의 바보인 소생은 도대체 알 수가 없습니다.”

이용구는 죽기 며칠 전 문병 온 우치다의 손을 잡고 말했다. “나는 바보였나 봅니다. 혹시 속은 게 아닐까요?” 이 말은 정곡을 찌른다. 강한 자의 힘을 이용해서 자신의 꿈을 실현한 사례는 없으며 결과는 항상 정반대로 나타났음을 죽음을 앞두고서야 깨달은 것이다. 갑오년의 항일장수였던 이용구가 친일매국노의 상징으로 변한 것은 자신의 운명을 스스로 개척해 나가지 못하고 외부의 힘을 빌리려 한 데서 빚어진 비극이다.

한반도가 갖고 있는 지정학적 숙명 탓에 주변 국가들의 이해관계를 무시하고 주관적인 의지만 갖고 문제를 해결하려는 것도 올바른 대응은 아니다. 더구나 근대 이후 한반도를 둘러싼 주변 국가들의 이해관계 충돌은 전쟁이라는 극단적인 형태로 나타나기도 했다. 따라서 한국 사회가 어디로 가야 하는가를 고민할 때 초점을 한반도 내부에만 두게 되면 종합적 인식과 판단을 할 수 없으며, 올바른 실천을 이끌어내지도 못한다. 그 역(逆)도 마찬가지이다. 내부의 동력에 기반을 두지 않은 채 섣불리 주변 국가의 힘을 이용하여 내부 문제를 해결하려 한다면 그것은 치명적인 독이 되어 스스로를 죽일 수 있다. 이용구는 그 독을 제대로 보지 못했다. 그나마 자신이 저지른 엄청난 과오를 죽음을 앞두고서야 깨달았다는 점에서 이용구의 비극적 결말에 조금이나마 연민을 느낀다면 너무 후한 평가일까.

04 일제의 민족분열정책과 동요하는 실력양성론자들

3.1운동은 식민지 조선과 일본 사회에 몇 가지 큰 영향을 끼쳤다. 우선 조선의 경우 3.1운동이 비록 독립을 가져다주지는 못했으나 모든 민족운동 세력을 결집시켜 대한민국 임시정부를 수립하게 만들었다. 그리고 독립 후 수립될 국가 정체를 민주공화제로 선언함으로써 대한민국 헌법의 기초를 만들었다는 점에서 정치사적 의의가 있

다. 일본의 경우는 3.1운동으로 식민지배정책을 수정하게 만들었다. 물론 일본 정가에서 최초로 평민 출신의 하라 다카시가 수상이 되어 '다이쇼 데모크라시'라는 새로운 정치 바람을 일으킨 탓도 있겠지만, 식민지배정책의 변화는 역시 조선 민중의 거대한 저항에서 나왔다. 조선 민중의 저항에 놀란 일제는 군인들이 지배하는 헌병경찰체제를 문관인 일반경찰이 지배하는 보통경찰체제로 전환하는 한편, '문화통치'라는 유화정책을 구사했다. '문화통치'의 핵심은 친일세력을 확대하고 항일세력을 약화시키는 민족분열정책으로 요약될 수 있다.

조선총독으로 부임한 사이토 마고토는 먼저 사회 다방면에 걸쳐 친일파를 육성하려는 계획을 세웠다. '조선민족운동에 대한 대책'(1920)에서 그는 '친일파'와 '배일파'를 구분해서 배일파는 탄압하되 친일파는 사정이 허락하는 한 '편의와 원조'를 제공할 필요가 있다고 했다. 이렇게 해서 1920년대 초부터 친일단체가 우후죽순처럼 생겨나 활동하게 되는데, 이러한 정책은 친일·반일 할 것 없이 일체의 결사를 금지하던 1910년대의 지배방식과는 전혀 다른 것이었다. 조선총독부가 친일단체를 조직·운영한 것은 3.1운동 후의 반일기운 진정과 독립운동가 적발, 그리고 민족진영의 분열을 노린 것이었다. 그러나 친일파를 이용해서 민족운동의 열기를 약화시키려던 일제의 정책이 친일파에 대한 민중의 증오와 반대투쟁으로 실효를 얻지 못하고 오히려 역작용을 일으키게 되자 사회적 지명도가 있는 민족부르주아지에게 초점을 맞추게 되었다.

1919년 말 이후 정치단체를 제외한 결사의 자유가 인정되자 전국 각지에서 수천에 이르는 각종 단체가 결성되어 조선 민중에게 새로운 기운을 불어넣고 있었다. 이를 보고 사이토 총독은 "생각하건대 앞으로의 운동은 작년 봄에 일어났던 만세소요같이 어린아이 장난 같은 것이 아니라 근저로부터 실력 있는 조직적 운동이 될 것임을 미리 각오해야 할 것"이라 지적한 뒤, 이 배일기운을 다른 방향으로 돌리기 위해 다음과 같은 계획을 세웠다.

> "그렇다 하더라도 이런 배일기운에 압박을 주어 없앤다는 따위는 도저히 바라서는 안 된다.… 다른 방책이란 없고 위력을 동반하는 문화운동뿐이다.… 기운은 이 운동을 위해 안성맞춤으로 옮겨가고 있다. 따라서 문화운동도 오늘만이 충분한 효과를 올릴 수 있는 전망이 확실한데 만약 이 기회를 놓쳐서 그들이 목적하는 바에 상당한 기틀을 잡은 뒤에야 갑자기 추세를 돌리려고 하더라도 일조일석에 해낼 수는 없다. 이것이 우리가 특히 오늘날 문화운동을 촉진해야 한다고 힘주는 까닭이다."

여기서 말하는 '위력을 동반하는 문화운동'이란 식민지 통치 권력을 배경으로 위압과 회유로, 실력양성을 지향하는 민족감정을 역이용해서 독립 부정의 방향으로 그 칼끝을 돌리게 한다는 뜻이었다. 여기에 걸려든 사람이 이광수와 최남선, 최린이었다. 모두 거물급 민족주의자로 명망을 날리던 인물이었다. 이광수는 상해판 독립신문의 주필이요, 최남선은 3.1독립선언의 기초자이며, 최린은 3.1운동의 총참모장이었다.

이광수의 귀국 과정은 매우 수상했다. 상해에서 독립신문 주필로 활약하던 이광수에게 아내 허영숙이 서울에서 찾아왔다. 그리고 아내와 함께 귀국길에 오른 그는 평안북도 선천에서 경찰에 붙잡혔다. 그런데 불기소 처분을 받고 곧장 풀려났다. 독립신문의 주필을 감옥에 보내지 않고 자유롭게 풀어준 것이다. 상식적인 수준에서 이해가 가지 않는 장면이다. 두 가지 해석이 있다. 하나는 허영숙의 상해행과 이광수의 귀국이 총독부와 사전에 협의되었을 가능성이다. 이것을 인정하지 않는다면, 마치 이광수가 변절한 것처럼 꾸며서 임정으로 돌아갈 길을 끊으려는 총독부의 고차원적 전략에서 나온 정치적 고려일 수 있다.

아무튼 귀국한 이광수는 1922년 9월 30일 밤에 총독 사이토와 첫 면담을 가졌다. 그리고 총독의 정치참모인 아베와 빈번하게 접촉하면서 그들의 주선으로 월 수당 300원을 받는 동아일보 논설위원으로 입사한다. 면서기의 월급이 20원이던 때니 파격적인 대우였다.

그러나 최고의 대접을 받은 이광수가 조선 민중에게 던진 말은 충격이었다. 이광수는 3.1운동과 이후 활화산처럼 터져 나온 민족운동과 사회운동을 "이것은 자연의 변화외다. 또는 우연의 변화외다.… 또는 무지몽매한 야만인종이 자각 없이 추이하는 변화와 같은 변화외다.… 원시시대의 민족, 또는 아직 분명한 자각을 가지지 못한 민족의 역사는 자연현상의 기록"이라 하여 조선 민중의 반제국주의 항쟁을 모두 자연의 변화, 우연의 변화, 야만적인 행동으로 몰아붙이며 부정했다. 이러한 인식은 민족운동에 투신한 사람들에 대한 매도로 연결된다. "근년의 다수의 자칭 애국지사, 망명객배가 중국의 고관과 부호에게 애걸하야 사기적으로 금품을 얻는 자가 점점 증가"한다거나 "우리는 수십 인의 명망 높은 애국자들을 가졌거니와… 그네의 명망의 유일한 기초는 떠드는 것과 감옥에 들어갔다가 나오는 것과 해외에 표박하는 것"이라 하여 비난하는 한편, "뜻만 좋고 아무 일도 하지 않는 자" 즉, 독립운동가나 독립운동 지향자를 "국가나 사회의 죄인"으로까지 매도하였다.

왜 이광수는 이처럼 민족운동을 폄훼하였을까? 짧았던 상해에서의 임시정부 활동이 그에겐 오히려 독이 되어 버렸다. 운동진영의 극심한 분열과 분쟁, 불투명한 미래, 그리고 쇠약해져가는 몸과 곤궁한 생활이 운동가가 아닌 지식인에겐 견디기 힘든 조건들이었을 것이다. 여기에다 이광수의 사상적 지향도 한몫했다. 민족의 독립보다 문명화에 더 관심을 두고 있었던 그는, 조선 민족이 근본적으로 해야 할 일은 "정경대도(政經大道)를 취한 민족개조요 실력양성"이므로 "조선인의 운명 개선에는 결코 민족개조를 제외한 외에 아무 지름길도 없는 것"이라고 주장했다. 조선이 식민지가 된 원인을 민족성의 타락에서 찾았기 때문에 조선 민족이 실력을 양성해서 문명화되면, 즉 민족성 개조가 이루어져 독립할 실력이 갖춰지면 '독립이라는 것'도 자연히 주어질 것이라고 생각했다.

안창호의 실력양성론을 이광수 버전으로 개조한 '민족개조론'은 사실상 독립운동을 실속 없는 환상으로 비난하고 그 노선을 포기한 선언과 다름없었다. 조선의 독립이 불가능하니 식민지 지배체제에 대한 저항을 중지하라는 말이 독립신문의 주필이었던 사람의 입에서 나온 것이다. 민족진영은 발칵 뒤집어졌다. 이광수의 집에 칼을 든 청년들이 난입했으며 개벽사의 기물들이 파괴되었고 이광수를 강사로 초빙했던 사람까지 습격당했다.

이광수는 1924년 1월 2일부터 6일까지 동아일보에 사설 '민족적 경륜'을 발표했다. "일본 법률의 범위 안에서 정치·산업·교육의 3대

정책을 수립하자."는 것이었다. 이 사설을 계기로 민족진영 내에 타협적인 자치운동 바람이 불기 시작했다. 그러자 이에 대한 반발이 즉각적으로 거세게 일어났다. 상해판 독립신문은 비타협·전투노선을 재천명하면서 문화운동·자치운동·식산운동은 독립운동이 아니라고 하였다. 2월 10일 동경유학생 학우회는 10여 단체와 연합하여 동아일보 배척운동을 결의하였다. 4월 20일에는 조선노농총동맹도 동아일보 성토·불매를 결의하였다. 이광수를 성토하는 목소리가 커지고 동아일보 불매운동까지 벌어지자 이광수는 논설위원에서 물러났다. 다시 동아일보 기자로 복귀한 이광수는 1938년 수양동우회* 사건으로 전향할 때까지는 언론과 문학 활동, 그리고 수양동우회 운영에 주력했다. 그러나 일제가 수양동우회 사건을 일으켜 탄압해 들어오자 전격적인 전향을 선언한 것이다.

전향한 이후의 이광수가 보인 친일 행보는 매우 극단적이었다. 그가 조선인의 "민족감정과 전통의 발전적 해소를 단행"하자고 하면서 '의례준칙의 일본화'와 '생활방식의 일본화'까지 역설하자 사람들은 그를 이광수(李狂洙)라고 조롱하였다.

최남선은 3.1운동으로 징역 2년 6개월 형을 선고 받고 복역하다 1921년 10월 18일 가석방되었다. "청년들을 규합하는 데 대단히 좋은 영향이 있을 것"이라는 총독부의 배려 때문이었다. 일제가 추진한

'위력을 동반하는 문화운동'의 기수로 뽑힌 것이다. 총독부는 조선은행 총재 미노베에게 최남선의 잡지 <동명>의 발행자금을 지원하도록 주선하였다. "최(최남선)의 잡지가 발행되면 내지(일본)의 건전한 출판물을… 번역해서… 조선사상계의 악화를 구하고, 또 진학문·이광수의 생활비의 출처로 삼게 하도록" 하기 위해서였다. <동명>은 1924년 3월에 사장 최남선, 편집국장 진학문, 정치부장 박석윤의 시대일보로 개편된다. 이 중 진학문은 사이토 총독과 밀착했던 직업적 친일분자로서, 훗날 만주제국 내무국 참사관 등을 지냈다. 박석윤 역시 친일 거두로서, 훗날 총독부 기관지인 매일신보의 부사장, 바르샤바 총영사, 만주제국 외교부 조사처장 등을 지냈다.

1927년 최남선은 총독부가 집과 연구비용을 지원한다고 회유하자 그해 조선사편찬위원회 촉탁을 거쳐 조선사편수회 위원이 되었고, 1932년에는 중앙불교전문학교 강사가 되었다. 최남선이 조선사편수회에 가담하자 한용운은 '최남선이 죽었다'고 하여 그의 나무 위패를 새기고 장례식을 거행하기도 했다.

최남선은 1930년 8월 경성제국대학교 법문학부 교수와 조선총독부·조선사편수회 간부들이 중심이 되어 조직한 청구학회의 평의원으로도 활동했다. 이 청구학회는 조선과 만주를 중심으로 한 '극동문화연구'를 표방하는 단체였다. 1937년에는 중추원 참의를 맡아

1938년 3월까지 재임하면서 매년 1,200원의 수당을 받았다. 1937년 7월엔 중일전쟁이 터지자 매일신보와 경성일보에 각종 친일논설을 썼고, 1938년에는 일본 관동군이 만주에 세운 건국대학의 한국사·한국학 교수로 부임했다. 1940년에는 만주에서 활동하던 항일무장세력을 상대로 귀순과 투항공작을 전개한 동남지구특별공작후원회의 고문으로 활동했다. 태평양전쟁 시기에는 매일신보를 비롯해 경성일보 등에 학도병 권유 유세문을 기고했고, 각종 시국강연에 강사로 나서 활발하게 활동했다.

33인의 한 명으로 3.1운동에 참가한 최린은 3.1운동의 노선을 대중화·단일화·비폭력의 3원칙으로 결집시킨 후 투옥되었다. 3년 형을 선고받았으나 그 역시 총독부의 배려로 1921년 12월 22일 가석방되었다.

"오늘날의 형세로 보아 민원식·선우순 따위의 운동으로는 도저히 일대세력을 이룩하기는 어렵고, 간접 사격으로… 여기에는 이번에 가출옥한 위인들 중 특히 최린이 안성맞춤의 친구입니다."

아베가 사이토 총독에게 보낸 1921년 12월 29일자 편지 내용이다. 편지에서 말하는 '민원식의 운동'은 참정권 운동이며, '선우순의

운동'은 친일단체 대동동지회를 통한 일선융화운동이다. 이런 운동으로는 별 영향을 미치지 못한다고 판단한 일제는 최린을 이용하고자 했다. 이때 총독부가 던진 미끼가 바로 자치론이었다. 일제는 식민지 조선에 단 한 번도 자치를 허용하는 정책을 구상한 적이 없었다. 그런데 마치 자치를 허용할지도 모른다는 쇼를 하자 최린이 이를 덥석 물은 것이다.

1923년 무렵부터 동아일보계 민족우파와 접촉을 시작한 최린은 1924년 1월 중순 비밀리에 연정회를 결성하였다. 연정회는 민족운동의 노선을 자치운동으로 전환하려는 시도를 했다. 이와 때를 맞춰 앞서 살펴본 이광수의 '민족적 경륜'이 동아일보 사설로 나왔다. 그러나 자치론은 내외의 거센 반발에 부딪쳐 수그러들었다가 1925~26년에 다시 추진되었다. 이때는 자치운동 추진단체인 연정회가 거의 결성단계에까지 이르렀다. 이 과정에 총독부가 밀접하게 관여하였다. 그러나 이런 내막을 알게 된 김준연·안재홍의 반발과 폭로로 연정회의 계획은 좌절되고 말았다.

자치론 추진이 좌절되자 "최린을 중국시찰이라는 이름으로 보내어 안창호 등과 만나게 해서 서로의 의사를 소통시켜 둘 필요가 있다."고 생각한 총독부의 배려로 최린은 아일랜드 등 유럽 각처를 외유했다. 최린은 귀국 후 1934년 4월에 중추원 직임참의를 수락하고,

이광수의 창씨개명 권고 기사
(1939년 12월 12일자 경성일보)

'내선일체'를 주장하는 최린의 기고문
(1940년 2월 11일자 매일신보)

뒤이어 11월에는 시중회를 조직하면서 본격적인 친일 활동에 나섰다. 중일전쟁 발발 후에는 중추원 시국강연반으로 전남북 일대를 유세했고, 매일신보 사장, 조선임전보국단 단장, 국민총력조선연맹 이사로 '대동아공영권 확립'을 역설했다.

알제리의 혁명가 프란츠 파농은 식민국가의 '문화주의자'들은 3단계의 과정을 거쳐 변신해간다고 비판한 바 있다. '서구의 신문물을 받아들여 신사회운동을 펴야 한다'는 근대화론자로 출발하는 것이 제1단계이며, 민중의 항쟁으로 식민현실이 동요하기 시작하면서 보수적 민족주의자로 변신하는 것이 제2단계이다. 그리고 제3단계에는 민족허무주의와 민중에 대한 혐오감을 노골적으로 드러내는 반민중주의로서의 식민예찬론자로 파국을 맞이하게 된다는 것이다. 이광수, 최남선, 최린이 바로 이런 단계를 거쳐 친일파라는 오명의 길을 걷게 된 것이다.

05 인간백정 간도특설대원에서 대한민국 육군참모총장으로

2009년 3월 23일, 대한민국 정부가 한국전쟁 60주년이 되는 2010년에 백선엽을 명예 육군원수로 추대할 계획이라는 보도가 있었다. 계획대로 실행되었으면 그는 대한민국 최초의 원수계급 보유자가 됐을 것이다. 2013년 9월 30일, 한미동맹 60주년 경축 행사가 서울 하얏트 호텔에서 열렸다. 이날 백선엽의 이름을 딴 '백선엽 한미 동맹상' 수상식이 열렸고, 박근혜 대통령은 백선엽 장군과 만나기도 했다.

한국군은 백선엽을 한국전쟁의 영웅이라 치켜세우고 언론도 이에 장단을 맞춰 대대적으로 홍보했다. 그러나 대한민국 최초의 원수계급 탄생은 시민단체와 여론의 강력한 반대에 부딪쳐 좌절됐다. 일제 하의 친일 경력과 한국전쟁 당시의 과대 포장된 전과 때문이었다. 전과야 평가하는 사람의 눈에 따라 과장될 수도 있고 논란이 있을 수도 있다. 그러나 백선엽의 일제 하 경력은 그런 차원의 문제가 아니었다. 그가 몸담았던 간도특설대라는 조직은 '반민족적 범죄행위'와 '반인도적 범죄행위'를 저지른 핵심기관이었다. 도대체 간도특설대란 어떤 조직인가.

간도특설대는 1938년 9월, 만주 일대의 반만항일(反滿抗日) 세력을 소탕하기 위해 만주국 간도성 성장(省張) 이범익의 건의를 받아들여 연길현 특무기관장 겸 간도지구 고문인 오고에 중좌가 주도해서 만든 조선인 특수부대다. 부대장은 일본인 장교였으나 중대장의 절반과 소대장 이하 전 사병은 조선인이었다. 360명의 보병 기갑 혼성부대로 출발해 나중에는 800여 명까지 늘어났다. 간도특설대는 1930년대 후반 간도협조회, 신선대와 함께 가장 악랄하게 조선인 항일세력을 탄압한 삼대 악질조직 중의 하나였다. 간도협조회는 주로 전향한 항일세력들로 구성된 군의 외곽 특수조직이었고, 신선대는 경찰 산하 특수조직이었다. 반면에 간도특설대는 만주국 정규 특수부대로 당시 만주국 최강의 무적부대로 불렸다.

간도특설대는 창설된 날부터 일제가 패망하여 해산될 때까지 일본군과 합동 또는 단독으로 간도, 열하성, 하북 등으로 이동하면서 동북항일연군과 팔로군을 상대로 108차례나 '토벌'작전을 벌였다. 매달 평균 한 번 이상 '토벌'에 나간 셈이다. 그들이 잔혹하게 살해한 항일전사와 무고한 민간인이 172명에 이르며, 그들에게 체포·강간·약탈·고문당한 자는 이루 다 헤아릴 수 없을 정도다.

국내에서는 간도특설대가 저지른 죄상이 제대로 알려지지 않았기에, 중국 당국에서 조사한 보고서를 근거로 대표적인 악행 몇 가지만 소개하겠다.

<사례 1> 1939년 5월, 경박호 남호두 일대에 이르러 항일연군에 대한 일제의 토벌을 위해 열흘 동안이나 이 지역에서 수사활동을 감행했다. 그리고 특설부대 일부는 일본 수비대와 배합하여 안도현 서북차 북부지역에서 항일부대를 수사하던 중 야채를 캐던 여성을 총칼로 찌른 후 불속에 집어넣어 태워 죽였다.

<사례 2> 1944년 4월, 특설부대는 40여 명의 군대를 출동시켜 유수림자에서 약 50리 떨어진 곳에서 팔로군 공작원을 습격하여 무선전대 공작원 4명을 체포하고 무선전 하나를 약탈하고 팔로군 전사 한 명을 살해했다. 특설부대는 또 이 마을의 패장(牌長)을 불러놓고 군도로 찔러 죽였다. 특히 우메하라라는 일본 군의는 이 패장의 머리를 베어 가마에 넣어 끓인 후 머리통을 자기 사무실 책상에 놓았다. 또 그해 5월, 특설부대는 유수림자에서 40여 살 되는 사람을 잡아 사격장에 끌고 가 산 채로 사격연습의 목표로 삼았다. 이 뿐만 아니라 밤중에 사가장자 부근의 마을에서 부녀자들만 보면 강간하고 온갖 나쁜 짓을 다 했다.

<사례 3> 1944년 10월, 특설부대는 정보반에서 제공한 정보에 따라 석

갑진에서 약 20리 떨어진 마을을 덮쳤다. 이 마을에 팔로군 식량과 복장이 매장되었다는 정보를 얻고, 특설부대는 이 마을에서 식량 40여 포대와 신발 40여 켤레, 그리고 소 3마리를 잡았다. 도중에 또 팔로군 한 명을 칼로 살해했다. 같은 해 음력 8월 1일, 특설부대는 다시 석갑진에서 동쪽으로 약 60리 떨어진 동장화 마을에서 팔로군에 대한 토벌을 감행했다. 날이 밝자 이 마을 사람들은 특설부대가 온 것을 발견하고 도망쳤다. 특설부대가 마구 총을 쏘아 민간인 한 명이 총에 맞아 죽고 한 임신부는 다리에 총을 맞아 수수밭까지 겨우 기어갔는데도 토벌대는 잔인무도하게 그녀의 배를 찔러 태아까지 흘러나오게 했다.

<사례 4> 1944년 음력 7월 27일, 그들은 당지의 경찰들과 배합하여 황각장에 가서 식량을 빼앗았는데 21명 군중을 체포하고 농회 주임을 살해했다. 9월, 특설부대는 석갑진에서 약 30리 되는 곳에서 몽고기병과 함께 팔로군을 토벌했다. 이 교전에서 특설부대가 참패했다. 화가 치민 특설부대는 주둔지로 돌아오던 중 20여 호나 되는 무고한 백성들의 집을 태워버리고 두 명의 백성을 칼로 찔러 죽였으며 마을의 돼지 두 마리를 잡아갔다.

<사례 5> 1945년 3월, 당산 부근인 석수진에 주둔한 특설부대는 팔로군을 토벌하던 도중 팔로군 환자 6명을 체포했다. 그들에게 매일 고문을 들

만주국군 장교들

육군 대장 시절의 백선엽(1952년)

이대다가 나중에는 여의치 않자 모두 살해했다. 같은 해 5월, 후루이 대장 지휘 하에 특설부대가 마을마다 돌아다니면서 수색하던 도중 2명의 무장한 사람을 체포했다. 그들은 팔로군과 교전하다가 죽은 자들을 위해 2명의 머리를 베어 제사지냈다.

몇 가지 사례를 통해서도 확인할 수 있듯이 간도특설대가 만주에서 저지른 만행은 반민족적일 뿐만 아니라 반인도적인 범죄였다. 따라서 항일세력을 탄압한 죄만으로도 마땅히 준엄한 심판을 받아야 하지만 민간인에 대한 고문, 학살, 강간, 방화와 약탈 등의 범죄에 대해서도 마땅히 벌을 받아야 하는 집단이었다. 그러나 일제가 패망한 뒤 만주에서 도망 나온 많은 간도특설대 출신 한국인들은 그 죗값을 치르지 않았다.

백선엽이 간도특설대에서 구체적으로 어떤 역할을 했는지는 분명하지 않다. 군의 특성상 개별 행적이 잘 드러나지 않으나, 상명하복의 조직체계 특성상 조직의 범죄가 곧 개인의 범죄와 직결된다고 할 수 있다. 더구나 장교 신분이었다면 그 책임은 결코 가벼울 수 없다.

1941년 12월 30일 만주국 봉천군관학교를 9기로 졸업한 뒤 만주군 소위로 임관한 백선엽이 간도특설대에서 근무를 시작한 것은 1943년 2월이다. 그해 12월 열하성에서 간도특설대 기박련 소속으로 팔로군 공격작전에 참가했다. 1944년 봄, 열하성과 중국 북부에서는 팔로군의 활동이 활발해졌다. 이에 일제는 만주군 3개 여단을 파견했다. 백선엽과 간도특설대는 만주군 철석부대 산하에서 정보수집, 반공선전, 항일세력 심문 등을 맡았다. 1944년 여름, 간도특설대는 열하성을 떠나 하북으로 이동했으며, 여기서 1945년 1월까지 항일세력을 상대로 작전을 벌였다. 작전이 끝나자 그는 원대복귀 명령을 받고 귀대했다. 1945년 8월 일제가 패망할 당시 그는 만주군 헌병 중위였다. 그는 만주로 진격해 오는 소련군을 만나 명월구에서 무장해제를 당했다.

1993년 일본에서 출간된 <대게릴라전-미국은 왜 졌는가!>에서 백선엽은 간도특설대의 활동을 다음과 같이 평가했다.

> "간도특설대가 소규모이면서도 군기가 잡혀 있어 커다란 전과를 올린 것은 당연한 일이었고 우리들이 추격했던 게릴라 중에는 많은 조선인이 섞여 있었다. 주의주장이 다르다고 해도 한국인이, 독립을 위해 싸우고 있었던 한국인을 토벌한 것이기 때문에 이이제이(以夷制夷)를 내세운 일본의 책략에 완전히 빠져든 형국이었다."

그러면서 그는 "우리가 전력을 다해 토벌했기 때문에 한국의 독립이 늦어졌던 것도 아닐 것이고, 우리가 배반하고 오히려 게릴라가 되어 싸웠더라면 독립이 빨라졌다고도 할 수 없을 것이다. 동포에게 총을 겨눈 것이 사실이었고 비판을 받더라도 어쩔 수 없다."고 했다. 이러한 변명에서 한 걸음 더 나아가 특설대에서 일한 것을 "민중을 위해 한시라도 빨리 평화로운 생활을 하도록 해주는 것이 칼을 쥐고 있는 자의 사명이라고 생각할 수밖에 없었다."고 말하며 자신의 친일 행위를 오히려 정당화했다.

백선엽만 이런 생각을 하는 것이 아니다. 그와 함께 간도특설대 에서 근무한 김석범(해병대 중장 예편)은 이렇게 회고한 바 있다.

> "우리들 만주군인 출신은 일제 압제 하에서 조국 땅을 떠나 유서 깊 은 만주에서 독립정신과 민족의식을 함양하며 무예를 연마한 혈맹 의 동지들이다. 우리는 타향인 만주에서 철석같은 정신과 신념 밑에 서 철석같은 훈련을 거듭하여 8.15 해방을 맞이하였다. 건국 40유여 년(有餘年)이 된 오늘날 50여 명의 장성급과 다수의 영관급 고급장 교가 배출되어 조국의 독립과 자유 수호에 공헌하였다."

김석범을 비롯한 만주군 출신자들은 해방 전 자신들이 일본제국 주의 군대에서 복무한 행위를 "독립정신과 민족의식을 함양하며 무 예를 연마한" 것으로 포장했다. 참으로 민족과 조국의 독립을 위해 헌신한 수많은 독립운동가들을 부끄럽게 만드는 발언이 아닐 수 없다. 뻔뻔함을 넘어 완전히 뒤집힌 가치를 소유하고 있다. 이런 가치관을 가진 만주군 출신들이 대한민국에서 50여 명에 달하는 장성급 군인이 되었고, 일부는 대통령·국회의장·국무총리 등을 지내면서 정치권력의 최고 정점까지 휩쓸었다. 이들이 정치권력과 군부를 장악하는 동안 대한민국 사회는 독재와 인권탄압, 부패로 고통을 겪어야 했다. 친일반민족행위진상규명위원회에 여당 추천으로 참가한 어느 위원이 심사 과정에서 "만주에서 빨갱이를 토벌하던 군인들을 친일파라 욕해서는 안 된다."고 흥분하며 목소리를 높이던 장면이 전혀 낯설지 않은 것이 우리의 현주소이다.

06 지우고 싶은 우울한 역사 - 사립대학 설립자들과 친일행각

김성수(고려대학교), 백낙준(연세대학교), 김활란(이화여자대학교), 이숙종(성신여자대학교), 박인덕(인덕대학교), 송금선(덕성여자대학교), 고황경(서울여자대학교), 배상명(상명대학교).

이들의 공통점은 한국의 사립대학교를 대표하는 교육자라는 것이다. 설립자, 경영자, 초대 총장, 이사장 등을 지낸 이들은 한국 고등교육의 발전에 중심적 역할을 했다. 한국이 전쟁의 폐허에서 벗어나 빠른 속도로 경제성장을 이룰 수 있었던 요소 가운데 하나가 바로 교육열이다. 식민통치 하에서도 교육을 향한 열망은 매우 컸다. 1920년대 들어 '문화통치'라는 이름 아래 다소의 개량주의 정책이 실시되자, 조선인들은 여러 방면에서 단체를 만들고 운동을 조직했다. 당시 발행됐던 동아일보나 조선일보를 보면, 매주 한 번꼴로 학교 설립과 관련된 기사들이 나온 것을 알 수 있다. 학교 설립을 위한 기성회를 만든다거나 총독부에 진정을 넣기 위해 민회를 개최한다는 식의 기사이다. 그리고 이러한 교육열의 백미는 역시 '민립대학 설립운동'이었다. 일본이 경성제국대학을 설립한 것도 결국은 조선인의 요구를 더 이상 묵살할 수 없었기 때문이다.

해방 이후 실시된 농지개혁으로 자작할 수 있는 땅을 얻은 농민들은 말 그대로 구슬땀을 흘려 자식들을 교육시켰다. 우리는 고등교육을 담당하는 대학교를 고귀한 코끼리의 송곳니인 상아에 비유하여 상아탑(象牙塔)이라 부른다. 그러나 1960년대 말에서 70년대 초에는 우골탑(牛骨塔)이라 불렀다. 농촌에서 대학교를 보내려면 비싼 등록금을 해결할 길이 없어 논밭도 팔고 소까지 팔아야 했기 때문이다.

대학교가 가난한 농가에서 소 팔아 마련한 등록금으로 지어진 건물이라는 뜻에서 그렇게 부른 것이다. 아무튼 그러한 노력들이 지금의 한국을 만들어냈으며, 특히 고등교육이 한국 사회 발전의 중요한 동력이었음은 누구도 부정할 수 없는 사실이다.

이런 측면에서 볼 때 한국의 사립대학교가 갖는 의미는 남다르다 할 수 있고, 그런 교육기관을 설립해서 운영해온 교육자들의 노력은 분명 평가할 만하다. 그러나 한국 사립대학교의 역사에 밝은 면만 있는 게 아니다. 오히려 교육자이기 때문에 더 의미를 부여해야 할 가치들을 자의든 타의든 간에 외면하거나 배반한 역사를 갖고 있다는 점은 매우 슬픈 일이다. 일제 하에서는 일제의 식민지배와 침략전쟁에 협력하고 그 일에 학생들을 동원한 역사가 있었고, 해방 후에는 독재 권력에 영합한 역사도 있었다. 우선 몇 가지 친일 행위의 사례들만 보자.

대한민국 제2대 부통령을 지내고 동아일보와 보성전문학교(현 고려대)를 인수하여 민족교육과 언론운동에 헌신했던 김성수가 일제에 본격적으로 협력한 것은 1937년 경부터였다. 일장기 말소사건으로 폐간되었다가 1937년 6월 복간된 동아일보에는 일본 침략전쟁의 지원병을 적극 권장하거나 미화하는 기사가 여러 번 실렸다. 5월에 보성전문학교 교장으로 다시 취임한 김성수는 7월 7일 중일전쟁이 터지자, 전쟁의 의미를 선전하기 위한 경성방송국의 라디오 시국 강좌 담당 및 연설을 (7월 30일과 8월 2일 이틀 동안) 하였다. 이어서 8월에는 경성군사후원연맹에 국방헌금 1,000원을 헌납했고, 9월에는 총독부 학무국이 만든 '시국강연대'의 일원으로 춘천, 철원 등 강원도 일대에서 시국강연의 연사로 나섰다. 또한 1938년 6월에는 최고의 관변단체인 국민정신총동원조선연맹의 발기인·이사를 맡았다. 이밖에 국민총력조선연맹 발기인·이사(1940)·총무위원(1943), 흥아보국단 결성 준비위원(1941), 조선임전보국단 감사(1941) 등으로 활동하면서 1943~1945년에 매일신보와 경성일보, 춘추(잡지) 등에 학병제와 징병제를 찬양하는 다수의 글을 기고했다. 다음은 매일신보 1943년 8월 5일자에 김성수가 쓴 '문약(文弱)의 고질(痼疾)을 버리고 상무기풍을 조장하라'는 내용의 한 구절이다.

"조선 징병령 감사주간에 당하여 소감의 일단을 들어 삼가 반도청년 제군의 일고(一考)를 촉(促)코자 한다. 작년 5월 8일 돌연히 발포된 조선에 징병령 실시의 쾌보는 실로 반도 2천5백만 동포의 일대 감격이며 일대 광영이라. 당시 전역을 통하여 선풍같이 일어나는 환희야말로 무엇에 비유할 바가 없었으며 오등 반도청년을 상대로 교육에 종사하는 자로서는 특히 일단의 감회가 심절(深切)하였던 바이다."

한국 여성교육계의 대표적 인물로 이화여자대학교 초대 총장을 지낸 김활란은 1923년 김필례·유각경과 함께 조선여자기독교청년회 연합회(YWCA)를 창설하고, 1926년 좌우파 연합단체인 신간회의 자매격인 근우회의 창립준비위원과 초대 회장으로 활동했다.

김활란은 1936년 12월 조선총독부 사회교육과가 '가정의 개선과 부인교화운동의 촉진'을 목적으로 주최한 사회교화진흥간담회에 참석하는 것을 시작으로 친일의 길로 들어섰다. 또한 1937년 1월 조선총독부 사회교육과가 주최한 방송교화선전협의회 부인강좌반 강사로 참여했으며, 이때 참여한 강사들을 중심으로 같은 달 조선총독부 학무국 알선으로 조선부인문제연구회가 결성되자 상무이사를 맡았다. 조선부인문제연구회는 조선 여성들의 교화를 위해 생활개선과 부인수양을 주요 과제로 삼았다. 생활개선이란 총독부 의례준칙의 준수, 혼상례의 간소화, 가사와 육아에서 근로보국 정신의 앙양 등을 통해 일제의 전쟁 수행을 위한 물자절약을 가정에서부터 실천하도록 하는 것이었고, 부인수양은 황거요배와 축제일 국기게양 등과 같이 황민화정책을 선전하는 것이었다. 같은 해 7월 중일전쟁이 일어나자 다음 달인 8월에는 전쟁협력을 위해 조직된 애국금차회의 발기인과 간사를 맡았다. 애국금차회는 귀족·고위관료의 부인들과 여류 명사들이 중심이 되어 일본의 침략전쟁을 지원하기 위해 금비녀를 뽑아

바치자고 조직한 단체였다.

한번 들어선 친일의 길은 거칠 것이 없었다. 1938년 3월 '황국여성으로서의 국민도덕과 부덕(婦德)을 갖춘 현모양처의 양성' 등을 목적으로 한 3차 조선교육령이 개정 공표되자, 6월 '총후 조국을 내조한다'는 취지로 이화여자전문학교와 이화보육학교 학생 400명으로 이화애국자녀단을 결성하고 단장을 맡았다. 7월에는 전시체제 하 조선 민중에 대한 강력한 통제와 총후활동의 강화를 목적으로 조직된 전시 최대 관변 통제기구인 국민정신총동원조선연맹의 발기인으로 참여해 이사에 선임되었다. 1941년 4월에는 국민정신총동원조선연맹을 확대 개편한 국민총력조선연맹의 이사 겸 평의원, 8월에는 임전대책협의회 위원, 10월에는 조선임전보국단 평의원을 지냈으며, 11월에는 국민총력조선연맹의 유일한 여성 이사를 맡아 "황국의 여성으로서 미래 지원병, 황군용사의 어머니로서 심신 모두가 건전한 여성을 창조하도록 노력"하겠다는 포부를 밝혔다.

김활란 역시 다수의 친일논설을 썼으며 시국강연을 했다. 주로 봉건적 인습 탈피와 여권 신장을 위해 여성들이 사회참여를 해야 한다는 여성운동의 관점과 논리를 일제의 침략전쟁에 적극 참여하는 여성 역할론에 대입함으로써 여성과 가정의 전쟁동원을 합리화했다. '남자에 지지 않게 황국 여성으로서 사명을 완수'(<매일신보>,

1943.12.26.)에서는 이렇게 말했다.

"아시아 10억 민중의 운명을 결정할 중대한 결전이 바야흐로 최고조에 달한 이때 어찌 여성인들 잠자코 구경만 할 수가 있겠습니까. 이날을 위한 마음의 준비는 이미 벌써부터 되었습니다.… 이번 반도 학도들에게 열려진 군문으로 향한 광명의 길은 응당 우리 이화전문학교 생도들도 함께 걸어가야 될 일이지만, 오직 여성이라는 한 가지 이유 때문에 참여를 못하는 것입니다. 그러나 싸움이란 반드시 제1전선에서만 있는 것은 아닙니다. 총후에서도 굳은 각오만 있으면 제1선 부럽지 않은 활약을 얼마든지 할 수 있을 것입니다."

한국 고등교육계를 대표하는 두 사람의 친일 행각을 보았다. 다른 사람들의 친일 행위도 정도의 차이는 있으나 비슷하다. 당시의 사회적 지위에 따라 관변단체의 간부로 활동하면서 시국강연과 글을 통해 일제의 침략전쟁을 합리화하고 학생들과 젊은이들을 전쟁터로 동원하는 일에 앞장섰다. 교육계에서 침략전쟁에 나팔수로 활동했던 사람들이 해방 이후 대학 총(학)장과 학교 이사장을 지낸 것을 시기별로 정리하면 다음과 같다.

<교육계의 시기별 주요 친일인사>

미군정기	대학 총(학)장	김성수(보성전문), 김활란(이화), 백낙준(연희), 임숙재(숙명여전), 허영호(동국), 현상윤(고려)
	학교 이사장	김길창(동아대), 김석원(성남학원), 김원근(청주상과대학), 서병조(대륜재단), 조동식(상명학원), 홍사훈(화성학원)
이승만 ~ 장면 정권기	대학 총(학)장	권상로(동국), 김두헌(전북), 김활란(이화), 백낙준(연세), 송금선(덕성), 유진오(고려), 이명직(서울신학), 임숙재(숙명), 정재환(동아), 조동식(동덕), 최문경(국민)
	학교 이사장	갈홍기(동명학원), 구연직(세광중고), 김갑수(경기·동국학원), 김경진(동주학원), 김세완(국민대), 김원근(청주대), 김석원(원석학원), 오문환(계명의숙), 이명세(성균관대), 이숙종(성신학원), 이종욱(동국대), 정재환(동아학숙), 최동(동은학원), 최창학(오산중고), 홍사훈(화성학원)
박정희 정권기	대학 총(학)장	고광만(부산), 고황경(서울여), 곽종원(건국), 김준보(전남), 박일경(명지), 배상명(상명), 신기석(부산), 유진오(고려), 윤태림(숙명), 이숙종(성신), 이인기(영남), 이항녕(홍익), 조기홍(성신)
	학교 이사장	고재호(숙명학원 등), 곽종원(건국대), 김길창(부산신학교), 김석원(원석학원), 김영훈(영훈학원), 김원근(청주대), 박인덕(인덕학원), 박흥식(광신학원), 서은숙(이대), 송금선(덕성학원), 신봉조(이화학원), 윤태림(숙명), 이명세(성균관대), 이숙종(숙명학원), 임석진(동국대), 전필순(서울여대), 홍사훈(화성학원), 황신덕(추계학원)

그런데 당사자든, 유족이든, 아니면 관련 기념사업회든 간에 이들의 친일행위를 반성했다는 소식을 거의 들어보지 못했다. 대신 강요 때문에 친일했다는 변명과 함께 '학교를 살리기 위해 친일했다'는 식의 주장을 한 경우도 뜻밖에 많다. 일제에 협력하지 않으면 학교를 폐쇄하겠다는 협박에 못 이겨 친일했다는 것이다. 자신의 친일행위를 일종의 순교적 행위로 미화하려는 시도이다. 자신이 불명예를 뒤집어씀으로써 학교를 구하려 했다는 결의 앞에 누가 숙연해지지 않을 수 있겠는가. 이런 논리라면 아무도 그들에게 돌을 던지지 못한다. 일제에 협력하지 않으면 수만 명의 사상범들을 죽이겠다는 협박 때문에 그들을 살리기 위해 친일의 멍에를 뒤집어 쓸 수밖에 없었다는 이광수의 주장과 무엇이 다를까.

필자는, 앞선 세대의 잘못을 비판할 때 '나중에 태어난 자의 특권'을 가지고 비판해서는 안 된다는 하버마스의 충고에 귀 기울일 필요가 있다고 자주 이야기한다. 이 말은 '내가 만일 그러한 처지에 있었다면 어떻게 했을까' 하는 엄정한 가능성에서 출발하자는 것이다. 이것이 뜻하는 바는 무엇인가. 첫째, 과거의 당사자들에 대한 전면적인 도덕적 규탄은 큰 의미를 갖지 않는다. 흔히 있는 일이지만 당시의 상황으로부터 자유롭다는 그 이유 때문에 자신을 절대적 정의와 동일시해서 앞선 세대의 잘못을 비판하는 오류를 범하지 말자는 것

보성전문학교 신축공사장의 김성수(1934년)

도쿄에서 열린 제3회 범태평양회의에 참가한 김활란(1929년, 우측 첫번째)

이다. 둘째, 집단적 죄(우리 모두의 책임)라든가 시대적 상황으로 책임을 돌리는 주장도 잘못된 것이다. 죄는 역시 한 사람 한 사람 당사자의 문제이고, 죄의 크기에 따라 법적·정치적·도의적 책임을 추궁해야 한다. 셋째, 과거의 잘못된 정치적 판단 때문에 범한 오류나 과거의 기회주의보다 현재의 반성을 더 중시해야 한다.

우리 모두 잘못을 저지를 수 있다는 가능성에서 출발함으로써 일방적인 도덕적 규탄을 넘어서서 성찰의 문제로 접근하자는 것이다. 그러나 앞서도 언급했듯이 친일문제에 대한 반성적 태도는 거의 찾아보기 힘들다. 왜 그렇게 되었을까. 해방 후 친일파들은 죄에 대해 책임을 지기는커녕 오히려 정치, 경제, 사회, 문화 등 모든 분야에서 식민지 시기보다 더 굳건한 지배층으로 자리 잡았으며, 분단과 독재 체제를 심화시켰다. 이로 인해 신생 독립국이 가져야 할 가치규범이 혼란스러워졌으며, 나아가 잘못을 했으면 책임을 져야 한다는 상식조차 허물어뜨리는 결과를 낳았다. 이것이 반세기를 넘기면서 일반 대중에게까지 일상화됨에 따라 '정의는 칼을 쥔 자의 것이며 역사는 언제나 권력자의 편'이라는 자조적이고 허무적인 역사인식을 갖게 하였다. 그 결과 한국 사회는 마침내 잘못을 잘못으로 인정할 능력조차 상실한 사회가 되어 버린 것이다.

07 폭력과 고문의 기술자들, 친일경찰과 군인

"나는 경찰이 각이 날카로운 나무 몽둥이로 사람들의 정강이를 때리는 것을 보았습니다. 경찰들은 사람 손톱 밑에 뾰족한 나뭇조각을 쑤셔 넣기도 했지요. 또 내가 기억할 수 없을 만큼 많은 사람들이 물고문을 받는 것을 보았습니다. 그들은 어떤 사람의 입에다 고무 튜브로 계속 물을 퍼부어 거의 질식할 지경으로 만들어 놓았습니다. 또한 경찰들이 쇠몽둥이로 한 사람의 어깨를 갈기고 쇠고리에 매달아 놓는 것도 보았지요." (마크 게인, <해방과 미군정>)

야만적인 상황을 묘사하고 있는 이 글은 일제가 조선인 독립운동가를 고문하고 있는 장면이 아니다. 일제로부터 해방된 지 1년 2개월이 지난 1946년 10월 대구에서 민중항쟁이 일어났을 때, 조병옥*과 장택상*의 지휘 아래 이승만과 한민당의 충견으로 탈바꿈한 친일파 경찰관들이 민중에게 저지른 반인륜적인 고문장면이다.

10월 대구민중봉기를 진압하고 난 후 미군정은 봉기 원인 규명과 사태 수습을 위해 김규식·여운형을 대표로 한 좌우합작위원회와 조미(朝美)공동회담을 개최했다. 이 회담에서 논쟁의 초점은 군정경찰

내부의 일제 잔재 청산문제(특히 일제 고등계 출신의 형사 숙청)였다. 그 자리에는 진상을 설명하는 증인으로 최능진 수사과장이 호출되었다. 물론 경무부장 조병옥과 수도경찰청장 장택상도 동석하였다.

평소부터 친일경찰의 숙청을 주장하고 있던 최능진은, 군정청의 경찰은 예전에 일본인의 앞잡이로서 민족을 괴롭히던 친일파들의 좋은 피난처라는 것, 그들 중에는 해방 후 북에 있을 수 없게 되어 남으로 도망 온 자가 많이 있는데 예를 들면 일제시대 조선어학회 사건으로 체포되어 함흥경찰서에 잡혀 있던 한글학자 이윤재 교수를 고문해 죽인 전력이 있으면서도 북에서 도망해 와 대구경찰서장을 지내고 있는 자도 그 중 한 사람이라는 것, 그리고 대구경찰서를 습격한 '폭도' 중에 이윤재 교수의 장남이 포함되어 있었다는 것 등을 설명해 주었다. 또 쌀의 강제공출에 관해, 경찰이 할당량도 모르고 농가를 습격해 제멋대로 쌀을 빼앗고 농민이 저항하면 수갑을 채워 연행해 폭행을 가하는 등 일제시대와 다를 바 없는 일이 다반사로 행해지고 있음을 밝혔다. 아울러 "경무부는 부패했으며 민중의 적이다. 만일 이런 일이 계속되면 남한 민중의 80%는 자연히 공산주의자가 될 것"이라고 역설하였다.

그러나 경찰토벌대를 직접 이끌고 출동했다가 개선장군처럼 당당하게 돌아왔던 조병옥은 '경찰관의 고귀한 희생'을 주장하면서 다음과 같은 친일경찰 변호론을 편다.

> "당신들은 대구폭동 원인으로 경무부장인 내가 친일파 경찰관들을 많이 등용했기 때문이라고 주장하지만 일제 통치하의 친일은 두 가지 종류로 구별해야 한다고 생각한다. 하나는 직업적인 친일파였고 또 하나는 자기 가족과 생명을 보호하기 위한 연명책으로 일정(日政) 경찰을 생업으로 택한 부류다. 많은 사람들은 pro-JAP이 아니라 pro-JOB이라고 할 수 있다. 진짜 친일파인 pro-JAP는 극소수에 불과하다."(조병옥, <나의 회고록>)

따라서 그는 고의로 자기의 영달을 위해 민족운동을 방해했거나 민족운동가를 살해한 자 이외에는 일반경찰에 전직 경험이 있는 경찰관들을 pro-JOB으로 인정하면서 "경찰 현 진용 쇄신에 대하여 여론이 적지 않은 모양이고 소위 민족반역자 친일파라 운운하나 과거 36년 동안 우리들의 눈물겨운 팔자를 생각하건데 거의 오십 보(五十步)로 소백보(笑百步)의 격이라고 본다."(<대구시보>, 1946.3.6.)는 논리를 폈다. 이런 인식은 장택상도 마찬가지였다. 그 역시 "경찰은 어디까지나 기술직"이라고 주장하면서 고등계 출신인 최연, 노덕술, 이익흥, 최운하 등을 기용하여 경찰 수뇌부를 친일파 경찰들로 충원하였다.

아무튼 이 논쟁은 논리가 아닌 힘으로써 결판났다. 좌우합작위원회의 친일파 처벌과 조병옥 경무부장의 파면 요구는 미군정에 의해 묵살되고, 또한 군정 경찰 간부 중 유일한 민족주의자였던 최능진이 조병옥에 의해 파면됨으로써 민족주의의 완패로 끝나고 말았다. 이제 친일경찰들의 일차 장애물은 제거된 셈이었다. 물론 그 이후에도 몇 차례 도전을 받기는 하지만 반민족범죄자들은 폭력으로 이들을 탄압하고 더욱 더 탄탄한 권력을 잡았다.

　　그렇다면 지금도 종종 등장하고 있는 조병옥과 장택상류의 친일파 변호론이 과연 얼마나 진실성을 갖고 있는가? 그들의 말대로 혹독한 식민 치하에서 생존을 위해 일제에 협력할 수밖에 없었던 사람들이 많다. 관리들의 경우도 그럴 수 있다. 그러나 여기서 제외해야 할 집단이 있다. 일제에 협력했던 경찰, 그 가운데서도 특히 고등계 출신들은 어떤 논리로 변호한다 해도 민족반역자라는 죄명을 뗄 수 없다. 조병옥의 말을 빌린다 하더라도 그들은 기술전문가(pro-JOB)이기 이전에 친일파(pro-JAP)였다. 그들은 일제 침략기구의 말단인 경찰에 스스로 들어가 일제에 충성심을 보이고, 그것을 발판으로 출세하기 위해 독립운동가와 조선 민중들을 탄압하는 데 선봉이 된 가해자들이었다.

　　그러나 일제를 위해 충성을 다 바친 이들에게도 민족차별정책은 예외 없이 적용되고 있었다. 1940년 말 기준으로 경찰조직에서 경시 79명 중 7명이, 경부 466명 중 67명이, 경부보 837명 중 121명이, 순사부장 4천 265명 중 635명이, 순사 1만 4천 621명 중 7천 269명이 조선인이었다. 전체 2만 268명 중 40%가 조선인인데, 이 비율은 간부급으로 올라갈수록 줄어들고 있어 저들의 민족차별정책을 단적으로 드러내고 있다. 순사는 50%가 조선인인데 경부는 단 10%도 차지하지 못하고 있었던 것이다.

이러한 차별은 급여에서도 적용되고 있었다. 1940년 말 기준으로 일본인 순사는 초봉 37원과 그 10분의 6에 해당하는 식민지 가봉(추가급여)을 받고 있었다. 이리하여 본봉 최하 37원, 최고 76원인 일본인 순사는 가봉을 포함해서 59원 20전~121원 60전이었고, 벽지 근무자는 본봉 2할 이내의 수당이 붙어 최고 136원 80전의 수입이 가능하였다. 반면에 조선인 순사는 가봉도 벽지수당도 없었기 때문에 최하 37원, 최고 62원의 본봉에 머물렀다.

그러나 저들은 차별정책으로부터 나오는 불만을 일본을 향해 해소한 것이 아니라 동포에게 뒤집어 씌었으며, 바늘구멍 같은 출셋길을 통과하기 위해 경쟁적으로 동포를 탄압했다. 또한 박봉으로 인한 생활고를 해결하기 위해 갖은 명목으로 뇌물을 요구하고 민중을 수탈했다.

이처럼 일제 하의 조선인 경찰관들은 총독부라는 절대권력을 등

반민특위에 체포되어 공판정에
나가는 노덕술(1949년)

채병덕(1949년)

에 업고 횡포를 부리는 한편, 구속자 석방이나 범죄행위 말소 등을 미끼로 돈을 갈취하고 온갖 이권운동에 개입하여 부를 축적하였다. 그런데 이러한 부패상은 일제의 식민통치 구조에서는 나올 수밖에 없는 것이었다. 말단이긴 하나 무소불위의 권력을 행사할 수 있는 권한을 부여받은 데다 일본인 경찰들 수입의 반도 안 되는 월급으로 생활고에 시달리며 불만을 품고 있었기 때문에 유혹의 손길은 너무 컸다. 다시 말해 일제 하의 경찰은 막대한 권력을 행사하고 부정부패를 일삼는 것이 체질화될 수밖에 없는 구조였던 셈이다. 이것이, 해방된 이후에도 친일경찰들이 청산되기는커녕 다시 권력을 장악함으로써 재생산되었다. 미군의 정보 보고에 따르면, 조병옥이 경무부장으로 취임할 당시에는 재산이 아주 적었으나 2년 후 은행의 개인구좌에 2백만 엔이 있었다고 한다.

그런 만큼 이들에 대한 민중의 분노는 컸다. 대구 10월항쟁, 제주 4.3항쟁 등이 일어난 배경에는 친일경찰들이 여전히 권력을 휘두르면서 민중을 탄압한 것도 자리 잡고 있었다. 그리고 친일경찰에 대한 민중의 원한이 얼마나 컸던가는 반민특위에 체포된 친일파 중 경찰이 차지하는 비중에서도 잘 드러난다. 지금까지 밝혀진 바에 따르면 체포된 자 234명 가운데 일제 하 경찰 출신이 111명으로 거의 절반에 이르고 있다. 또한 이들 가운데 고등계 형사가 93명, 밀정이 12명, 헌병 및 헌병보조원이 6명으로, 고등계가 절대 다수를 차지했다.

1945년 7월 24일 서울 부민관(현 서울시의회 의사당)에서는 삼엄한 경비 속에 대의당 당수 박춘금*, 박흥식*, 이성근 등 국내 친일파 거두들과 아시아 지역의 친일파들, 총독부 고관들이 모두 모인 가운데 '아세아민족분격대회'가 열리고 있었다. 대회 도중 무대 입구에서 폭탄 2개가 연속으로 폭발해 10여 명이 죽거나 다치고 행사장은 아수라장이 되었다. 고등계의 날카로운 감시와 탄압으로 대부분의 저항세력이 감옥에 있거나 지하에 잠복해 있어 활동을 할 수 없었던 상황에서 일제의 간담을 서늘케 하는 대형 의열투쟁이 일어난 것이다. 종로경찰서가 발칵 뒤집어졌다. 거금의 현상금을 내걸고 단서를 찾기 위해 혈안이 되었지만 범인의 윤곽조차 밝혀내지 못했다. 일제 강점기 마지막 의열항쟁으로 불리는 '부민관 사건*'은 언론 통제로 보도되진 않았으나 사람들에게 강렬한 인상을 남겼다.

부민관 사건 주모자 중의 한 사람인 조문기. 해방이 되자 그는 영웅 대접을 받았다. 좌우에서 모두 그를 데려가려 했다. 그러나 미군정이 노골적으로 친일파를 우대하고 독립운동 세력을 홀대하자 그는 갈등했다. 심지어 친일파가 판을 치고 애국인사들이 암살당하는 혼란이 일어나자 그는 계룡산에 칩거하였다. 그러다 미군정과 이승만이 남쪽만의 단독정부 수립을 위한 제헌의회 선거를 실시한다는 소식을 듣고 더 이상 좌시할 수 없었다. 단독정부 수립은 민족을 영원히 두 동강 내겠다는 발상이므로 독립운동을 한 사람으로서 이를 방관하면 씻을 수 없는 큰 죄를 짓게 될 것이라는 생각에 이를 저지하려 했다.

그는 미군정과 친일파들이 남북협상을 노골적으로 방해하지 못하도록 경고하기 위해 옛 동지들을 규합해 평화적인 무력시위를 계획했다. 그러나 내부에 침투한 프락치(간첩) 때문에 거사 직후 경찰에 체포되었다. 그런데 경찰서 취조실에 들어선 자는 놀랍게도 일제 때 악명을 떨친 경찰 김종원이었다. 그가 김종원으로부터 당한 고문은 상상을 초월했다. 김종원은 들어서자마자 곡괭이 자루로 그의 머리를 내리쳐, 정수리에서 삽시간에 피가 솟구쳐 올랐다. 거기다 재 한 줌을 뿌리고 붕대로 칭칭 감아놓고는 대못이 수북하게 박힌 각목으로 내리치기 시작했다. 대못이 몸속에 쑥쑥 박혔으며, 온몸에서 피가 쏟아져 바닥이 피로 흥건해졌다. 배후가 남로당임을 인정하라는 것이었으나, 조문기는 끝내 인정하지 않았다. 결국 재판부도 사건 관계자들이 공산주의자가 아님을 인정했다. 조문기는 이 사건으로 1년 6개월의 옥고를 치렀다.

해방이 되었다는 조국에서 친일경찰에게 고문을 당하는 현실에 분통이 터지고 혀 깨물고 죽고 싶은 심정이었던 그는 더러운 현실을 떠나 10년간 유랑극단의 배우로 살았다. 그러던 중 또 한 번 고초를 겪어야 했다. 1959년, 그는 이승만 암살과 정부 전복을 꾀한 내란음모 조직사건의 수괴로 조작되어 오랜 기간 모진 고문을 당했다. 경찰은 월북해서 밀봉교육을 받고 김일성의 지령을 받아 남파된 간첩임을 실토하라고 했다. 모진 구타에 하루에도 서너 번씩 까무러치고 깨어나기를 반복했다. 지겹도록 오랜 기간 물고문을 받았고, 나중에는 대바늘로 손톱 밑을 쑤셔대더니 그래도 안 되자 이번에는 대못으로 쑤셔댔다. 손톱이 까맣게 죽더니 조각조각 떨어져나갔다. 다행히 양심적인 강서룡 검사의 무혐의 처분으로 목숨을 건질 수 있었다.

그는 좌익과 아무 관련이 없는 사람이었다. 전쟁 때 북쪽 사람들이 그를 데려갈 때 도망쳐 나오기도 했다. 그런 그가 이런 고초를 당했으니 좌파 성향의 많은 독립운동 지사들이 어떤 고초를 당하고 어떻게 죽임을 당했는지 미루어 짐작할 수 있다.

제주4.3항쟁이나 여수·순천 사건, 그리고 한국전쟁 시기에 자행된 숱한 민간인 학살의 주역들은 대부분 일제시기의 군과 경찰 출신이었다. 여수·순천 사건 진압 당시 손가락질로 가려낸 무고한 시민들을 일본군용 칼로 목을 쳐 죽였다는 자가 바로 김종원이다. 그는 경남 계엄사령관이 되어 민간인 학살을 지휘했다. 지리산 일대에서 벌어진 수많은 민간인 학살도 친일파 군인들이 독립군을 토벌할 때 쓰던 작전을 그대로 답습한 것이다. 일제는 만주에서 전개된 항일무장 투쟁을 탄압하기 위해 비민분리(匪民分離)라 하여 항일군의 지원지가 되는 마을을 불사르고 주민들을 집단학살했다. 그런데 친일군인들도 빨치산을 토벌할 때 똑같은 짓을 저질렀다. 일본군 소좌 채병덕이 참모총장이 되었고, 항일군 토벌의 혁혁한 전과로 일본인들마저 감탄한 일본군 대좌 김석원이 사단장이 되었으며, 일제의 밀정으로 수많은 항일비밀조직을 적발한 오장 김창룡이 무소불위의 권력을 행사하는 특무대장이 되었다. 군경의 지도부가 일제의 주구들로 채워졌으니 이러한 일은 예정된 것이나 마찬가지였다. 이것은 결코, 흔히 말하는 '이념대립의 결과'가 아니었다. 우파든 좌파든 제 민족에 대한 애정이 눈곱만치라도 있는 자라면 무고한 민간인들을 그토록 무참하게 학살할 수는 없었을 것이다.

08 누가 내게 돌을 던지랴
- 경제엘리트의 의식 변화

조선식산은행(식은)은 1918년 10월, 대한제국 말기에 설립된 한

성농공은행 등 농공은행 6개를 합병해 설립되었다. 동양척식주식회사와 함께 일제가 식민지 조선의 경제를 지배하기 위해 만든 핵심 기관 중의 하나였다. 조선식산은행은 1920년부터 1934년까지 실시된 산미증식계획에서 자금 공급을 담당하는 기관으로 활약했다. 중일전쟁 이후 약 8년간의 전시 총동원체제에서 채권 발행과 강제 저축으로 조선의 자금을 흡수해 일본 정부와 전쟁 수행을 위한 군수산업 부문에 공급하는 역할을 했다.

이 조선식산은행은 1950년 한국식산은행으로, 다시 1954년 한국산업은행으로 거듭났다. 이러한 역사에서도 알 수 있듯이 조선식산은행은 경제정책을 수행하기 위한 최고의 금융기관 중 하나였다. 여기서 근무한 일본인이나 조선인은 모두 당대 최고의 경제엘리트였다. 모스코비츠(Karl Moskowitz)라는 학자는 1960~70년대 한국 경제성장의 토대의 하나로, 식민지기에 금융계에 진출했던 조선인들의 역량 축적을 들었다. 이른바 '맨파워(man-power)'론의 대표적 사례로 소개되는 이들이 바로 조선식산은행 출신의 조선인 은행원들이다. 그러나 이들에 대한 비판도 있다. 즉 일제의 조선 경제 지배가 효과적으로 실행되도록 중추적 역할을 한 중견 친일파라는 비판이다. 최고 경제엘리트로서 그들이 수행한 역할을 볼 때, 부일협력자 또는 친일파라는 비판에서 결코 자유로울 수 없다.

조선식산은행 본점

　그렇다면 식산은행원들은 자신의 행위를 어떻게 기억하고 인식
했을까. 이에 대한 흥미로운 보고가 있다. 식산은행원들의 잡지 <무
궁(無窮)>(1946~1953)을 연구한 정병욱은, 식산은행원들이 시간의
흐름에 따라 크게 세 가지 기억과 선택적 인식을 했다고 분석한다.
　우선, 해방 직후에는 자신들의 행위를 반성하는 태도와 목소리가
잡지에서 큰 비중을 차지했다. 최영철이 1946년 1월호에 쓴 '식산은
행의 장래'라는 글을 보자.

"과거의 식산은행은 일본제국주의의 식민지정책을 담당하던 금융 기관이었다. 이제 우리의 입장에서 이렇게 설명하는 것은 용이한 일이고 의심할 여지가 없다. 그러나 한편에 일본제국주의의 대변자들이 잘 말하였듯이 일본은 조선에 철도를 부설하고 항만을 축조하고 공장을 세우고 광산을 개발하고 학교와 병원을 세우는 등 많은 시설을 남겨주었다고 말한다. 따라서 식은도 많은 사업을 조성하고 다대한 공적을 남기었다고 찬양한다. 이렇게 보는 것은 옳은가. 이것은 그러한 시설의 혜택을 입은 사람만이 하는 말이다. 조선민중의 다수는 다만 그러한 시설로 해서 착취와 기만을 받았을 뿐이다. 식은이 어떠한 기구로 그러한 착취와 기만정책에 가담하여 왔는가."

금융방면에서 조선 민중의 돈을 수탈한 기구에서 근무했다는 자기반성의 목소리다. 그러나 1950년대 들어서는 이런 목소리는 사라지고 자신을 변호하는 이야기가 등장하기 시작한다. 왕창업이 1950년 4월호에 쓴 '춘풍추우이십년(春風秋雨二十年)'에서는 이렇게 말하고 있다.

"비분강개지사(悲憤慷慨之士)는 아주 세상을 버리고 산간에 운둔하거나 해외로 망명하는 길을 취하였고 좀 더 타협하여 일인에의 협조자 일인의 수족 됨에 만족하였던… 혹은 관계(官界)로… 혹은 일인의 주재하는 경제기관에 들어가 보조자가 되면 이들과 손을 잡어 일인의 먹고 남은 여력(餘瀝)을 감수한 이도 많았다. 이들은 해방 후 욕도 많이 먹고 소위 반민법(反民法)으로 고생도 많이 하였지만은 필자로 보면 이것은 수지오지자웅격(誰知烏之雌雄格)으로 어느 놈이 옳은지 속단키 어렵다고 생각된다.… 현실의 부적(不適) 천하의 대세로써는 정복자의 수족이 되고 구수(寇讐)의 앞에 무릎을 굽히어 일시의 부끄러움을 참고 현실의 생을 유지하면서 정복자의 우점(優點) 장점을 부지런히 배우며 자신의 결점 단점을 개선하며 힘을 길러 후일 시기의 도래에 대비한 월왕 구천(句踐)의 고사를 본받음도 결코 그리 부당한 것으로 생각되지는 아니하며 일보(一步) 더 나아가 먹고 입는 것으로 하늘을 삼는 범인 필부의 중서(衆庶)가 세력과 권위 앞에 일시의 타협자 일시의 수족이 되었다 한들 그리 깊이 책할 바는 없지 아니한가 한다."

그는 두 가지 논리로 자신을 변호하고 있다. 하나는 식민 지배자의 장점을 배워 훗날을 도모했다는 사후적 변명이고, 또 하나는 먹고 살기 위해 협력한 이른바 '생계형 친일'에는 책임을 물을 수 없다는 주장이다. 해방 직후 친일파 청산을 둘러싼 논쟁이 치열했을 때부터 친일파 청산을 반대하는 주요 논리로 제시된 '준비론'과 '생계형 친일론'이 위의 글에서 집약적으로 등장한 것이다. 전자는 대중들의 정서를 돌리기엔 큰 설득력이 없었지만 후자는 꽤 있는 편이었다. 그러나 당대 최고 엘리트 집단의 친일행위를 단순한 '생계형 친일'로 볼 수는 없다. 오히려 일제의 식민 지배를 효율적으로 집행하는 데 중요한 역할을 했다는 점에서 생계 차원을 훨씬 넘어서는 수준의 친일행위였음을 부정할 수 없다.

그러나 반성이나 '눈치 보기'보다 자기변호로 일관한 왕창업의 글은 이미 현실적 힘을 갖고 있었다. 즉 남한에서는 친일파 청산을 강하게 주장한 좌파를 비롯해 민족운동세력이 정치적으로 패배한데다, 미국을 등에 업은 우파와 극우 동맹세력이 국가권력을 장악한 상태에서 어렵게 출범한 반민특위마저 친일경찰의 습격으로 붕괴되자, 그들은 더 이상 눈치를 볼 필요가 없었다. 오히려 친일 청산을 주장하던 세력을 모두 빨갱이로 몰아붙임으로써 자신들의 과오를 질책하고 비판하는 사회적 분위기를 봉쇄할 수 있게 되었다. 이제 한국 사회에서 '친일'은 일종의 금기어로 자리 잡기 시작했다.

게다가 한국전쟁이 끝난 시점에는 이런 자기변호조차 쏙 들어가고, 국가 건설의 주역을 자처하며 과거의 전통을 끌어오는 논리가 등장했다. 강대응은 '부흥자금과 설치의 의의와 과업'(1953.10.)에서

"…당행은 장기산업금융 취급의 특수은행으로서 과거 35년간 한국의 산업발전과 국토개발에 진력하여 왔으며 여사(如斯)한 전통과 여기에 적합한 기구 및 역량을 보유함으로써 금후의 전재(戰災) 재건과 경제부흥에 관하여는 이에 적극적으로 참여하고 정부시책에 협조하여야만 할 중요 사명을 지니고 있다 할 것"이라 말했다. 전쟁의 참화에서 벗어나기 위해 건설에 매진해야 한다는 주장을 비난할 이유는 없다. 그러나 자신들의 역사를 식민지 시기부터 끌어오면서도 일말의 반성조차 없이 '전통'을 자랑하는 이 인식은 심각하다. 꺼려하고 미안해해야 할 '과거'가 자랑하고 계승해야 할 '전통'으로 탈바꿈한 것이다.

이 주장은 현재 뉴라이트 세력들이 일제 하의 친일행위를 합리화하기 위해 내거는 논리와 같다. 식산은행원과 같은 최고 엘리트들은 친일파라 비난할 게 아니라 자본주의문명 도입의 공로자로 인정해야 한다는 것이다. '잘못한 것도 있지만 잘한 것도 있다'는 양비론에서 이제 한 걸음 더 나아가 친일파들의 공로를 높이 평가하자는 주장이다. 이는 '물타기'를 넘어서 옳고 그름의 가치마저 뒤집어버리려는 시도이며, 이러한 역사 해석은 과거의 잘못을 잘못으로 인정하지 않거나 인정하고 반성할 능력이 없을 때 나올 수 있는 것이다.

09 식민유산
- 사상과 문화로서의 친일문제

채만식은 광복 후인 1947년 박문출판사에서 '아름다운 새벽'이라는 소설을 출간했다. 그런데 이 소설은 원래 1942년 2월 10일부터 7월 10일까지 조선총독부 기관지 매일신보에 연재했던 작품으로, 일부 친일 내용을 삭제한 뒤 출간한 것이다. '아름다운 새벽'의 신문 연재분과 단행본을 대조한 김재용 교수에 따르면, 친일론이 포함된 연재 9회분부터 11회분까지의 내용이 단행본에는 빠져 있다. "지금은 조선 사람 스스로가 누가 해라 마라 하기를 기다릴 여부도 없이 자진하여 실질적으로 '니본징'(일본인)이 되는 노력을 피가 나도록 하지 않아서는 아니 된다.… 그리하여야만 조선 사람으로서의 '니본징'의 도리를 다함이려니와 동시에 '니본징'으로서의 조선사람인 진정한 행복도 누리게 될 것이다." 등의 내용이 단행본에는 누락되어 있는 것이다.

'아름다운 새벽'은, 소설을 쓰다가 그만두고 서울 근교에서 농사를 짓던 임준이 조혼한 아내와 새로 사귄 애인 사이에서 갈등하는 상황을 중심에 놓고 진행되는 작품이다. 연재 원본은, 임준의 일본유학 시절 친구인 태평과 어릴 적 고향친구인 일본인 이치로 등이 대동아전쟁의 취지에 공감하여 차례로 전쟁에 지원하고, 이어 임준도 전쟁 참전을 시사하는 것으로 마무리된다. 하지만 단행본에는 이 같은 내용은 삭제되어 있고 조혼을 둘러싼 갈등만 부각되어 있다.

그렇다면 소설의 구성과 내용에서 '삭제'된 부분이 갖는 의미는 무엇일까. 다시 말해서 특정 부분을 뺐는데도 소설의 전개에 아무런 영향을 미치지 않는다면 이 '삭제'된 부분은 무슨 의미를 갖고 있는가라는 질문이 가능하다.

그만큼 이 소설에서 말하는 친일논리도 그저 형식적인 것에 지나지 않는다고 설명할 수 있다. 이른바 '생계형 친일' 논리이거나 마지못해 주장한 것인 만큼 윤리적으로 비난받을 수는 있어도 문화적으로 그다지 심각한 해악을 끼치지 않는다고도 할 수 있다. 그러나 사태가 그렇게 단순하지는 않다. 그 부분을 삭제하고도 글의 형식과 내용면에서 식민지기든 독립 이후든 두루 통용될 수 있는 글이라면 두 가지 해석이 가능하다. 하나는, 친일 주장과 관계없이 글이 자기완결성을 갖고 있거나 이야기 자체가 보편적인 경우이다. 다른 하나는 일본에서 한국으로 충성대상이 바뀌더라도(물론 이것도 질적으로 중요한 이야기이지만) 충성의 형식과 내용이 그대로 통용될 수 있는 경우이다.

이 두 번째 경우를 전형적으로 보여주는 두 개의 사례가 있다.

하나는 1943년 조명암이 쓰고 박시춘이 작곡한 '혈서지원' 노래와 1953년에 개사한 '혈청지원가'이다. '일장기'가 '태극기'로, '성수만세'가 '천세만세'로, '나라님(천황)에 병정'이 '대한민국 국군'으로, 충성의 대상과 매체만 바뀌었을 뿐이다.

혈서지원(1943년 조명암 작사, 박시춘 작곡)

무명지 깨물어서 붉은 피를 흘려서 / 일장기 그려놓고 성수만세 부르고 한 글자 쓰는 사연 두 글자 쓰는 사연 / 나라님에 병정 되기 소원입니다.

혈청지원가 (1953년)

무명지 깨물어서 붉은 피를 흘려서 / 태극기 그려놓고 천세만세 부르자 한 글자 쓰는 사연 두 글자 쓰는 사연 / 대한민국 국군 되기 소원합니다.

또 하나는 운보 김기창* 화백이 1944년에 그린 '적진육박'과 1972년에 그린 '적영'이다. 두 그림의 구도나 형태가 그대로 일치한다. 다만 섬멸해야 할 적과 섬멸의 주체만 다르다. 적진육박에서는 섬멸의 적과 주체가 미군과 황군(일본군)이며, 적영에서는 북베트남군

김기창(화가)　결전미술전람회 조선군 보도부장상을 수상한 「적진육박」(위, 1944년작)
월남전을 기록한 「적영」(아래, 1972년작, 현 국방부 소장)

과 한국군이다.

　이것을 어떻게 해석해야 할까. 매우 비판적으로 보면, 위의 두 사례는 충성의 대상이 누구인가와 관계없이 작품이 성립한다는 것을 말하며, 이는 충성해야 할 권력이 어떤 형태를 띠든 상관없다는 태도에서 나온 것이다. 다시 말해 두 작품은 충성의 대상이 불법적인 권력인지 정의롭지 못한 체제인지를 따지지 않는다. 이 작품들에는 억압하는 질서로부터 인간을 해방시키기 위한 가치나 신념은 원천적으로 빠져 있고 단지 기술만 있을 뿐이다. 따라서 친일행위의 비판도 단지 민족을 배반했다는 일차원적 비판에 머물 것이 아니라 한 걸음 더 나아가 그 행위(작품)가 어떤 가치와 이념을 가지고 있는가라는 문제, 즉 문화적이고 정신사적인 문제까지 들어가야 할 것이다.

　현 시점에서 친일문제를 제대로 다루기 위해서는 당시의 친일행위를 합리화시켰던 논리들까지 비판적으로 검토하는 방향으로 나아가야 한다. 당대의 지식인들이 주장했던 친일논리가 해방 이후에 형식만 바뀐 채 그대로 적용되었다면, 형식에 대한 비판만으로는 부족하고 내용과 구조까지 비판해야 한다는 의미이다. 친일의 '내적 논리'라고도 하는 이 과제를 해결할 때 친일문제를 지성사적으로 접근할 수 있는 가능성이 열린다. 천황제 찬양이나 '일본과 조선은 원래 한 뿌리였다'는 동조동근론 따위의 주장은 해방이 되면 자연히 사라질 허깨비였으나 침략전쟁과 총동원체제에 대응했던 친일논리는 해방 공간과 현대사를 관통하면서 옷만 갈아입은 채 한국 사회의 밑바탕에 스며들었다. 그 논리들은 강자의 지배를 합리화하는 사회진화론, 개별에 대해 전체의 우월성을 강조하는 국가주의·전체주의적 감각, 반공주의, '우리 것이 좋은 것이야' 식의 서구문명에 대한 질시와 왜곡된 한국적 특수성 강조 등의 이름을 갖고 있다. 일제 하에서 주장된 친일론을 근본적으로 비판한다는 것은 이러한 태도와 사상들을 비판한다는 것을 의미하며, 그럴 때 비로소 식민 유산 또는 식민주의를 뿌리로부터 극복할 수 있을 것이다.

10 '친일 청산' 운동의 역사와 의미

한국사에서 친일문제는 크게 세 가지 차원에서 제기되거나 인식되어 왔다고 할 수 있다.

첫 번째는 역사적 또는 구조적 차원에서 제기되는 친일파 문제이다. 친일파들은 해방 이후 국가 건설 과정에서 미국의 지원 아래 분단·단정 세력으로 등장했고, 친미반공독재체제의 중심세력으로 성장, 남한에서 권력을 독점하는 지배계급으로 자리 잡았다. 그에 따라 식민지 지배와 파시즘적 전쟁 동원(전시 동원) 체제를 유지하는 데 기능했던 통치 기구와 제도가 해방 후에도 연속되었다. 뿐만 아니라 거기에 복무했던 친일파들이 이전에는 갖지 못했던 국가권력까지 장악한 지배층으로 발전함으로써 남한 사회가 안고 있는 각종 모순들의 발원지로서 기능했다. 즉 지배계급 또는 지배층으로서의 친일파에 대한 문제 제기라 할 수 있다.

역사학자 서중석은 친일파를 분단체제와 반공이데올로기에 뿌리를 박은 세력으로 규정하고, 그 역사적 성격을 다음과 같이 규정한 바 있다. 구조적 차원에서 분석한 대표적인 견해라 하겠다.

"첫째, 친일파는 자신들의 반민족적 행위를 반공이데올로기의 작동으로 희석시키고 은폐하였던 바, 그것은 또한 극우반공독재의 영속을 추구하는 것이었다. 그런데 친일파는 그 본성상 어떤 독재 권력에도 봉사할 수 있게 되어 있어, 이승만 독재, 박정희 독재에 충실히 복무하였다. 둘째, 친일 하의 득세는 민족 기강을 무너뜨리고, 사회정의 등 가치관, 윤리관을 극도로 혼란에 빠뜨렸고, 이기주의와 부정·부패를 사회를 움직이는 원동력이자 기본으로 삼게 했다.

셋째, 친일파의 위와 같은 성격은 인간은 어떻게 살아야 하는가 등에 대한 이념이 없고 민족문제가 배제된 근대화 지상주의적 경제 발전 모델을 만들어내는 데 이바지했다. 해외 종속형 발전 모델, 재벌경제, 투기경제, 지하경제는 이러한 경제 발전 모델에서 더욱 심각한 양상으로 산출되었다. 넷째, 정치적·경제적·사회적·문화적으로 주체성이 없고 외세 의존성이 강한, 특히 친일 친미 일변도의 외세 의존적인 틀을 형성하였다. 문화적으로도 해방 이후 제국주의 침략 논리나 매판문화를 무비판적으로 수용하고 그것이 범람한 것도 문화계의 상층 또는 주도층이 친일파라는 것에 조응하는 현상이었다."(서중석, '친일파의 존재양태와 구조적 성격', <한국근현대사와 친일파 문제>)

두 번째는 정치윤리·사회윤리 차원에서의 접근이다. 친일파를 단죄하는 일이 실패로 돌아가고 이들이 한국 사회의 지배층으로 성장함에 따라, 죄에 대한 사회적 인식에 혼란이 생겼다. '독립운동을 하면 3대가 망하고, 친일을 하면 3대가 흥한다'는 자조적인 인식이 사람들 속에 내면화됨에 따라 오랫동안 죄에 대한 책임 추궁이 어려웠다. 그러나 브루스 커밍스가 "해방된 한국에서도 정치적 정통성의 주된 시험 기준이 일본 치하의 경력에 달려 있었다."(브루스 커밍스, <한국전쟁의 기원>)고 말한 것처럼, 친일문제는 한국 지배층의 정통성과 윤리적 결함을 비판하는 핵심요소였기 때문에 언제든 다시 불거져 나올 해묵은 과제였다. 민주화 이후 친일문제가 다시 본격적으로 제기된 것은 해결하지 못한 숙제에 대한 반성과 함께 새로운 정치윤리, 사회윤리를 만드는 과정의 일환이기도 했다.

세 번째는 기억투쟁, 또는 역사해석을 둘러싼 싸움 과정에서의 문제 제기이다. 분단과 독재체제를 거치면서 국가권력을 독점한 친일세력은 과거에 대한 기억마저 독점하고 있었다. 자신들에게 불리한 기억을 역사에서 제거하고 유리한 기억만 집단의 기억으로 만들고 있었다. 1980년대 민주화과정을 통해, 공식적 기억에서 제거된 좌파의 역사가 되살아나고 우파의 친일문제가 제기된 것은 바로 이러한 강요된 기억에 대한 저항이자 해체의 한 과정이었다. 특히 이 기억투쟁은 각종 기념사업을 놓고 첨예하게 벌어졌다. 20세기를 전후해서 사회문제로까지 발전한 친일전력자의 기념사업 시비는 친일문제가 단순한 역사해석, 역사인식의 문제가 아니라 현실의 문화투쟁이자 공동체의 사회규범과 관련된 문제임을 보여준다(김민철, <기억을 둘러싼 투쟁>).

이처럼 친일문제는 정치투쟁, 문화투쟁, 기억투쟁의 내용을 담고 있으며 서로 긴밀하게 연결되어 있다. 그러나 시기나 상황 변화에 따라 특정 내용이 문제 해결의 중심 과제로 제기되었기 때문에 친일파 청산 운동의 과제와 양상도 다르게 전개되었다. 친일파 청산 운동은 크게 세 시기로 구분할 수 있다.

첫 번째는 1945년부터 1948년까지, 해방 이후 국가 건설(nation-building)의 시기로, 친일세력이 미군정의 후원 아래 한반도 남쪽에서 국가권력의 중심(행정, 군, 경찰 등)을 장악해가고 있었다. 이 시기의 친일파 청산 운동은, 국가권력 형성에의 친일 세력 배제(공민권 제한과 공직 배제 등), 인신 구속과 재산 몰수 등 법적·정치적 책임 추궁을 통한 직접적인 인적 청산을 주목표로 삼았다. 그러나 해방공간의 권력투쟁에서 민족민주 세력과 좌파의 패배는 곧 친일파 청산 운동의 좌절 또는 지연을 뜻했다.

두 번째는 1948년대부터 1980년대 중반까지로, 대한민국 정부 수립 및 반공독재체제의 시기이다. 이 시기에는 친일세력이 정치, 경제, 사회, 문화 전반에 걸쳐 지배계급화 함에 따라 반민특위 와해 이후 친일파 청산은 현실적으로 불가능하게 되었다. 이 시기는 다시, 반민특위의 친일파 (물리적) 청산이 진행되던 시기와 지배세력의 방해로 친일파 청산이 좌절된 이후의 시기로 구분할 수 있다.

세 번째는 1980년대 후반부터 현재까지로, 반공독재세력이 쇠퇴하고 민주주의가 확장되어가는 시기이자 친일파 청산 요구가 사회적으로 다시 제기되고 확대되는 시기이기도 하다. 그러나 이 시기의 친일파 청산 요구는 청산의 대상 자체가 이미 존재하지 않아 물리적 청산이 아닌 역사적 청산의 형태로 전개되었다. 즉 친일문제가 역사화의 단계에 들어섬으로써 진실투쟁 또는 기억투쟁과 문화투쟁(가치투쟁)의 양상을 띠고 전개되었다. 진실투쟁·기억투쟁의 양상은 친일반민족행위진상규명위원회의 보고서와 민족문제연구소·친일인명사전편찬위원회의 <친일인명사전> 편찬으로 일단락되었으나, 문화투쟁 또는 가치투쟁의 양상은 여전히 진행 중이라 할 수 있다. 2000년대 중반부터 본격적으로 제기된 뉴라이트 세력을 중심으로 한 친일파 변호론은 가치와 윤리를 두고 전개된 새로운 형태의 청산 논쟁이라 할 수 있다.

박춘금(일본 중의원 의원에 당선되었을때)

<현대사의 전개와 청산운동, 그리고 억압>

연도	추동하는 힘·요인	억제하는 힘·요인
1945	해방	분단과 냉전
1948	제헌헌법, 반민법(반민특위)	이승만과 경찰
1949		6.6 반민특위 습격, 와해
1960	4월혁명, 한국전쟁유족회 출범, 부정선거와 부정축재자 처벌, 반민주행위자공민권제한법	
1961		5.16군사정변
1965		한일협정
1966	<친일문학론>	
1972		10월 유신
1980	<해방전후사의 인식>	
1991	반민족문제연구소 설립 (→민족문제연구소)	
2005	노무현 대통령의 포괄적 과거청산 정책	뉴라이트 출범, 역사공격 <해방전후사의 재인식>
2009 이후	반민규명위 보고서, <친일인명사전> 발간	이명박 정부, 교과서 공격과 재편 박근혜 정부, 역사교과서 국정화

17
**반민족행위
특별조사
위원회**

1948년 10월 친일파의 반민족행위를 처벌하기 위해 구성된 특별위원회(약칭: 반민특위)이다. 반민특위는 독자적인 조사권·사법권·경찰권을 행사하며 1949년 1월부터 군인, 검찰, 경찰, 정·관계, 종교·문화계 친일인사들을 검거하여 총 688명을 체포했으나 이승만 정권의 집요한 방해에 직면했다. 이승만 대통령이 직접 '반민특위 활동은 3권 분립에 위배된다'는 담화문을 발표한 데 이어, 대통령의 지시를 받은 경찰이 특위 청사 습격, 특위 위원들에 대한 암살 시도, 국회의원 체포 등 끈질긴 방해공작에 나섰다. 경찰의 집단사표 제출 등 조직적인 저항까지 이어지자 특위 활동은 위축되었고 결국 1년여 만에 해체되었다.

22
**뉴라이트
(New Right)**

20세기 중후반에 나타난 보수·우익의 새로운 경향을 뜻한다. 신보수주의 또는 신우익이라고도 불린다. 자유주의와 보수주의가 결합된 사상으로 개인주의·작은 정부·자유시장·질서와 권위의 확립을 강조하며, 복지국가론 비판·국가 개입 축소·시장기구 옹호·인위적 평등의 배제·재산권 우선 등을 지향하는 정책을 내세운다. 1980년대 영국의 대처 정권과 미국의 레이건 행정부의 정책기조였으며 우리나라에서는 2000년대부터 활성화되었다.

24
노덕술

1899~1968. 경남 울산 출생. 친일경찰. 일제강점기의 고등계 형사로, 독립운동가들에 대한 탄압과 고문으로 악명을 떨쳤다. 광복 후에도 경찰로 활동하다 1949년 반민특위에 체포되었다. 조사 과정에서 그가 반민특위 간부들의 암살을 모의한 사실이 밝혀졌고, 이승만 대통령은 특위 위원장을 직접 불러 그의 석방을 종용했다. 무죄로 풀려난 후에는 헌병으로 전직해 헌병대장 등을 지내다 1955년 뇌물수수 혐의로 징역형을 선고받고 파면되었다. 1960년 국회의원 선거에 출마했으나 낙선했다.

38
일진회

대한제국 말기(1904년)에 설립된 친일단체. 러일전쟁 때 일본군 통역으로 활동한 송병준이 설립했으며, 설립 목적은 '민간 차원의 친일 분위기 조성'에 있었다. 후에 이용구가 조직한 진보회와 통합되었다. 진보회는 동학의 잔여세력으로 구성된 단체로, 전국적인 조직망을 갖추고 있었다. 일진회는 고종황제 양위 운동, 합방 촉구 성명서 발표 등 노골적인 매국행위에 앞장섬으로써 온 국민의 지탄을 받았다. 이에 정부는 단체 해산을 명했으나 일본 측의 방해로 실패했다. 친일행위의 대가로 회원들은 고위 공직에 임용되었고 특히 송병준은 이완용 내각에서 농상공부 대신, 내부대신을 역임했다. 1910년 한 · 일병합조약이 체결된 후 해산하였다.

51
수양동우회 사건

1937년 6월 수양동우회 관련 지식인들이 일제에 검거된 사건을 말한다. 수양동우회는 1926년 조직된 흥사단 계열의 민족운동단체로, 수양동맹회와 동우구락부가 통합된 조직이다. 수양동맹회는 이광수가 안창호로부터 흥사단 한국지부를 조직하라는 지시를 받고 서울에 만든 단체이며, 동우구락부는 흥사단 계열 인물들이 평양에 만든 민족운동단체이다. 수양동우회 회원은 82명으로 대부분 민족주의 계열의 지식인과 자산가들이었다. 이들은 인격수양과 실력배양을 내세우며 암암리에 독립운동에 나섰다가 일본에 발각되었다. 검거된 181명 중 41명이 재판에 회부되어(1940년) 실형을 선고받았으나 다음해 상고심에서는 전원 무죄로 풀려났다. 이미 대부분 친일파가 되어 있던 터라 처벌할 필요가 없었기 때문이다.

76
조병옥

1894~1960. 충남 천안 출생. 독립운동가 · 정치인. 미국 체류 중 독립운동에 참여하였고, 귀국 후 신간회 창립위원과 재정총무를 지냈다. 1929년 광주학생운동의 배후조종자로 체포되어 투옥되었다. 안창호의 영향으로 흥사단·수양동우회 활동에 참여했으며, 해방 후에는 미 군정청 경무부장으로 좌익세력 탄압을 주도했다. 이승만 정권에서 내무부장관으로 재임 중 이승만과의 의견 충돌로 사임하고 反이승만 세력의 핵심이 되었다. 1959년 야당인 민주당의 대통령 후보로 선출되었으나 갑작스런 발병으로 선거를 한 달여 앞두고 사망했다.

76
장택상

1893~1969. 경북 칠곡 출생. 독립운동가 · 정치인. 일본과 영국에서 유학 중 독립운동을 시작했다. 해방 후 한국민주당 창당에 관여하였고, 미군정 체제에서 수도경찰청장 등을 지내며 좌익세력 탄압에 앞장섰다. 정부 수립 후 초대 외무부장관과 국무총리를 지냈다. 5·16군사정변 후 군사독재가 계속되자 야당 지도자로 반(反)독재운동을 주도했고, 특히 1964년 대일굴욕외교반대 범국민투쟁위원장으로 한일회담 반대 범국민운동을 이끌었다. 자유당 총재, 신한당 고문 등을 역임했다.

83
박춘금

1891~1973. 경남 밀양 출생. 폭력배 출신의 친일정치인. 1920년 일본에서 친일 노동단체인 상애회를 조직, 일본인 기업주 편에서 조선인 노동자들에게 폭력과 착취를 자행했다. 조선총독부의 지원으로 한국과 일본을 오가며 각종 이권사업에 관여하는 한편 일본에서 정치인으로도 활동했다. 한국인의 황민화를 목표로 조직을 결성하고 시국강연회를 주최하는 등 적극적인 친일활동을 벌이다 광복 후 일본으로 도피했다. 1992년 일본인이 그의 묘에 송덕비를 세웠으나 10여 년 후 철거되었다.

83
박흥식

1903~1994. 평남 용강 출생. 친일기업인. 총독부와의 밀착관계를 바탕으로 유통업(화신백화점, 화신연쇄점)에서 성공을 거둬 '조선 최고의 갑부'라 불렸다. 각종 친일단체에 거액을 기부하고 일본의 침략전쟁을 찬양하며 학도병 참전을 독려했다. 또한 일왕에게 '대동아전쟁 완수에 전력을 바칠 것'을 맹세하고 직접 전투기를 생산하기도 했다. 이러한 적극적인 친일활동 때문에 반민특위 제1호 검거자로 구속되었으나 무죄로 풀려났다. 5.16군사정변 후 부정축재 혐의로 체포되었으나 석방되었고, 이후 잇따른 사업 실패로 몰락, 파킨슨병으로 사망했다.

83
부민관 사건

1945년 7월 24일 항일결사 대한애국청년단의 단원들이 아세아민족분격대회가 열리던 부민관(경성부립극장)을 폭파한 의거로, 일제강점기에 행해진 마지막 의거이다. 아세아민족분격대회는 박춘금의 주도로 아시아 각국의 친일파와 일본 고위관료들이 참가해 일본에 충성을 맹세하고 태평양전쟁 동참을 격려하는 행사였다. 부민관은 당시 일제를 찬양하고 전쟁 동참을 독려하는 장소로 이용되었다. 대한애국청년단원들은 사제폭탄을 갖고 부민관에 잠입해 박춘금이 단상에 오를 무렵 폭탄을 터뜨렸으나 박춘금을 살해하는 데는 실패했다. 이후 의거를 주도한 조문기·유만수 등은 경기도 화성에 은거하면서 야학당을 운영하다 한 달 뒤 광복을 맞았다.

95
김기창

1913~2001. 서울 출생. 한국화가. 8세에 병으로 언어기능과 청각에 장애를 입었다. 17세 때 친일화가 김은호로부터 한국화를 배우기 시작해 조선미술전람회(선전)에서 입선, 최고상 수상, 4년 연속 특선 등을 기록하며 화가로서 명성을 쌓았다. 친일전시회인 반도총후미술전 추천작가로 활동하는 등 일제의 군

국주의를 찬양하고 일제의 전쟁 동원에 적극 협력했다. 광복 후에는 국전의 초대작가, 심사위원 등을 역임하였고 대학에서 후학을 양성하며 80대까지 왕성하게 작품 활동을 계속했다. '청록산수', '바보산수' 시리즈 등이 유명하다.

참고자료

임종국, <실록 친일파>(돌베개, 1991)
반민족문제연구소 엮음, <친일 그 과거와 현재> (아세아문화사, 1994)
반민족문제연구소 엮음, <친일파99인> (돌베개, 1993)
김민철, <기억을 둘러싼 투쟁: 친일문제와 과거청산운동> (아세아문화사, 2006)
마크 게인, <해방과 미군정> (까치, 1989)
조병옥, <나의 회고록> (민교사, 1959)
서중석, <한국근현대사와 친일파 문제> (아세아문화사, 2000)
브루스 커밍스, <한국전쟁의 기원> (일월서각, 1986)
김민철, '탈식민의 과제와 친일파 청산 운동', 정근식·이병천 엮음, <식민지 유산, 국가 형성, 한국 민주주의 Ⅰ> (책세상, 2012)
김민철·조세열, '친일 문제의 연구경향과 과제' (사총, 2006년 9월호)
김민철, '지연된 정의-두개의 보고서' (황해문화, 2010년 9월호)
조세열, '친일인명사전 편찬의 쟁점과 의의' (역사비평, 2010년 여름호)
김민철·장완익, '친일반민족행위의 진상 규명과 재산 환수' (역사와 책임, 2011년 창간호)
윤종일·김민철, '반민주행위자공민권제한법의 제정과 쟁점' (역사와 책임, 2013년 8월호)

2장

해방 이후
한국전쟁까지

글 노항래

젊은 시절 현대사에 유독 관심이 많아 닥치는 대로 읽고 썼다. 1990년 즈음에 <잠들지 않는 남도>, <거창양민학살>(공저), <우리나라 노동운동사>, <다시 보는 한국전쟁> 등의 책을 '노민영'이라는 필명으로 쓰기도 했다. 겁 없이 2장 필자를 맡게 된 토대이기도 하다. 지금은 (협)은빛기획을 이끌며 자서전 및 평전 출판, 어르신들과 함께 하는 '자기 삶 글쓰기 교실', 중고생들과 함께 하는 '가족의 삶 글쓰기 교실', 인생노트 및 조문보 사업 등을 하고 있다. 최근 <내가 지킨 대한민국 그 품에 안겨>, <이옥순 평전> 등을 썼다. 평화를 소망하며, 품 넓고 너그러운 민주주의자를 꿈꾼다.

연표

1945   8.15광복
        모스크바 3상회의

1946   미소 공동위원회 개최
        대구민중항쟁

1948   제주4.3항쟁
        5.10총선거
        1대 대통령 선거(이승만 당선)
        대한민국 정부 수립
        여순반란 사건
        국가보안법 제정

1949   반민족행위특별조사위원회 활동 시작

1950   한국전쟁 발발
        한-UN주둔군사령관협정 체결

1951   거창 민간인 학살

1952   2대 대통령 선거(이승만 당선)

1953   휴전협정 조인

2장을 열며
한겨레가 철천지원수로

대한민국 정부는 1948년 8월 15일 수립되었다. '임시정부의 법통을 잇는' 정부를 자임했고, '한반도 통일을 지향하겠다'고 다짐하며 출범한 정부다. 그러나 그 정부 출범 전, 출범 후의 행적은 '민족 단일전선'을 주장한 임시정부의 지향을 모른 척하고, 민족 분열을 승인하고, 심지어 민족 내 갈등과 남북 분단을 밀어붙이기까지 했다. 이후 민권을 유린하고 헌정질서를 짓밟은 우리 헌정사의 부끄러운 일들이 대한민국 정부 수립의 첫 발자국에서 그 단초를 놓았다는 걸 부정할 수 없다. '왜 그러했던가?'를 짚어보고, 지금 되돌릴 수 없더라도 이제라도 바로 살피고 이후 바로잡는 건 우리 몫이다. 그걸 살피는 게 이 장의 과제다.

정부 수립 전 3년, 수립 후 5년, 도합 8년의 기간은 해방 후부터 한국전쟁 정전에 이르기까지의 시기다. 우리가 이미 알듯이 격한 갈등과 대립으로부터 이 땅의 사람 누구 하나도 비켜설 수 없었다. 해방으로부터 한국전쟁 발발에 이르기까지 이 땅은 준전시상태였다. 수만 명이 이미 목숨을 잃었고, 또 수만 명이 구속되었고, 수십만 명이 정치적 박해를 받고 있었다. 전쟁 3년은 더 참혹했다. 국가의 존망을 겨루었고, 각인은 생존의 벼랑 끝에서 삶을 구해야 했다. 남긴 상처는 넓고 깊다. 그 전쟁이 끝나고 우리 사회는 '반공=생존'인 사회로 재구성되었다.

우리는 지금도 정치적이고 사회적인 여러 견해 차이를 이해하고 존중하면서, 서로를 받아들이며 공존하기를 어려워한다. 아마도 가장 직접적인 원인의 하나가 70여 년 전 이 땅의 모든 이들이 겪은 전쟁과 전쟁 전후(前後)의 정치적 갈등일 것이다. 전후(戰後) 그 전쟁의 주역들, 그리고 그 후예들은 합리와 상식을 따지기 전에 '내 편인지, 아닌지'를 먼저 살피게 되었다. 토론과 공론은 번번이 위험한 짓거리로 여겨졌다. 자신을 드러내는 것, 그것은 책임 있는 태도이기 이전에 위험한 행위였다. 이것이 전쟁에서 배운 본능 중 하나이기도 하다. 생각이 다른 사람, 내 편이 아닌 사람을 무조건 배척한다. 진영논리가 횡행하고, '옳고, 그름'에 대한 판단을 '내 편, 네 편'과 등치시킨다. 작은 갈등이 큰 갈등으로 비화하고, 크고 작은 논쟁이 거대한 진영대결의 용광로에 녹아서 왜곡되기 십상이고, 편 가르기 싸움의 소재만 늘 뿐이다. 우리 사회 민주주의의 심화, 성숙을 향한 과제가 질척거리는 이유가 여럿이지만, 이 전쟁의 경험과 그로부터 이어진 근원적인 기억을 빼놓을 수 없을 것이다.

세월이 흐르고, 무엇보다 산업화, 민주화, 세계화, 개방화, 정보화의 큰 성취와 변화를 거듭하면서 과거의 기억은 얼마간 옅어졌으나, 오늘 우리 사회의 저변에 흐르는 갈등의 근원은 해방정국의 그 갈등, 갈등의 폭력적 해소, 그리고 전쟁의 상흔으로부터 결코 자유롭지 않다. 때로 생존을 겨루었던 우리의 과거는 오늘 우리 사회의 내면에 깊이 각인되어서 우리 사회의 민주주의, 평화, 진보의 가능성을 차단하고, 그런 소망 자체를 불순하게 여기도록 한다. 그래서 진영대결의 연장이 아닌, 우리 안의 상흔을 직시하는 용기가 절실하기만 하다.

상처는 그것을 드러내고 치유하기 위한 노력을 기울일 때 아물 수 있는 것처럼 우리 사회의 상흔 역시 그 근원에 대한 성찰과 직시가 선행되어야 하고, 또 끊임없이 새롭게, 더욱 깊게 살펴야 할 일이다. 더구나 그것이 우리 사회의 정신에 남긴 상처, 집단병리적 상흔일 때 그 상처를 이해하고 보듬는 시선은 반드시 필요하다. 우리가 아픈 기억을 되새겨 살피는 것은 그 때문이다.

한 사회의 과거를 살피면서 당시 갈등의 그 어느 한 편에 자신을 세우고 그 시대를 조망하는 것은 위험하고 우둔한 일이다. 해방 후부터 한국전쟁, 그리고 분단 사회가 고착되기까지 우리 사회는 정의와 불의, 진리와 허위가 싸운 전장이 아니었다. 그 시대를 살았던 구성원 누구나 착시, 혼돈, 부족함을 지닌 채 욕망을 성취하기 위해 움직였다. 서로의 욕망이 충돌했고, 각자의 꿈이 서로의 꿈을 배척하고 억압하기도 했다. 그래서 그 시대를 살피고자 하면, 그 시대 사람들의 욕망과 부족함을 그것대로 이해하면서, 그 시대 사람들이 보지 못한 것을 이제는 먼 시야로 다시 살펴야 할 일이다. 그런 시선을 잃지 않을 때 그 시대를 넘어서서 우리 사회의 오늘을 조망하고 내일을 전망하는 인식에 도달할 수 있을 것이다.

그 시대를 살피면서 거듭 확인할 것은 역시 '힘으로, 완력으로 이견과 갈등을 해결하려 드는 태도의 위험성'을 들지 않을 수 없다. 개인들 사이에는 소통과 대화를 차단하는 태도이고, 공동체에게는 민주주의, 평화, 진보의 길을 더디게 하고 지연시키는 것이기 때문이다. 그 시대를 살피며 우리가 가장 크게 새겨야 할 것이 이것이 아닌가 한다.

20세기는 전쟁의 세기로 지칭되기도 한다. 그 전쟁의 결과로 우리 사회에 정치적 가능성이 주어진 것이 틀림이 없고, 이 땅의 정치 지도자들이나 정치세력들 대다수는 그런 전쟁에 참여하는 행위를 통해서 지도력을 구축했다. 그들은 자신의 경험대로 힘을 동원하고 이끌어 해방, 혁명, 정의, 국가, 사회를 성취하려 했다. 그런 반면, 동의의 확장, 정치의 전면화, 민주주의를 통한 사회개조의 길은 너무도 멀었다. 제도가 성숙되어 있지 않았고 인민들이 준비되어 있지 않았다. 제도는 멀었고 힘은 가까웠다. 그렇게 대결과 전쟁으로 내달렸다.

이제 와서 살피면, 전쟁을 통해서 이루고자 하는 정의가 얼마나 허망한 것인지는 우리 민족사의 체험을 통해서 생생하게 확인했다. '힘을 앞세운 정치행위'가 초래한 결과가 얼마나 참혹했는지, 그것이 우리 사회의 미래를 어떻게 차단했는지 살필 수 있고, 그걸 되짚어보면 한 시기 힘의 숭상이 얼마나 위험하고 불합리한 것인지, 무책임하고 해악적인지를 짚고 새길 수 있을 것이다.

평화를 목표로 삼지 않으면, 평화를 최소한의 원칙으로 합의하지 않으면, 욕망이 분출하는 상황에서 대결, 갈등, 전쟁은 필연이 된다. 평화를 거부하고, 자신의 욕망을 이루기 위해 남을 부정하고 목숨을 빼앗고 기어이 힘을 동원한 이들이 전쟁을 불러들였다. 그렇게 주의, 주장을 일삼던 이들이 참화를 불러왔다. 어쩌면 '정전 상태'인 지금도 똑같은 행위는 없는지 살필 일이다.

최근 몇 년 사이 우리 사회 일각에서는 '건국 성취의 긍정적 관점', '이승만 국부론' 등의 논리가 불쑥불쑥 튀어나온다. 훌륭한 나라의 창건자, 그 지도자를 높이 받들자는 얘기다. 그러나 이런 견해는 기실 해방정국에서 행위했던 특정 정치인이나 특정 정치세력의 입장에 자신을 세움으로써 그 시대에 대한 냉정한 성찰을 거부할 뿐만 아니라, 이미 이루어진 결과를 놓고 과정을 재구성하고 동기를 재단하는 견강부회일 가능성이 농후하다. 휴전선 이북지역에 만연한 '장군

님 신화'가 허망한 것이듯, 휴전선 이남지역에서 '건국 대통령 신화'를 만들려는 노력은 또 하나의 우상 만들기에 불과할 것이다. 그렇게 해서 우월한 국가관이 만들어질 수도 없다.

한 국가는 지고지순한 가치나 의지의 결집일 수 없다. '마땅히 있어야만 했던 건국'이라는 관념 자체가 허상이기 십상이고, 그것이 특정한 지도자, 개인 의지의 확장으로 평가되는 것은 더더욱 위험한 인식이다. 이런 인식 자체가 사회 구성원들의 다양한 소망을 지우고 획일화한다는 점에서, 민주주의와 병립하기 어렵다. 시대착오적인 영웅사관의 적나라한 노출일 가능성 역시 크다.

우리 사회의 과거를 있는 그대로 직시하는 냉정한 시선으로 배우고 성찰하는 태도가 절실하다. 그래서 오늘 우리에게 남아 있는 상처와 상흔을 바로 바라보는 용기로, 그 시대를 넘어서는 도약을 준비할 수 있어야 한다.

오늘 우리 안에 깊이 뿌리내린 갈등과 전쟁의 상흔을 치유하기 위해서, 우리 사회가 앞으로 나아가기 위해서 반드시 필요한 일이다.

01 해방, 우리 역사 제일의 사건

옛 조선(=고조선) 이래, 이 땅의 역사에서 가장 감격적인 날, 가장 역사적인 사건이 언제일까 생각해보면 그날 1945년 8월 15일을 생각하지 않을 수 없다. 이 날은 36년 동안 나라를 잃고 주권을 빼앗겼다가 다시 찾은 날이다. 일제 식민통치기를 제외하고, 우리 역사에서 남의 나라에 주권을 빼앗겼던 사례가 없다. 그러니 이 식민통치가 끝난 날은 조선 역사에서 처음 있는 날이었다. 단 한 번의 사건이었고, 전무후무한 일이다.

고려 때인 13세기 몽골의 침략이 40여 년 동안 아홉 차례에 걸쳐 계속되고 이후 100여 년 동안 원나라의 간섭을 받았고, 조선시대 때 16세기 말부터 17세기 중엽에 걸쳐 일본과 청나라에 국토가 각각 침탈당했으나, 나라의 주권을 그렇게 긴 기간 동안 빼앗기지는 않았다. 고려에 대한 원나라의 간섭이나 조선에 대한 청나라의 간섭이 나라의 자주권을 위협했으나 그 영향은 왕실과 국왕의 통치권 일부에 그쳤고, 주민들의 삶에 영향을 끼치는 정도는 제한적이었다. 각 지방 일선 행정조직 역시 고려, 조선의 통치권이 온존되었다.

20세기 전반기 내내 이어진 일제의 조선침탈은 달랐다. 조선의 국체를 무너뜨렸고, 한반도의 유일한 정부는 일제 총독부였다. 일제는 조선의 일선 행정조직을 모두 장악했고, 주민의 삶 곳곳에 유일 통치권을 행사했다. 토지조사사업으로 주민의 경제생활을 장악하고, 공출, 징용, 징병, 군 위안부 동원, 강제징발 등으로 주민들의 삶 곳곳을 지배했다. 역사를 부정하고, 나랏말을 빼앗았다. 우리 역사 5,000년 내 단 한 번의 사례라고 하지 않을 수 없다.

일제는 주민의 일상생활을 지배했다. 일제 강점기 후반기에는 일제의 지배가 가혹해서 공출, 징용, 징병 등이 극에 달했다. 일제의 침략전쟁이 태평양, 동남아시아, 만주 일대로 확산되면서 전시동원 체제는 더욱 극심해졌다. 당연히, 이렇게 일제의 전시 체제가 극에 달하면서 조선 국내 지배, 주민 삶에 대한 통제는 극한으로 치달았다.

그런 만큼 조선의 주권 회복에 대한 기대는 희미해져갔다. 해방을 위한 투쟁은 대부분 국경 밖의 일이었고, 일본 군국주의 정권이 세계전쟁에서 패배할 가능성 역시 주민들의 일상에서는 감지하기 어려운 일이었다. 무엇보다도 주민들 자신이 이런 정보를 접할 수조차 없었다.

극악한 생활통제, 강력한 군부정권, 70만 명에 이르는 일등선민 일본인의 기세등등한 생활은 식민지 백성의 설움을 운명으로 받아들이게 할 만했다. 그러다가 갑자기, 조선의 해방이 왔다. 1945년 8월 15일 일본 천황 쇼와 히로히토의 항복연설을 언론매체를 통해 직접

들은 조선 사람은 매우 적었다.

일본 천황 히로히토의 항복연설 (1945.8.15.)

"짐은 깊이 세계의 대세와 제국의 현상에 감하여 비상조치로써 시국을 수습코자 여기 충량한 그대들 신민에게 고하노라. 짐은 제국정부로 하여금 미·영·중·소 4국에 대하여 그 공동선언을 수락할 뜻을 통고케 하였다.…

이 이상 교전을 계속하게 된다면 종래에 우리 민족의 멸망을 초래할 뿐더러 결국에는 인류의 문명까지도 파괴하게 될 것이다. 이것이 짐이 제국정부로 하여금 공동선언에 응하게 한 소이이다.…

그대들 신민의 충정은 짐이 이미 알고 있는 바이나 짐은 시운이 돌아가는 걸 살펴 심난함을 느끼고, 참고 새겨서 만세를 위해서 태평을 고하고자 한다. 짐은 여기에 국체를 지키고 충량한 그대들 신민의 충심을 믿고 항상 그대들 신민과 함께 있겠다.…

그대들 신민은 짐의 뜻을 받들어라." (전문은 인터넷 등을 통해 확인할 수 있음.)

이 연설 어디에서도 일왕은 조선이나 중국, 동남아시아 여러 나라에서 일제의 식민지 침탈에 고통당하는 사람들에게 한 마디도 사과하지 않았다. 조선의 주권에 대한 언급도 없었다. 다만 미·영·중·소 4개국에 항복을 선언하면서, 이들 나라들이 한 달 전에 제시한 포츠담 선언의 제안을 수용한 것이다. 무조건 항복 선언이면서, 일본 사람들에게 앞으로 닥칠 고난을 견뎌가자고 호소하는 연설이었다.

이 연설로 조선의 독립, 해방이 확정되었다. 벼락 같이 온 해방이라고 하지 않을 수 없다. 어제까지, 아니 오늘 아침까지도 주민들 속에 유일한 통치 권력이었던 일제가 갑자기 통치행위를 그만두고 자기 나라로 철수를 시작했다. 그들 천황의 선언에 따른 것이었다. 1945년 8월 15일은 그런 날이었다.

조선 사람들에게 일제의 항복 선언과 조선의 해방 소식은 그날부터 며칠에 걸쳐서 조선의 각지로 퍼져 나갔다. 이튿날 서대문형무소 수감자들의 석방 환영행사를 시작으로 서울에서부터 해방을 기념하는 주민대회가 열리고, 감추어 두었던, 때로는 급히 제작된 태극기의 물결 속에 만세 행진이 퍼져나갔다. 3.1운동 때의 거족적 만세 행진 이후 26년 만에 이루어진 행진이었다.

너무나 큰, 막강하고 잔혹한 권력이 하루아침에 사라져 버렸다. 그래서 권력의 공백 상태가 형성되었다. 그런데 준비된 해방이 아니라 갑자기 주어진 해방인지라 새로운 통치 권력을 세울 준비라는 게 있을 수 없었다.

이렇게 놀라운 해방이 이루어진 날로부터 조선인들의 꿈은 다른 데 있지 않았다. 바로, 새로운 통치권을 만드는 것. 되돌려 조선왕조로 돌아갈 수 없는 일인 만큼 새로운 권력을 스스로 만들어야 했다. 해방으로부터 우리 선대들에게 주어진 역사적 과제였다.

02 권력의 공백과 미·소 군정의 실시

일제가 조선을 침탈하기 전까지 우리나라는 국왕의 나라였다. 조선의 통치이념이고 백성들 절대다수가 이를 인정하고 있었다. 국왕은 백성을 대표하고, 백성 그 자체와 동일시되었고, 주권의 보유자이고 상징이었다. 일제는 국왕의 통치권을 빼앗고 국왕을 무력자로 만들었다. 국왕의 권력은 회복할 수 없게 되었다. 27대 임금 순종을 끝으로 허울뿐인 국왕마저 더 이상 존재하지 않게 되었다. 그래서 우리 주권의 회복은 일제의 식민지 강점 이전의 상태로 돌아가는 것이 아니라, 국왕으로 상징되던 권력 대신 그 근본이 되는 백성의 주권을 다시 세우는 것일 수밖에 없었다.

더구나 이는 3.1운동 이후 설립된 임시정부가 표방한 것이고 조선의 독립을 주창한 세력은 누구라도 동의한 원칙이었다. 임시정부는 출범 당시 '민주공화국'으로 국체를 정하였고, 1941년에는 '정치·경제·교육의 균등을 추구하는 삼균주의'를 이론적 틀로 삼은 대한민국 건국 강령을 발표하였다. 이 강령에서는 보통선거에 기초한 민주공화국 건설, 토지와 중요 산업의 국유화, 무상 교육 등을 이후 정부 운영의 기본정책으로 제시하였고 국민 기본권 확보, 남녀평등, 대기업의 국유화, 토지 분배, 친일파 척결 등을 그 국가를 이끌 정부의 과제로 내세웠다.

이와 같은 임시정부 헌정 조항은 임시정부만의 견해가 아니라 일제 하 독립운동 주체들 사이의 보편적 합의였다. '백성을 주권자로 하는 민주공화국으로 새 출발한다', 그것이 조선의 독립을 꿈꾼 모든 세력의 공통된 꿈이었다.

그런데 일제가 갑자기 주권을 내려놓고 자기 나라로 철수를 시작하자 조선은 당장 권력의 공백기 상황이 되었다. 아직 전체 백성이 승인한 권력이 조직되지 않은 상태였던 것이다. 임시정부는 중국 중경에 있었고, 또 다른 독립운동 단체인 독립동맹은 중국 연안에 정부를 두고 있었다.

그 때 8.15 해방 직후 가장 먼저 조선의 자율적인 통치권을 실현하기 위해 움직인 세력은 독립운동가 여운형*이 이끈 건국동맹이었다. 역량 있는 독립운동가 중 거의 유일하게 국내에 있었던 여운형은 해방 1년 전 일제의 패망을 예견하면서 비밀리에 건국동맹을 조직하고 지역 조직을 확대해갔다. 그러다가 해방을 맞는다. 초기 각 지역으로 퍼져나간 '해방되었다'는 소식과 만세운동의 확산에서 건국동맹의 역할은 매우 컸다. 여운형 등은 자신들이 조직한 건국동맹을 건국준비위원회로 재조직하고 자치조직을 전국으로 확대했다. 건국준비위원회는 대다수가 국외에 있는 독립운동가들이 귀국하는 대로 그들을 건국준비위원회로 모아 조선의 새 정부를 세우겠다는 구상이었다.

그러나 다른 독립운동가들, 아직 국내에 들어오지 않은 운동가들은 여운형과 건국동맹 주위 인사들이 주축이 되어 조직한 건국준비위원회를 흔쾌히 받아들이지 않았다. 일제 말기 독립운동이 소규모화, 분산화하면서 힘의 결속을 보여주지 못했고, 독립운동 내부 사상 대립의 영향도 무시할 수 없었다.

독립운동가들은 1945년 8월부터 연말까지 제각각의 경로로 국내에 들어왔다. 김일성은 소련 군정당국의 도움으로 9월에, 이승만은 미군정의 도움으로 10월에, 김구는 11월에, 다른 임정요인들은 12월 초에 각각 귀국했다. 그들은 자신의 경험과 사상적 견해에 따라 조금씩 다른 건국 구상을 갖고 있기도 했다.

YMCA 건물에서 건국준비위원회
발족식 때 강연하는 여운형

한반도에 입성한 미군(1945년)

권력의 공백상태에서 가장 먼저 권력의지를 드러낸 세력은 일제를 무너뜨린 외국 세력, 우리에게는 또 다른 외세, 바로 미국과 소련이었다. 해방 닷새 전, 미국과 소련은 군사장교들 사이의 협의로 '제멋대로' 38도선을 서로의 군사정권이 진주할 수 있는 영역으로 합의하고 이를 제 나라에 각각 확인시킴으로써 이후 남북분단의 시초를 만든다. 그리고 이 합의에 따라 해방 직후 8월말과 9월초, 소련과 미국은 우리 반도 북위 38도선을 경계로 각각 북쪽과 남쪽에 진주해서 일제의 통치권을 대신하는 통치권을 수립하고 선포하기에 이른다.

먼저 한반도에서 군사작전을 수행하고 있던 소련이 군정의 뜻을 밝혔다.

소련군 사령관 치스차고프 포고문 (1945.8.25.)

"조선 인민들이여! 붉은 군대와 연합국 군대들은 조선에서 일본 약탈자들을 몰아냈다. 조선은 자유국이 되었다. 그러나 이것은 오직 신조선 역사의 첫 페이지가 될 뿐이다. 화려한 과수원은 사람의 노력의 결과다.…

조선 인민들이여! 기억하라! 행복은 여러분들 수중에 있다. 여러분들은 자유와 독립을 찾았다. 이제는 모든 것이 여러분에 달렸다. 붉은 군대는 조선 인민이 자유롭게 창조적 노력에 착수할 만한 모든

조건을 만들어 놓았다. 조선 인민은 반드시 스스로 자기 행복을 창
조하는 자가 되어야 할 것이다.… 해방된 조선 인민 만세!"

보름 뒤 38선 이남 지역에서 미군정의 통치를 알리는 포고가 이
어졌다.

태평양 방면 미 육군 총사령관 맥아더 포고령 1호 (1945.9.9.)
"태평양 미군 육군부대 총사령관으로서 나는 다음과 같이 포고한
다. 일본국 정부의 연합국에 대한 무조건 항복으로 우리 편 여러 나
라 군대의 오랜 무력투쟁이 끝났다. 일본 천황의 명령에 따라서 그
가 대표하는 정부와 대본영이 서명한 항복 문서의 조항에 의하여
본관이 지휘하는 전승군은 금일 북위 38도 이남의 조선 지역을 점
령했다.
본관은 조선 인민이 오랫동안 노예처럼 지내온 사실과 적당한 시기
에 조선을 해방 독립시키려는 연합국의 결정을 명심하고 있다.…
이에 나는 태평양 방면 미국 육군부대 총사령관인 나에게 부여된
권한에 의하여 북위 38도 이남의 조선과 조선 주민에 대하여 다음
과 같은 점령조건을 발표한다.
(제1조) 북위 38도선 이남의 조선 영토와 조선 인민에 대한 통치의

모든 권한은 당분간 본관의 권한 하에 시행한다.

(제2조) 정부 등 모든 공공사업 기관에 종사하는 유급·무급 직원과 고용인, 그리고 기타 중요한 제반 사업에 종사하는 자는 별도의 명령이 있을 때까지 종래의 정상 기능과 업무를 수행할 것이며, 모든 기록 및 재산을 보호 보존하여야 한다.…"

미군정이 직접 통치 방식을 내세우는 데 비해, 소군정이 조선인의 자치권을 보다 적극적으로 인정하는 입장을 밝히고 있기는 하나 그 권력의 성격이 다른 것은 아니었다. 서울과 평양에 들어선 각각의 군정은 서로의 군사력, 양 국가 간의 양해와 협력으로 그 통치권을 서로 인정하고 있었다. 그 통치권은 우리 한반도 주민의 뜻에 의해서가 아니라 일본에 이긴 승전국 두 나라 간의 합의로 보장된 것이었다.

이는 2차 세계대전의 국제적 성격을 반영한 것이기도 했다. 독일, 일본에 대한 전쟁의 수행과 일제 패망 이후 전후 질서에 대한 미국, 소련, 영국, 중국 등의 입장을 밝힌 카이로선언과 포츠담선언은 모두 조선의 즉각적인 독립이 아닌, '적절한 절차를 거쳐 독립시키는 것'에 합의하고 있었다. 당연히 조선의 자치정부를 즉각 인정하지 않으니 승전국 군사력을 토대로 군정을 실시하는 것이고, 더 나아가

미 · 소 양국의 관리 하에 일정기간의 신탁통치기를 거쳐 조선을 독립시킨다는 것이었다.

일제 패망과 함께 해방된 나라에서 아직 인민의 자치권은 수립되지 않았고, 현실로 성립된 권력은 일제에 대한 승전국 미국과 소련의 군정이었다. 해방 후 우리의 운명을 스스로 결정할 수 없도록 작용하는 국제정치의 역학, 이것이 이후 우리의 재앙으로 이어지게 된다.

03 사람보다 사상을 섬기다

오랜 유교국가의 폐단이 깊을 대로 깊어진 19세기 후반기 이래로 조선은 새로운 가치를 세울 기회가 없었다. 성리학의 혁신을 꿈꾼 실학운동, 동학사상과 같은 인민들 속의 사상종교운동, 개화기 학자들이 이끈 민권사상운동이나 근대화 담론은 일제의 침탈로 맥이 끊겼다. 그런 조선에 새로운 희망의 사상이 소수의 선각자들 속에서 받아들여지고 퍼져나갔으니 그 사상이 기독교와 공산주의였다.

기독교는 국제사회에서 일제와 다른, 일제와 맞서는 서구열강의 사상이고 신앙이었다. 기독교는 개화와 직결되었다. 기독교가 본격

전래된 19세기말 이래로 기독교 선교사들은 조선에서 처음으로 신학문을 가르치는 근대적인 학교를 세웠고, 의학과 근대과학을 전한 주역들이었다. 서양 사람은 모두 기독교인과 동일시되기까지 했다. 기독교는 영어를 쓰는 사람들이 믿는 신앙이었다. 곧 서양 사람, 서양 문화, 서양 과학을 인정하기로 치면 그게 곧 기독교를 받아들이는 것과 비슷하거나 같은 것으로 인식되었다.

일제의 식민통치기에 기독교는 억압당하는 조선인이 위로받고 기댈 수 있는 안식처의 하나였다. 기독교는 민족운동에 대해서도 우호적이었다. 특히 20세기 초반 이래 평양을 중심으로 하는 한반도 서북지방에서 기독교는 마른 광야에 불길이 옮기듯 퍼져나갔다. 그런 기독교 전래와 초기 확산에 이어, 일제 패망과 함께 기독교의 종주국이라고 여겼던 미국이 들어왔고, 38선 이남 지역에서 미군정이 실시되었다. 바야흐로 기독교의 시대가 열린 셈이었다.

기독교만큼이나 새로운 사상의 하나는 공산주의였다. 20세기 초반 소련 사회주의혁명의 성공으로 국제사회의 유력한 정치이념이 된 공산주의는 1920년대 이래로 군국주의, 파시즘을 반대하고 식민지 인민들의 독립을 위한 투쟁을 응원하고 옹호함으로써 식민지 지식인들의 열화와 같은 지지를 받았다. 조선도 예외가 아니었다.

신학문을 배운 사람들은 그곳에서 사회주의, 공산주의도 함께 배웠고, 이런 사상은 조선의 지식인 계층에게 급속히 전파되었다. 일제 강점기 공산주의는 조선의 독립을 응원하는 가장 대표적인 새 사상이 었다. 이 공산주의 사상의 종주국 소련의 군대가 8.15해방 직전 국내에 들어왔고, 역시 38선 이북 지역에서 군정을 실시하기에 이르렀다.

기독교와 공산주의 이 두 새로운 사상은 처음 서로에 대해 온건하게 배타적이었다. 기독교는 신학문과 유사했고, 공산주의는 신학문에 유산자(有産者)와 식민종주국에 맞선 투쟁론을 결합시킨 사상이었다. 기독교는 평화를 주창하고, 공산주의는 투쟁을 설파했다. 식민지 조선의 지식인에게 기독교는 미국을, 공산주의는 소련을 숭상하는 양상이었고, 그 두 나라가 대일전쟁을 함께 수행하는 한 최소한의 단결과 존중이 없지 않았다.

두 개의 사상은 미소 군정을 통해 보호되었고, 그 보호의 품 안에서 영향력을 확대해갔다. 당연하고 자연스러웠다. 정작 문제는 미군정이나 소군정의 보호 아래 있는 조선 사람들, 이들 사상을 받아들인 조선의 지식계층들이었다. 미군정은 이승만을, 소군정은 김일성을 각각 품에 안고 왔다. 그리고 이승만은 기독교를, 김일성은 공산주의를 훈장처럼 내세우고 있었다. 상황이 이러했으니, 이승만과 김일성은, 그리고 기독교를 믿는 세력과 공산주의를 신봉하는 세력은 각각 미군정과 소군정을 '어머니의 품'처럼 숭상하고 따랐다.

그러다가 두 사상의 대립은 강력해졌다. 미국과 소련이 전후 국제 질서가 새로이 수립되는 과정에서 주도권을 다투게 되면서 두 사상은 서로를 적대하기까지 나아갔다. 시간이 갈수록 이 두 개의 사상은 하나의 해방된 조선을 급속히 분열시켰고, 쪼갰다. 이 두 개의 사상, 그리고 두 사상의 종주국인 미국과 소련을 섬기는 이들은 조선의 사람들에게 의거하지 않고 미군정, 소군정의 힘을 섬겨가고 있었다.

해악은 작지 않았다. 순식간에 갈등이 고조되었다. 미·소가 서로를 경계하는 사이, 두 사상을 따르는 이들은 진영을 나누어 폭력과 적대를 주고받았다. 주어진 사상과 종교를 그런 적대와 폭력의 논거로 삼게 되자 너무도 단순한 논리구조가 만들어졌고, 이식되었다. '붉은 마귀', '인민의 아편'이라는, 적의가 가득 담긴 상대에 대한 규정은 이식된 것이었기에 논거가 초라했으나, 초라한 만큼 주술적이고 강력한 것이 되었다.

새 희망과 새로운 비전이 필요했던 우리 민족에게 찾아온 '손님(작가 황석영의 문학작품 제목이기도 함)'인 기독교와 공산주의는 그렇게 우리 민족의 안방과 건넌방을 차지하고 으르렁대며 싸웠다. 그렇게 그 사상을 받아들인 우리 민족은 사상과 신념보다 사상과 신념의 주인인 사람을 먼저 섬기고, 사람을 이롭게 하는 사상과 신념이 될 수 있도록 우리 것으로 만드는 데 실패하고 있었다.

04 오보로 시작된 우익진영의 세력 만들기 정치, 반탁투쟁

우리 역사 중 최고의 사건이라 할 8.15해방은 몇 개월 만에 일찍이 겪어본 적이 없는 민족 내부의 참혹한 갈등으로 비화했다. 일제가 물러가고 피압박 민족으로 해방을 맞은 조선인들은 몇 개월 만에 사상과 종교 등을 이유로, 조선 문제를 해결할 방안에 대한 이견으로, 서로를 적대하고 심지어 죽고 죽이는 갈등으로 내달았다.

가장 먼저 제기된 갈등 의제는 1945년 12월 전해진 모스크바 3상회의 결정에 대한 이해와 태도 문제였다. 12월 중순 모스크바에 모인 미국 · 소련 · 영국의 3개국 외교책임자들은, 한반도 문제 해결을 위해 미소 공동위원회를 설치하고 한반도에 통일독립국가를 수립하기 위하여 5년 동안 공동위원회가 한반도에 대해 신탁통치를 시행한다고 합의했다.

> "한국의 독립국가 건설을 위한 임시정부를 수립하며 이를 준비하기 위하여 미소 공동위원회를 설치한다. 또 임시정부를 통해 미국, 영국, 소련, 중국의 4개국이 최장 5년간 신탁통치를 하고, 그 후 총선거를 실시하여 완전한 독립국가를 수립한다."

이 결정은 2차 세계대전 후 미·소가 대치하는 몇몇 지역에서 당시 유사한 방식으로 추진되고 있던 국제정치의 해법 중 하나와 다르지 않았다. 오스트리아, 그리스 등 10여 개 지역이 그 대상이 되었고, 한국에게도 같은 방식의 독립국가 결성 과정이 제안된 셈이었다. 이렇게 미·소는 해당 지역의 패권이 양국 중 어느 한 편에 귀속되지 않도록 하면서 해법을 미루는 정치적 타협에 합의했다.

그런데, 정작 당사자인 우리나라 사람들은 '신탁통치' 용어에 질겁했다. '36년 식민통치'의 경험이 고스란히 되살아나 '신탁통치'를 새로운 식민통치의 시작으로 받아들였다. 해방 후 4개월 만에 나라가 발칵 뒤집혔다.

모스크바 3상의 결정을 전한 언론의 최초 보도는 오보 투성이였다. 애초 '한반도 신탁통치 30년 안'을 제안한 것은 미국이었고, 소련은 '즉시 독립'을 주장하며 회의를 시작했다. 소련 측 대표가 '즉시 독립'을 주장할 때는, 당연히 1945년 말 당시 기준으로 남과 북에서 상대적으로 우월한 좌익진영의 정치역량을 감안했을 것이다. 그러다가 '신탁통치 5년 안'으로 합의한 것이다.

그런데 언론의 보도는 반대였다. 신탁통치 안이 소련의 주장이라고 전한 것이다. 무엇보다 결정적인 오보는, 5년의 기간을 거쳐 자유 총선거에 의해 통일독립국가 건설을 보장한다는 합의 내용에 방점이

신탁통치 반대운동 집회

찍히지 않고 새로운 식민통치가 시작되는 것처럼 인식되도록 전한 것이었다.

우파는 '즉시 독립'을 주창하며 대중의 정서를 자극했다. 선전은 주효했다. 식민통치의 연장인 신탁통치의 반대는 즉각 대중의 구호가 되었다. 이에 반해 좌파는 며칠 뒤 모스크바 3상회의 결정 지지, 곧 '신탁통치안 수용' 입장을 밝혔다. 국제정치의 냉엄한 현실을 감안하면, 미·소 간 합의를 수용하면서 그 토대 위에서 민족의 진로를 개척하자는 입장이라고 치면 이해할 수 없는 태도가 아니었다. 그러나 며칠 신탁통치 반대의 거센 열풍이 지난 후여서 빛이 바랬다.

이후 신탁통치안 반대와 찬성으로 갈린 민족 내부의 입장은 즉각 우익과 좌익의 대결 양상으로 번져갔다. 미·소 정치인, 외교관들의 말 한 마디 해석을 둘러싸고 극단적인 대결로 치달아 간 것이다. 1946년 새해가 시작되자마자 서울은 좌우익 간 군중집회 대결 양상을 거듭했다. 찬탁과 반탁!

이때부터 서로에 대한 맹렬한 비난과 적대가 자라기 시작했다. 특히 우파는 좌익진영에 대해 '권력욕 때문에 민족을 팔아먹는 자들, 식민통치 연장에 동의하는 세력'이라며 낙인을 찍었고, 좌익에 비해 대중의 지지가 미흡한 상황을 타개하고 자신들의 정치적 영향력을 확보하는 수단으로 반탁운동을 이끌어갔다. 해방 후 우익의 세력

신탁통치 오보사건
(1945년 12월 27일자 동아일보)

은 좌익에 비해 작았고, 무엇보다 친일행위자로 비난받던 이들 다수를 포괄하고 있었다. 미군정에 협력하며 치안, 행정 등의 일에 종사하는 이들의 대다수가 일제의 식민통치에 협력했던 이들이었다. 이들이 우익진영의 주도 속에 '반탁=즉시 독립' 주장을 내세우며 자신들의 약점을 지우고 좌익에 맞서는 정치적 주도권을 쌓아 나갔다.

이 반탁운동의 시작 지점에서 당시 우익 정당을 대표하는 한민당의 지도자였던 정치인 송진우 암살*이 있었다. 그가 모스크바 3상회의 결정에 우호적이었다는 게 암살의 정치적 이유일 것으로 추정되었으나, 당시 정치적 격동 속에 그 배후나 실체는 명쾌히 드러나지 않았다.

그러나 이 사건의 파장은 컸다. 요인 암살이 시작되었고, 이는 극단적인 정치적 대치가 타인의 생명을 빼앗는 갈등으로 비화하는 거듭된 충돌의 출발이었다. 유사한 행위가 그 뒤 몇 년 동안 거듭되었다.

반탁과 찬탁의 대립은 점차 우익과 좌익의 대결로 고착되었다. 그러면서 두 정치세력의 적대는 더욱 확고해졌다. 1946년이 되면 남한의 각 지역에서는 이미 좌익, '빨갱이' 탄압이 시작되었다. 민족을 배반하고 소련에 나라를 팔아먹는 세력에 대한 응징이라며 개인에 대한 린치(폭력), 미군정 행정력을 동원한 탄압이 날로 기승했다. 놀라운 일이었다. 식민통치를 함께 겪었던 주민들이 해방된 나라에서 몇 개월 만에 서로를 적대하고 죽고 죽이는 상황으로 치달아 간 것이다.

05 "공산주의자 빼고 나라를 세우자!"

'타력에 의한 해방'이 가져온 재앙은 이 땅에 사는 이들을 상상도 못하던 상황으로 몰고 갔다.

1945년 8월 해방된 조선에서 독립운동가와 인민들은 '조선 해방'의 국제적 성격을 정확히 이해하지 못했다. 아직 세계사의 큰 무대를 충분히 알지 못하고 그 속에서 주체로 존중받아 본 바 없는 인민들은 물론이고 해방 후 이 땅에서 영향력을 누리고 있던 인사들 역시, 전후(戰後) 새롭게 전개되는 세계질서 재편의 과정을 전체적인 조망 속에서 이해하는 건 쉬운 일이 아니었다.

세계는, 특히 한반도를 둘러싼 동북아시아에서 미국과 소련은 각각 자신에 대해 우호적인 세력의 영향력을 어디까지 확대할 것인지를 두고 서로 각축했다. 1945년 8월 이전에 이미 두 나라 군인들에 의해 그어진 북위 38도선이 그런 각축의 결과였고, 더 가열한 각축을 예고하는 힘의 대립지점이었다.

그럼에도 그 시대 우리 사회의 지도자들은 전체를 조망하지 못한 채, 또는 세계질서의 재편이 불러올 영향이나 재앙의 크기에 대해 충분히 알지 못한 채, 누구는 소련의 영향력 하에서, 누구는 미국의 힘에 기대어 자신이 꿈꾼 통일독립국가를 이루려 했다. 그리고 그런 희망은 미 · 소의 힘의 수단으로 전락해갔다.

해방되던 그 해 말부터 남한에서는 이미 공산주의자에 대한 공격이 공공연히 이루어지기 시작했고 치안력이 미비한 상황에서 사적인 공격도 비일비재하게 되었다. 공격과 대항은 일상이 되었다. 반대로 38선 이북 지역에서는 소군정의 통치에 소극적으로 협력하던 기독교 세력이 배제되고 있었다.

'남한 단독정부의 수립'을
주장한 이승만의 '정읍 발언'을
보도한 기사
(1946년 6월 3일자 서울신문)

대한민국 정부
수립 선포식
(1948년)

좌우 갈등이 가열될수록, 남과 북이 멀어질수록, 이를 봉합하고 단합을 이끌고자 하는 노력이 없지 않았다. 좌우합작과 통일정부 구성을 위한 정치인들의 노력 역시 거듭되었다. 미·소 군정의 관심도 없지 않았다. 무엇보다 이들의 요구가 미·소 간 맺은 협약에 합당한 것이었기 때문이다.

이런 상황에서 미군정의 공식견해를 뒤집고, 그들의 힘을 동원하고, 미군정의 힘을 자신의 정치적 의도를 관철하는 데 이용하는 유능함을 보인 정치인이 있었다. 이승만이었다.

그는 미군정과 함께, 중국에 머물던 임시정부 요인들보다 먼저 국내에 들어왔다. 그는 미국과 가장 가까운 정치인이라는 점에서, 해방 이후 정국에서 누구보다 앞서서 영향력을 행사할 수 있는 조건을 갖추고 있었다. 문제는, 당시 한반도에 대한 미군정의 정책, 또는 더 넓게는 동북아시아에 대한 미국의 정책이 아직 미정이라는 점이었다. 이런 상황에서 이승만은 자신의 입장을 공식화했다. 그는, 공산주의자를 배제하고 미군정에 우호적인 남한만의 단독정부를 세우자고 먼저 주장하고 나섰다. 다음은 1946년 6월 전라북도 정읍, 군산 등에서 연이어 행해진 그의 발언이다.

"이제 우리는 무기 휴회된 공동위원회가 재개될 기색도 보이지 않으며, 통일정부를 고대하나 여의케 되지 않으니 우리는 남방만이라도 임시정부 혹은 위원회 같은 것을 조직하여 38 이북에서 소련이 철퇴하도록 세계 공론에 호소하여야 될 것이다. 여러분도 결심하여야 한다."

민족 통일기관 설치를 위해 지금까지 노력하여 왔으나 불가능한 게 확인되었으니 현실에 맞게 활동을 시작해야 한다는 주장이었고 호소였다. 이 정치적 선언의 의미는 컸다. 처음으로 분단을 공식 제안하기에 이른 것이다. 공산주의자, 또는 38선 이북지역에 현실로 존재하는 소군정의 협력자들에 대해 정치적 배제를 주장한 첫 발언이기도 하다.

그 후의 결과를 우리가 알듯이, 이승만의 이 발언은 당시 미군정과 대다수 정치인들을 당혹스럽게 했으나, 실제로 정국은 발언과 같이 흘러갔고, 결국 2년 후 그의 주장대로 특정한 정치세력을 배제한 채 남한 단독정부가 완성되기에 이른다.

이를 제안하고 이 제안을 관철하는 방향으로 미군정을 끌어낸 정치인, 또는 미국이 선택할 수밖에 없을 하나의 방안을 미리 읽고 이를 자신의 노선으로 관철해간 정치인, 그가 이승만이다.

06 친일행위자 단죄의 실패
- 반민특위 무산

해방된 조선에서 가장 불안한 개인, 집단은 일제 강점기 식민통치에 앞장서고 기생한 세력들이었다. 그들은 일제에 협력하는 것이 조선인이 번영하는 길이라 믿고, 개인의 안락을 구해 조선 내에 작용하는 가장 큰 힘에 굴신한 이들이었다. 그들은 일제의 패망을, 조선의 해방을 생각하지 않았다. 권력은 영속하리라고 믿었고 그 힘에 굴복했다. 그들은 일제의 식민통치에 협력했고, 조선인을 수탈하는 일제의 통치행위를 앞장서 수행했다. 그들은 조선의 젊은이들을 징용, 징병, 정신대 동원에 떠밀고 감언이설로 그런 행위를 부추겼다. 그들의 일부는 조선의 독립을 주장하고 해방을 위해 싸우는 이들을 쫓고, 체포하고, 학대하는 일에 앞장섰다. 그리고 개인의 영달을 구했다.

그런데 일제의 항복, 조선의 해방으로 그들이 따르던 권력이 조선에서 사라졌다. 어제까지, 얼마 전까지 이어졌던 자신들의 부끄러운 과거, 죄상을 감출 수 없었다. 그들은 도망쳤고, 숨었다. 모든 피압박 민족의 해방과 독립국가 건설과정에서 보편적으로 있는 일이었다.

그들의 과거 죄과를 확인하고 그 책임을 묻는 것은 다시는 그와 같은 굴종의 삶, 그런 굴종의 시대를 받아들이지 않겠다는 독립국가 인민들의 자기존재 선언과 같은 것이었다. 이는 프랑스와 중국 등 모든 해방된 피압박 민족이나 국가에서 공유하는 정치적 경험이다. 5년 동안 독일 히틀러정권의 점령통치를 받았던 프랑스는 독일의 점령정책에 협조한 혐의자들을 조사, 재판하여 760여 명을 사형에, 2,700여 명을 종신형에, 35,000여 명을 금고 이상의 징역형에 처한 것으로 보고되고 있다. 1945년 그 시점에서 우리와 같이 논란 중이던 중국 역시 우리처럼 아무런 조치 없이 끝나지 않았다. '한간(漢奸)'이라고 불리는 친일협력자 3만여 명이 재판에 회부되었고, 그 중 절반 이상이 징역형 이상을 선고받았다. 국공내전 중이어서 프랑스와 같지는 않았으나 친일행위자에 대한 사회적 단죄는 거듭되었다. 그렇게 과거를 털어내는 씻김굿을 통해서 국가, 사회의 자기정당성을 확보하는 것이다.

그런데, 해방된 조선의 상황은 엉뚱하게 돌아갔다. 적어도 38선 이남에서는 미군정이 자신들의 통치권을 형성하는 과정에서 이들 친일 행위자들의 상당수를 다시 불러들였다. 조선을 알지 못하던 그들은 친일행위자들이 일제의 식민통치에 앞장서며 익힌 행정경험을 권력행위의 말단을 구성하는 데 동원한 것이다. 식민지 시절 동족을 핍박하던 정의롭지 못한 권력의 앞잡이들이 해방된 나라의 권력으로 복귀하는 모습은 참혹한 장면이라고 하지 않을 수 없다. 미군정이 채

용한 경찰의 80% 이상이 일제 하에서 경찰로 일한 경력자들이었고, 행정 관료나 군대 등도 다르지 않았다.

　그때부터 그들의 강력한 구호는, 국제적으로 급속히 재편되는 동서냉전체제에서 미국 주도의 자유진영이 경계하고 미군정이 싫어하는 공산주의에 대한 적개심이었다. 그들은 자신들을 향한 '친일파', '민족반역자'라는 혐의를 반공주의로 퉁치고 나선 셈이었다. 그들은 공산주의를 '소련을 조국이라고 섬기는 사상', '민족을 부정하는 사상', '매국노들의 사상'이라고 강변하며 반공을 앞세워 미군정에 대한 협력을 정당화했다. 그들 친일 경력자들은 미군정의 보호 아래에서 친일 행적을 지우고 감출 수 있게 되었다. 그들은 과거를 지우고 싶은 욕망의 크기만큼 미군정에 결속했고, 반공주의를 주창했다. 그들에게 그것은 자신의 죄과를 감추는 갑옷이었다.

　미군정의 통치권 하에 있는 38선 이남 지역에서 주민들의 자치, 자결권은 멀기만 했다. 좌우익 대결 양상으로 전개되는 갈등은 주민들의 정치적 혼란을 가중시켰다. 무엇보다 생활이 악화되었다. 해방 후 1년 사이에만 물가가 10배 가까이 치솟았다. 주민들은 식량 배급과 생계비 보장을 요구했고, 이런 요구는 좌익들의 정치적 공세와 결합되었다. 1946년 가을, 노동조합의 총파업*과 주민들의 식량 배급 요구가 분출했다.

반민특위에 체포, 이송되는 김연수와 최린(1949년)

반민특위 재판 광경(1949년)

좌익세력이 미군정 점령정책을 적대시한 것은 미군정이 1945년 9월 좌익 주도의 인민위원회를 불법화하면서 시작되었고, 좌익진영이 배제되면서 우익 위주의 통치행위가 거듭되자 더욱 강화되었다. 좌익진영이 이끄는 노동조합이나 농민회 등 대중조직은 미군정을 상대로 생활상의 요구를 내걸고 투쟁에 나섰고, 미군정은 이를 탄압하면서 갈등은 일상이 되었다.

이때 갈등을 촉발시키는 사안 중 하나가 '친일파 민족반역자 문제'였다. 그들의 죄행은 주민들에게 가장 생생한 체험이었고, 해방된 나라에서 가장 뜨거운 문제였다. 미군정이 조직한 남조선과도입법의회마저도 주요 의제로 토지개혁과 친일파 처벌 문제를 거듭 다루었다. 주민들의 입장에서 살필 때 해방된 조선의 양대 문제가 이것이었고, 누구도 회피할 수 없는 문제였다.

그러나 친일파 처벌 문제에 아무런 진전도 없었다. 특히 경찰의 반대는 집요했다. 자신들의 문제였기 때문이다. 당사자들의 반대, 미군정이 옹호하는 우익진영의 소극적 태도 등이 작용해서 미루어지기를 거듭했다.

결국 1948년 9월 대한민국 제헌의회가 구성된 뒤에야 반민족행위처벌법을 제정하고 이 법에 따라 국회에 '반민족행위특별조사위원회(약칭: 반민특위)'를 설치하게 되었다. 그러나 이미 3년을 넘기며

진을 뺀 상황이었다. 반민특위의 활동이 반민특위 운영을 맡은 우국지사들의 뜻대로 진척되지도 못했다. 우익진영은 반민특위를 이끄는 위원들과 조사관들을 공공연히 '빨갱이'라고 지칭했고 조사활동을 방해했다.

1949년 6월 반민특위가 일제 강점기 독립운동가 탄압에 앞장섰던 노덕술 등 친일경찰 경력자들 중 현직 경찰들을 조사대상자로 연행하자, 경찰들이 도리어 반민특위를 습격하고 위원들을 불법화된 조선노동당 관련 혐의자라며 체포하기에 이르렀다. 적반하장격의 역공이었고, 공권력이 입법기관을 억압하기에 이른 것이었다.

이로써 미군정 하에서, 그리고 대한민국 출범 초기에, 친일파 청산문제는 주장은 있었으나 사실상 실행되지 못했고, 결국 문제를 마무리하지 못한 채 넘어가게 된다. 결국 이 문제는 한국전쟁 발발의 명분 중 하나가 되었을 뿐만 아니라, 전쟁 중 남과 북 간의, 또한 우익과 좌익 간의 갈등, 적대, 인명살상의 이유와 명분으로 비화했다.

우리 역사는, 해방된 나라에서 제 때 과거 죄행의 실체를 확인하고 그에 상응하는 처벌을 사회적으로 확정하는 데 실패했다. 이 실패는 그 후 오랜 기간 동안, 그리고 지금까지도 해결하지 못한 역사적 과제의 하나로 남겨졌고, 우리 민족사 전체의 왜곡을 피할 수 없게 만들었다.

6 일상화한 폭력, 살육전

　'정치적 견해를 달리하면 목숨을 빼앗는다.', 정상적인 사회라면 있을 수 없는 행태였으나 해방 후 3~4년 만에 우리 사회는 그렇게 바뀌고 말았다. 미군정 통치 3년 동안, 그리고 대한민국 정부의 수립과정에서 좌익진영은 자신들이 정치적으로 배제되는 정도만큼 폭력의 강도를 높여갔다. 해방 직후의 집회와 시위는 행정기관 습격과 게릴라전으로 변화했다. 폭력은 대항폭력을 낳았고, 상호 상승작용을 거듭했다. 그렇게 3년여 만에 우리 사회는 사실상의 전쟁터로 변질되었다. 전국의 여러 지역에서 좌익과 경찰 간의 인명살상전이 끊이지 않았고, 군과 경찰은 주민의 협력을 강제하는 수단으로 '본보기 살해'를 거듭했다. 이런 살육전은 같은 지역사회에서 생활공간을 함께 했던 이들 사이에서 벌어진, 이웃에 의한 학살, 지방권력에 의한 민간인 학살이라는 점에서 참혹했고, 한국전쟁이 본격화한 후 거대한 보복전의 연쇄를 불러오게 한 발단이었다.

　제주4.3사건이 대표적이다. 1948년 4월 초 제주도의 좌익세력이 한 달 앞으로 다가온 '남한만의 단독정부 수립을 위한 선거'에 반대하면서 '항쟁'을 선언할 때 그에 동조해 나선 세력의 규모는 기백 명 정도였다. 이미 일 년 전 3.1절 행사장에서 경찰의 발포로 6명의 도민이 죽고 더 많은 이들이 중상을 입는 참사가 있었고, 그에 그치지 않고 1년여 동안 경찰과 서북청년단*의 대대적인 검거 선풍과 도민 탄압이 거듭된 뒤였다. 이런 상황에서 '항쟁' 선언은 자구책이고 몸부림이라 하지 않을 수 없었다. 경찰과 군대는 이에 맞서 토벌작전을 시작한다. 그로부터 한국전쟁이 시작되기 전까지 2년 내외의 기간에 걸친 토벌작전으로 희생당한 민간인 피해규모는 최소 3만 명 이상으로 알려져 있다. 군대와 경찰, 그리고 제주를 살육전의 현장으로 만든 주역인 서북청년단은 제주도민 전체를 사실상 적으로 몰았다. 공권력의 통제가 느슨한 중산간 부락의 주민들을 모조리 좌익 동조세력으로 취급했고, 해방 이후 제주도에서 이루어진 자치행정인 인민위원회 활동에 참여했거나 우호적이었던 주민은 하나같이 좌익세력 동조자 혐의를 받아야 했다. 이들이 모두 소탕전의 표적이 된 것이다. 국가권력에 의한 민간인 토벌이라고 하지 않을 수 없는 일이었다. 이 제주4.3사건은 이후 한국전쟁이 끝날 때까지 이어진 민간인 학살의 전형이었다.

이 사건이 있고 55년이 지난 후에야 대한민국 정부는 제주도민들에게 사과와 위로의 뜻을 전했다. 2003년 노무현 대통령은 대한민국 정부를 대표하여 4.3사건 유족을 비롯한 400여 명의 도민이 참석한 자리에서 "55년 전, 평화로운 섬 이 곳 제주도에서 한국현대사의

처형을 기다리는 제주 주민들(1948년 5월)

커다란 비극 중의 하나인 4.3사건이 발생했다."며 "이제야말로 해방
직후, 정부 수립 과정에서 발생했던 이 불행한 사건의 역사적 매듭을
짓고 가야 한다."고 인정하고, "국정을 책임지고 있는 대통령으로서
과거 국가권력의 잘못에 대해 유족과 제주도민 여러분께 진심으로
사과와 위로의 말씀을 드린다."고 밝혔다.

  그해(1948년) 10월에는 전라남도 여수·순천지역에서 군사반란
이 있었다. 제주도 토벌작전에 동원되어 출항을 기다리던 군인들이
출항을 거부하고 지리산으로 집단 탈영했다. 군대 내에 있던 좌익세

력이 이끈 것이다. 이때부터 전남지역 지리산 인근 지역에서 토벌작전이 지속되었다. 조사에 따르면 그 피해 규모가 10만여 명에 이른다. 한국전쟁이 발발하기 전까지 사실상의 전쟁이 지리산 인근에서 이미 전개되고 있었던 셈이다.

이 제주도에서의 민간인 학살과 여순반란 사건 이후 벌어진 토벌전은 모두 대한민국 정부 수립 직후 이루어졌고, 이는 이승만 대통령이 이끄는 대한민국 정부의 성격을 확연히 보여주는 것이었다. '공산주의자 빼고 세우는 단독정부'는 '좌익혐의가 있는 세력에 동조하는 사람은 누구도 용서하지 않는다. 그들의 영향력이 확대될 여지가 있는 지역에서는 민간인을 보호할 수 없다'는 태도를 분명히 했다.

여 국가보안법과 보도연맹

남한 주민들의 정치적 의사가 크게 상충하는 가운데, 일관되게 자기논리를 관철한 것은 이승만이 주창한 남한 단독정부였다. 소군정의 후견과 김일성이 이끄는 좌익세력의 주도로 북에서 토지개혁이 이루어지고 친일파 청산작업이 진행되면서, 이승만과 우익진영의 요구는 미군정을 움직였다. 결국 1948년 8월 15일 대한민국 정부가 수립되었고, 그와 함께 확고한 반공주의가 정립되었다. 공산주의에 반대하는 정부, 공산주의에 반대하는 사회, 그것이 대한민국 정부였고, 우리 사회였다.

이를 입법적으로 확고히 한 것이 1948년 12월 제정된 '국가보안법'이다. 국가보안법은 한마디로 공산주의 반대를 명문화한 법이자 공산주의와 싸우기 위해 제정된 법이다. 38선 이남 지역 주민의 투표로 구성된 대한민국 정부를 38선 이북 지역을 포함한 한반도 전체의 유일한 합법정부라고 규정하고, '정부를 참칭하는' 조선민주주의인민공화국과 그를 지지하는 일체의 행위를 반국가 사범으로 간주하여 처벌할 수 있도록 규정한 법이다.

이 법은 형식상으로는 헌법의 하위 법이지만 지난 70년 우리 헌정사에서 헌법과 동등한, 때로는 헌법보다 우위에 있는 법률로 작용해왔다. 헌법은 국민 누구에게나 기본권을 보장하지만 국가보안법 피의자는 반국가 사범으로 간주되고 기본권은 어느 때라도 유보될 수 있는 것이었다.

이 국가보안법이 제정된 뒤 이 법의 입법취지에 따라 조직된 단체가 국민보도연맹(약칭: 보도연맹)이다. 1949년 6월에 이승만 대통령의 특별명령으로 조직된 이 단체는 '좌익사상에 물든 사람들을 전향시켜 보호하고 인도한다'는 취지로 조직되었다. 헌법은 사상의 자유를 보장하지만 국가보안법은 '좌익사상'은 보호받을 수 없다고 했다. 좌익사상을 가졌던 사람은 사상을 바꾸어야(전향) 하는데, 이렇듯 스스로 사상 바꾸기를 다짐하며 가입하는 단체가 바로 보도연맹이었다. 좌익진영에 있으면서 보도연맹에 가입하지 않는 사람은 사상을 바꿀 의사가 없는 사람으로 간주되었고, 그것은 자신이 공산주의를 철회하지 않았음을 입증하는 것으로 받아들여졌다.

이승만 정부는 이 보도연맹을 구성하고 운영할 때 일제 식민통치기구가 일제 말기 추진했던 '대화숙*'과 같은 친일전향사업단체를 모델로 삼았다. '대화숙'은 일제 시기 민족운동 옹호자들을 대상으로 '그 불량함을 인정하고 천황에게 충성하도록 이끄는 단체'였는데, 똑같은 논리와 방식으로 보도연맹이 조직되고 운영되었다.

1949년 여름 이후 대대적인 보도연맹 가입 열풍이 불었다. 물론 사상을 검열당하는 좌익운동 이력자들이 이 보도연맹을 흔쾌히 여긴 것은 아니었다. 그러나 좌익운동으로 구속되었거나 수감되었던 경력이 있는 이들, 좌익운동의 영향을 받는 여러 주민단체에 이름을 올렸던 이들에게 대한민국에 거역하지 않을 것임을 입증하는 절차의 하나가 보도연맹 가입이었다. 각 지방의 일선 행정조직과 반공단체들 간에는 보도연맹 가입 숫자를 두고 지역 간, 지역 내 경쟁도 벌어졌

다. 보도연맹 가입자가 많으면 대한민국에 대한 충성도가 높은 지역
이나 집단으로 받아들여진 것이다. 따라서 가입 숫자를 늘리기 위해
가입자들에게 고무신과 같은 생필품을 나누어주었고 농사에 필요한
비료를 우선 배급했다. 이 때문에 좌익운동과 아무 인연이 없는 주민
들이 선물공세, 선심공세를 의식하고 보도연맹에 가입하기도 했다.
1950년 봄, 보도연맹 가입자 수는 30만 명을 넘어섰다.

이들은 일정 시기마다 지방 행정관청 등에 모여서 간단한 방침
을 전달받고 때로는 반공 강연회 등을 조직하거나 유사한 성격의 집
회에 동원되었다. 모여서 '대한민국 만세!'를 부르는 모임이었노라고
회고하는 이들도 있다. 정부 수립 이후 대한민국 정부가 가장 열성적
으로 집행한 사업이 보도연맹 조직사업이었다.

문제는 1950년 6월 한국전쟁이 발발하자마자 시작되었다. 그날,
이승만 대통령은 기다렸다는 듯이 긴급명령 1호를 발표한다. '제1조
본령은 비상사태에 있어서의 반민족적 또는 비인도적 범죄를 신속히
엄중 처단함을 목적으로 한다'로 시작하는 비상사태하의범죄처벌에
관한특별조치령, 대통령 긴급명령 제1호(1950.6.25. 제정, 시행)이다.

이 명령에 근거하여 이승만 정부는 은밀히 각 지역의 치안 책임
자들에게 지역별로 조직되어 있는 보도연맹 가입자들에 대한 '일제
소탕'을 지시했다. 정부가 조직한 각 지역의 명부는 그야말로 학살대

국민보도연맹증(앞·뒷면)

보도연맹 학살(1950년 7월)

상자 명부로 둔갑했다. 위 긴급명령이 담고 있는 '증거를 생략하도록' 하는 조항 등은 어느 인권기준으로도 성립될 수 없는 것이었으나, 이 명령은 그날부터 무시무시한 영향을 발휘한다.

특별명령이 담고 있던, 항소를 배제하지만 최소한의 재판절차는 보장하도록 규정한 '단심제'와 같은 규정마저도 지켜질 수 없었다. 인민군의 남하가 빠르면 빠를수록 공포는 컸다. 피난해야 할 일선 행정조직의 담당자, 경찰이나 군인의 가족들이 급작스럽게 보도연맹원들을 소집한 후 이들을 순식간에 처형해 버리는 일이 전국 각지에서 자행되었다.

이로써 전쟁 초기 한 달여 동안 군인이나 경찰 등에 의해 살해된 보도연맹원이 수만 명에 이르렀고, 이는 초기 전쟁 피해자의 가장 큰 규모를 차지했다. '대한민국 만세!'를 위해 소집된 이들이 살육전의 장(場)으로 초대된 것이다. 이는 전쟁의 전 기간 동안 벌어진 거대한 보복전의 시작이었다. 인민군 점령기에는 다시 반대로 경찰과 경찰 가족, 보도연맹원 학살에 동원되었던 이들, 이승만 정부의 초기 권력 형성에 참여했던 이들, 지역의 자산가들에 대한 인민재판과 학살이 거듭되었다.

다시 전황이 바뀌었다. 퇴주했던 국군이 각 지역을 수복하자 이번에는 인민군의 통치행위에 앞장서거나 동조한 세력에 대한 보복전이 시작되었다. 부역자 심판이었다. 전쟁 중이라는 이유로 법률적 절차나 규정도 없이 마구잡이로 잡아들였고, 명분을 만들어 처형했다. 주체도 제각각이었고, 그 과정에서 사적인 감정과 이해관계가 고스란히 작용했다.

09 이승만의 도주와 한강 인도교 폭파

1950년 6월 25일 새벽 통한의 한국전쟁이 시작되었다. 조선민주주의인민공화국 주석인 김일성은 소련의 지원을 기대하고 남한 민중의 지지를 확신하면서 정규군을 동원한 전면전을 도발했다. 해방 후 5년을 끈 정치적 공방을 물리력을 동원해서 끝내겠다는, 그렇게 해서 '통일되고 독립된 단일민족국가'를 이루겠다는 정치적 결단이었으나, 결과적으로 참혹하고 질긴 그림자를 남겼다. 해방 후 한국 정치의 블랙홀이 폭발한 셈이었다.

전쟁이 시작된 후 초기 전황은 혼돈스러웠다. 그런데도 정부의 공식 입장을 담은 서울의 국영방송은 매시간 국군의 승전보를 방송했다. '동두천 방면에서 아군이 적의 전차부대를 완전히 격파했다', '옹진반도를 수비하는 17연대가 반격을 개시하여 해주에 돌입했다', '삼척지구에 상륙한 공산 게릴라 연대장이 부대를 인솔하고 항복했다', '아군이 괴뢰군을 가득 실은 대형 선박 한 척을 격퇴했다', 이런 뉴스가 이어졌다. 국방부의 지프차량은 서울 시내를 돌며 '국군은 38선의 적을 격파했다. 평양은 내일 중 함락될 것이다. 시민들은 안심하라'며 선무방송을 거듭했다.

이튿날 월요일인 26일 국회에 출석한 채병덕 참모총장은 아군이 해주에 돌입해서 의정부 이북을 제압하고 있다거나 늦어도 5일 내에 평양을 점령할 만반의 준비가 끝났다고 호언하여 의원들의 박수를 받았다. 국회도, 국무회의도, 대통령도 '서울 사수', '북진 독려' 발언만 거듭했다.

그러나 실제의 전황은 정반대였다. 한국전쟁은 시작과 함께 예상하지 못했던 방향으로 흘러갔다. '북진'을 호언하며 단숨에 무력에 의한 한반도 통일을 실현할 것이라고 장담했던 이승만의 군대는 인민군의 진격이 시작되자마자 풍비박산이 나다시피 했다.

국무회의와 국회가 각각 '서울 사수 결의안'을 통과시키던 27일 오전, 이승만 대통령은 부인 프란체스카 여사와 함께 대구로 내달리고 있었다. 그는 그날 새벽 3시 경무대(대통령 관저)를 빠져나갔다.

그가 빠져나간 경무대에 아침 일찍 국무위원들과 국회의원들이 각각 대통령에게 보고할 '수도 서울 사수 결의안'과 결의문을 들고 찾아왔으나 모두 헛걸음으로 돌아서야 했다. 그들 모두 기약 없이 흩어졌다.

28일 새벽 2시 30분, 아직 인민군이 서울에 들어서지 않은 시간에 서울 한강 인도교가 폭파되었다. 이는 인민군의 진격을 누그러뜨리기 위한 선택이었는데, 정작 서울 북방에서는 국군 주력이 여전히 방어 작전 중이었다. 인도교의 폭파로 그들의 퇴로마저 끊긴 것이다. 계속되던 '서울 사수' 약속을 믿고 피난길에 나서지 않은 시민들의 퇴로도 같이 끊겼음은 물론이다.

당시 현장에선 헌병들의 민간인 통제도 느슨해서 수백 명의 민간인이 피난 짐을 지고 차량을 끌고, 하나뿐인 한강을 건너는 다리 위에 늘어서 있다가 한강 다리 폭파와 함께 생명을 잃었다.

이런 군 지휘명령 계통의 혼선, 민간인 피해 책임 등을 물어 군사법정은 공병감 최창식 대령에게 사형을 선고했다. 정작 폭파의 책임이 자신의 병력을 이끌고 폭파 스위치를 누른 일개 공병감에게 있다고 볼 수는 없는 일이었다. 그러나 그 외에 누구도 책임진 이는 없었다.

초기 전황이 인민군 쪽이 압도적으로 우세했다는 것은 그만큼 물리력을 주도면밀하게 준비한 쪽이 어느 쪽인지를 알려주는 증거인 한편, 우리 국군의 전투력이 그에 미치지 못했음을 아프게 확인시켜 주는 것이기도 하다.

이와 함께 국군의 자기정당성에 대한 확신의 부족, 지휘역량의 난맥상을 살피지 않을 수 없다. 당시 우리 군의 지휘부는 대부분 일본군 종군 경력자들이었다. 경찰이 지휘부부터 일선 경찰까지 일제 강점기의 조직이 그대로 연장된 경우가 많았던 데 비해, 군대는 해방 후에 조직되어서 사병들은 새로 모집된 청년들로 채워졌다. 일자리 문제가 심각한 시절이었던 만큼 군인은 나름 선망의 직업군이었다. 문제는 장교와 지휘부였다. 신생 국가에서 경력자를 충원할 수 없었다. 초급 장교는 속성으로 채워지기도 했으나, 지휘부는 전투경험이 있는 경력자를 구할 수 없었다. 결국 일제 강점기에 일본의 군관학교에서 훈련받고 일본군 장교로 근무했던 이들이 국군의 초기 지휘부로 초대되었다. 백선엽, 백인엽, 정일권*, 채병덕, 유재흥* 등이 그들이다. 해방 후 좌익과 중도파 민족운동 진영을 배제한 정치지형이 군 지휘부 구성에도 그대로 반영되어서, 독립한 나라의 군 지휘관으로서 내세울 만한 이력을 갖춘 이가 전무하다시피 한 실정이었다.

이것이 창군 초기의 어수선함만으로 설명할 수 없는, 초기 군 정통성의 위기를 만들었다. 군의 사기가 높을 수 없는 중요한 요인이었다. 나름 혁혁한 전투경력과 항일운동 이력을 내세우는 인민군 지휘

부와 달랐고, 이것이 군 전체의 전투력 차이를 만들었다고 하지 않을
수 없다.

10 한미동맹과 군 작전지휘권 이양

그 시간, 물러서는 국군, 쫓기는 이승만 정부에게 전해진 희소식
은 미국의 참전방침 발표였다.

> "6월 27일 오후 4시 맥아더 사령부로부터 동 사령부의 야전지휘소
> 를 곧 서울에 설치한다는 통보를 받았다. 당장 내일 아침부터 미 공
> 군이 출격을 개시할 것이고 지상군 부대가 뒤따라 전투에 참가할
> 것이다."

이 발표는 한국에서만 이루어졌는데, 미국 의회의 승인 이전에
이루어진 발표였기 때문이다. 발표 후 미 의회의 결의가 뒤따랐다. 미
군의 참전 명분 중 하나인 UN 결의는 그 뒤에 있었다. 순서는 '거꾸

로'였으나 UN, 미국, 그리고 맥아더 UN군사령관이 이끄는 태평양사령부는 참전 의사가 분명했다. 맥아더는 6월 29일 수원에서 이승만 대통령과 회동을 갖고 전쟁 초기 전황에 대해 보고받고 미군의 참전 의사를 확인했다.

이때부터 한국전쟁은 국제법상 미군의 전쟁이 되었다. 가장 결정적인 것은 7월 15일 체결한 '한-UN주둔군사령관협정'에 따라 대한민국 대통령이 대한민국 국군의 통솔권을 맥아더에게 양도한 것이다. 한국군에 대한 작전지휘권을 대한민국 대통령이 아닌 미군 사령관이 갖게 된 것이다. 주권국가가 이렇게 쉽게 자기 방위책임을 외국군 사령관에게 넘기는 사례는 찾아보기 쉽지 않다. 이 협정은 한국전쟁이 끝난 뒤 1953년 10월 1일 '한미상호방위조약'으로 이어져 오늘에 이르고 있다.

한국전쟁 개전 초기에 맺어진 이 협정에 따라 맥아더는 국군을 포함한 UN군 전체를 통솔하는 최고 사령관이 되었다. 그는 이때부터 두 번째 핵전쟁(첫 번째 핵전쟁-미국은 1945년 8월 일본 히로시마와 나가사키에 핵폭탄을 투하하여 일본의 항복을 이끌어냄)을 검토하면서 '소련, 중국과 맞붙는 3차 대전을 두려워하지 않겠다'며 이 전쟁을 이끌었다. 그야말로 한반도를 무대로 해서 본격적인 국제전쟁이 시작된 것이다.

이 협정에 따라 우리 군 사단 병력 이상의 이동이나 주둔지 변경 등은 미군 사령관의 동의 없이는 불가능하게 되었다. 이것이 이후 한국군의 정치개입에 따른 군부정권의 성립이나 연장에 대해 미국의 책임을 묻게 된 동기이기도 하다. 이 협정의 효력은 60년을 넘긴 지금도 계속되고 있다. 한국군은 '평시 작전지휘권'을 1994년 12월에 돌려받았으나, '전시 작전지휘권'은 여전히 미군 사령관에게 맡겨져 있다. 국제법상 전쟁을 잠시 중단한 상황에서 '평시 작전'이 성립할 수 없는 현실을 감안하면, 우리의 생명과 직결된 권리가 여전히 남의 나라 손에 맡겨져 있다는 것이야말로 한국전쟁이 남긴 가장 큰 그림자이다.

미국은 전쟁 초기부터 주저함 없이 이 전쟁을 소련의 영향력 확대를 위한 전쟁으로 이해하고, 그에 맞서는 대치 전선을 대소 저지선으로 이해하는 한편, 자유진영에서 미국의 주도권을 확고히 하는 계기로 삼았다. 미군은 '자유세계 수호'를 위하여 잘 알지도 못하는 나라의 전장에서 4만5천여 명에 이르는 전사자를 내는 대가도 치러야 했다. 2차 대전에 참전해 40만 명 내외의 전사자를 냈던 미군은 5년여 만에 다시 한 번 치명적인 피해를 감수해야 했다. 한편 태평양 건너편에서 벌어져 당시 최첨단 신무기와 전쟁물자가 모두 동원된 이 전쟁은 미국 경제의 침체를 떨치고 전후 번영으로 가는 디딤돌이 되었다.

이 전쟁을 이끌었던 맥아더 장군은 전쟁 초기부터 여러 차례에 걸쳐 원자폭탄을 인민군 방어선의 뒤편에 줄줄이 쏟자고 주장하곤 했다. 특히 중국 인민해방군의 참전으로 전선 방어가 어려워진 때에는 거듭 이를 미국 정계 지도자들에게 주장하곤 했다. 그에게 한반도 주민들의 삶은 중요한 것이 아니었다. 휴전선 인근에서 전선이 교착되었을 때에는 지뢰를 비행기로 쏟아냈다. 한국전쟁은 2차 대전 이후 정체되고 있던 미국의 전투력을 배가시키고 넘쳐나는 전쟁 물자를 '밀어내기' 하는 전장(戰場)이었다. 미군은 세균전, 생화학전도 서슴지 않았다.

1953년 초여름, 전쟁이 최종 국면으로 향하던 상황에서 미군은 평양 인근의 평야지대에 농업용수를 공급하는 5개 수력발전소를 파괴하는 폭격작전을 수행했다. 독산댐, 가산댐, 구원댐, 그리고 청천강 이북지역의 독성댐과 구성댐이 차례로 파괴되었다. 독산댐 파괴로 댐 아래 넓은 농업지역에 홍수피해를 입은 북한은 미국의 의도를 알고는 댐의 물을 미리 방류함으로써 홍수피해를 막아야 했다. 미 공군은 2차 대전 말기에 독일이 네덜란드 등을 겨냥해 실행했던 전쟁범죄를 따라하는 데 주춤거리지 않았다.

11 거창 민간인 학살

1951년 2월 9일부터 11일까지 사흘 간 지리산 인근의 경남 거창 군 신원면에서 주민 719명이 한꺼번에 학살되었다. 이 중 14세 이하 의 어린이가 359명으로 절반을 차지하고 있었고, 61세 이상의 노인 도 74명(사건 후 유족회 조사)에 이르렀다. 지리산 게릴라 토벌을 책 임진 국군 11사단 9연대 군인들은 민간인들을 마을회관이나 교회 앞 에 모이도록 해 골짜기로 끌고 가 모조리 학살했다. 고립된 지역에서, 외부와 차단된 상태에서, 전시 작전 중인 군부대에 의해 행해진 일이 었다. 군과 정부는 외부세계에 알려지는 걸 철저히 차단했고, 이 일은 없었던 일처럼 묻히는 듯했다.

그런데 해당 지역 국회의원이던 신중목 의원이 사건 한 달여 뒤 국회에서 참극을 폭로하고 진상조사를 요구하면서 사건이 드러나기 시작했다. 더구나 사건을 덮으려던 군의 행위 때문에 파장은 더욱 커 졌다. 당시 진상조사차 내려온 국회 조사단은 거창읍내에서 신원면 으로 향하던 길목에서 북한 인민군 게릴라로 분한 무장괴한들의 습 격을 받고 발길을 돌려야 했다. 이는 실제로는 11사단 군인들이 자행 한 일이었다. 속임수는 통하지 않았다. 한국전쟁에 자국 병사들을 파 견하고 있던 외국의 언론들이 앞다퉈 보도하면서 사건은 덮일 수 없게 되었다.

이승만 대통령은 4월 24일 '거창 사건'에 관해 직접 담화문을 발표하지 않을 수 없었다. 담화문의 요지는 '공비협력자 187명을 군법회의에 넘겨 처형한 사건'이라는 것이었다. 명백한 허위였고 얼버무림이었다. 영국의 한 언론이 '대한민국에서 민주주의가 이루어지는 것보다는 쓰레기장에서 장미꽃이 피기를 기다리는 게 낫다'고 쓴 것도 이때의 일이다.

국회가 재조사를 결의하고 진상조사가 재개되었다. 국정조사를 방해한 총격전의 주체가 위장공비라는 사실도 밝혀졌다. 결국 거창지역 민간인 학살 사건과 조사방해 사건의 진상이 공개되었고, 내무·법무·국방 3부 장관이 사임하고, 직접책임자인 9연대장 오익균 대령, 3대대장 한동석 소령에게 무기징역이, 경남지구 계엄사령관 김종원 대령에게 3년 형이 선고되었다. 하지만 이들은 이승만 정권의 특별사면으로 석방되었고 김종원은 경찰 간부로 특채되었다.

이 사건은 4.19혁명 직후 다시 중대 사회문제로 떠올랐다. 1960년 5월 11일 유가족들이 사건 당시의 신원면장 박영보를 생화장하며 보복한 것이다. 이를 계기로 국회는 진상조사를 다시 시작해 거창을 비롯한 인근 함양·산청·문경·함평 등의 민간인 학살 사건을 밝혀냈다. 전남 · 전북 · 경남의 지리산 인근 모든 지역에서 민간인 학살이 비슷한 시기에 같은 부대에 의해 반복적으로 자행된 것이 확인되었다. 이로써 거창 사건은 1951년 상반기 지리산 인근에서 벌어진 숱한 민간인 학살 사건들의 대표적인 사례로 남게 되었다.

주목할 일은 지리산 인근 지역의 게릴라들과 싸우던 군의 작전이 이와 같은 참상을 이미 준비하고 있었다는 것이다. '견벽청야(堅壁淸野)'작전. 당시 군의 작전 방침이었다. <손자병법>에 나오는 말로, 자신의 성은 견고하게 지키되 포기해야 할 곳은 인적·물적 자원을 모두 정리하여 적이 이용할 수 있는 여지를 완전히 없애버리는 전법이었다. 일종의 초토화 작전이다. 이에 따라 연대 지휘관 회의에서 시달된 작전명령에는 다음과 같은 지침들이 포함되어 있었다.

- 작전지역 안의 인원은 전원 총살하라.
- 공비(빨치산)들의 근거지가 되는 건물은 전부 소각하라.
- 적의 보급품이 될 수 있는 식량과 기타 물자는 안전지역으로 후송하거나 불가능한 경우에는 소각하라.

지리산 산악지대에 산재한 좌익 게릴라 수천 명을 토벌한다면서 군이 수만 명의 민간인을 학살한 것이다. 그야말로 '국민을 상대로 한' 전쟁이었던 셈이다.

12 국민방위군 사건

국가권력에 의한 민간인 학살만큼이나 참혹하고 충격적인 일은 1951년 내내 이어진 국민방위군 사건이었다.

1950년 10월 이후 중국군이 참전하면서 전황은 또 다시 급변하였다. 전쟁 초기 전투와 중국군에 맞서는 과정에서 병력자원의 손실도 컸다. 그때 이승만 정부는 사실상 징집 대상을 대폭 확대하는 국민방위군 편성을 결정하기에 이른다. 1950년 12월 15일, '군경과 공무원이 아닌 만 17살 이상 40살 이하의 장정을 제2국민병에 편입한 뒤, 학생이 아닌 자는 지원에 의해 국민방위군으로 편성한다'는 것을 골자로 한 '국민방위군 설치법안'을 통과시킨 것이다. 원칙은 자원자를 대상으로 하는 것이었으나 실적을 채우기 위한 강제 모집이 비일비재해서 실제 모집병력은 50만 명을 넘었다.

그런데 이승만 정권은 이들에 대한 지휘나 보급에 대해 아무런 대책도 세워두지 않았다. 대신, 자신들을 지지하는 정치깡패와 서북청년단 등 우익행동대 출신의 인물들을 장성급 장교로 발탁해서 지휘를 맡겼다.

1950년 12월 수십만 명의 국민방위군은 '도착지, 부산 구포'라는 명령 하나만 받고 행군을 시작했다. 보급은 제대로 이루어지지 않았

소집된 국민방위군
(1951년 1월)

고 식량도, 군복도 지급되지 않았다. 평상복에 죽창 하나씩만 챙긴 대열은 깡패들의 감시 속에 부산으로 향했다. 한겨울이었으나 두 명에게 한 장의 가마니가 지급된 것이 전부였다. 양곡권이라는 게 지급되었으나 식량을 구할 방도도 없었다. 행진 대열은 구걸집단이 되었고, 민간인 약탈도 하지 않을 수 없을 지경이었다. 이들은 그해 겨울, 얼어 죽고, 굶어 죽고, 전염병으로 죽어갔다. 뒤늦게 식량 고갈, 보급 부재 문제가 제기된 후 이들에게 지급된 것은 하루 네 홉(약 720ml)의 식량이었다. 한 끼 식사거리인 셈이었다.

이들 국민방위군의 지휘 통솔과 예산 집행을 책임진 정치깡패들의 행태는 두고두고 기억되어야 한다. 이들은 식량 보급을 위해 젤리 공장을 짓는다며 정부가 주는 예산을 빼돌리고, 차량을 구입한다며 실제 구입가격의 열 배로 장부를 조작했다. 그 차액은 그들의 유흥비와 이승만 정권의 정치자금으로 흘러들어갔다. 당시 이들 정치깡패들 사이에는 '돈이 물보다 흔하다'는 말이 돌았다.

이듬해인 1951년 여름 결국 국민방위군은 백지화되었다. 정부는 방위군을 일제히 집으로 돌려보냈으나, 이미 최초 모집자의 20%에 가까운 10만여 명이 사망한 후였다. 정부는 이를 '1천여 명'으로 축소 발표해 덮으려 했다. 민심은 들끓었다. 전쟁 상황을 이유로 국민을 짐승처럼 취급하고 분탕질한 사건이었다. '일제보다, 아니 인민군보다도 못한 정권'이라는 세간의 여론에 결국 정부는 국민방위군 간부들에 대한 재판을 피할 수 없었고, 다섯 명의 정치깡패 출신 간부들에게 사형을 선고하고 공개 처형하였다.

⅓ 빨갱이 사냥

해방 후 몇 개월 만에 한반도는 사상, 정견, 이해관계의 차이를 이유로 서로가 서로를 적대하고 생명을 빼앗는 대결장으로 변해갔다. 함께 공유했던 해방의 기쁨은 사라져버렸다. 이념갈등은 정치적 견해의 차이를 적대적 대결로 만들었고, 38선 이북지역에서 진행된 친일파 처벌, 토지개혁 등에 불만을 품은 초기 월남민들과 서북청년단 등의 집단화는 사적인 폭력기구로 발전했다. 이와 함께 갈등이 상시화되었다.

1945년 연말 우익 정치인 송진우가 암살된 이후 여운형, 김구 등 기라성 같은 정치인들이 쓰러져갔다. 그 사이 일반 주민과 사회운동가 등에 대한 구금, 고문 등의 폭력이 다반사로 발생했고, 폭력은 또다른 대항폭력을 불러왔다.

1948년 수립된 대한민국은 반공을 실현하겠다는 의지만큼은 확고했으나, 명실상부한 민주공화 정부가 아니었다. 헌법 위에 있는 국가보안법과 같이 민주공화국의 헌정질서는 아직 미완의 것이었다.

그 정부를 구성하는 선거 자체도 대한민국의 일부 주민들을 배제한데다가 좌익세력은 물론 우익세력의 상당수가 선거를 보이콧하는 상황에서 치러졌다. 대표적으로 김구, 김규식* 등 좌우협력 노선을 주장하는 이들이 대거 선거에 불참했고, 그들의 정치노선을 지지하는 정치 지망자들 중 일부만 개별적으로 입후보하거나 당선된 게 전부였다. 1948년 제헌국회는 그렇게 구성되었다.

1949년 6월, 이승만 정부는 반민특위를 습격하고 기어이 정치적 경쟁자인 김구를 살해했다. 그리고 국가보안법 제정에 반대하고 반민특위 활동에 앞장섰던 중도세력 정치인들을 국회간첩단 사건*(일명 국회프락치 사건)으로 엮어 구속해서 정치적 반대자들의 손발을 묶었다. 당시 감옥에는 친일파가 아닌 좌익혐의 구속자가 넘쳐나서 1949년 말 그 수가 3만6천여 명에 이르렀다.

그럼에도 민심은 이승만 정부에 우호적이지 않았다. 극도의 공포정치 하에서 1950년 5월 30일 치러진 2대 국회의원 선거 결과가 이런 민심의 일단을 확인시켜 준다. 당시 당선자 총 210명 중 무소속 의원이 126명에 달했고, 이승만 정부에 가장 격렬히 반대하던 조소앙* 후보는 서울 성북에서 전국 최다득표로 당선되었다. 이는 광범위한 민심이반 현상을 확인시켜주는 것이었다. 사실상의 의원내각제였던 국회에서 대통령 불신임, 재선출은 시간문제일 수도 있는 상황이었다. 그렇게 정치적 궁지에 몰린 이승만 정부의 정치적 활로가 된 것이 한국전쟁이었다.

한국전쟁은 정치적 견해 차이를 물리력을 동원해 제압하는 가장 저열한 정치였다. 전쟁 공포를 배경으로 부당한 '편 가르기' 정치가 일상화되었다. 이견을 가지면 곧 적의 편으로 내몰렸고 합리와 상식, 토론과 민주주의가 뿌리내릴 수 없었다. 반대자만을 겨냥한 것이 아니라 '내 편이 아닌 모든 사람'을 향한 공격이었다. 한국전쟁의 와중에 이승만 정부는 그렇게 민심을 획득했다.

전쟁 전에 이미 좌익을 사회에서 몰아낸 이승만 정부는 좌우합작세력이라고 칭해지던 중간파들, 옛 민족운동 경력자나 지지자들 중 이승만 정부의 적극적인 옹호세력이 되지 않은 상당수를 다시 우리 사회에서 밀어내고 쫓아냈다.

그런 사례 중의 하나로 한국전쟁 발발 직후 마산형무소에 수감 중 살해당한 전호극 소령의 일을 들 수 있다.

1913년에 태어나 일본 동경통신전문학교를 졸업한 그는 해방 후 자진해서 군에 들어가 1946년 3월 1일 해군장교로 임관, 진해에서 사관학교 교관과 함장 등을 거쳐 소령으로 진급했다. 정치적으로는 김구의 독립통일정부 수립노선을 따랐던 것으로 알려져 있다. 그는 1949년 2월 29일 진해의 관사에서 갑자기 끌려가 마산형무소에 수감되었다. '여순반란 사건'에 연루된 혐의를 조사하겠다는 이유였다. 가족들에 의하면 전 소령의 수감 사실을 알게 된 김구가 그해 6월 26일 암살당하기 전까지 3개월간 전 소령의 어머니에게 생활비를 보냈다고 하니, 이력이나 연고 등을 살펴볼 때 김구의 추종자였던 것으로 볼 수 있다. 재판은 그의 좌익 동조 혐의를 입증하지 못했으나 그는 징역 6년 형을 선고받았다. 그런데 그는 복역 중 한국전쟁 초기에 살해당했다.

최근 이런 전후 사정을 살핀 유족들이 "전 소령은 백범 김구 선생과 가까웠다는 이유로 이승만 정권이 누명을 씌워 구속시켰고, 그로부터 3개월 후 백범 선생이 암살당했다."고 주장해 주목받고 있다. 즉 이승만 정권이 사전에 백범과 가까운 군부 내 고급장교들을 제거한 다음, 암살을 실행했다는 주장이다.

그런데 이 사건과 유사한 사례가 여럿이다. 한국전쟁 이전 군대 내 좌익 소탕이라는 이름으로 4,400여 명에 이르는 군인들이 수감되었고, 이들 대다수가 한국전쟁 와중에 학살되었다.

유사 사건의 당사자로, 전쟁 중 친북활동을 했다는 이유로 사형당한 최능진 선생을 들 수 있다. 그는 일제 하에서 도산 안창호 등과 함께 활동한 '수양동우회' 사건으로 2년의 옥고를 치른 민족운동가이다. 해방 직후 북한에서 건국준비위원회 위원으로 활동하다가 월남한 반공주의자로서 친일파 청산과 평화주의가 신조였다. 그는 월남한 후 미군정청 경무국 수사국장으로 친일파 색출 등의 수사를 이끌다가 뜻을 이루지 못하고 사직했고, 제헌국회 선거 당시 이승만과 같은 서울 동대문구 선거구에 출마했다가 눈 밖에 나, 선거 이틀 전 허무맹랑한 이유로 후보 자격을 박탈당했다. 이후 '군사 쿠데타 음모' 혐의로 5년 형을 선고 받고 복역하다가 인민군의 서울 점령으로 풀려났다.

그는 인민군 점령 하에서 즉각적인 정전과 평화적 방법에 의한 통일독립국가 건설을 주장해서 인민군들의 배척을 받았다. 북에서 월남했던 그는 인민군이 철수할 때 서울에 남았다. 그는 서울에 돌아온 국군에 또다시 체포되었고 단심인 군사법정에서 사형을 선고받았다. 그리고 1951년 2월 처형되었다.

최근 우리 법원은 최능진 씨 유족들의 재심 청구를 받아들였고, '이 사건의 공소사실은 범죄의 증명이 없는 경우'라며 무죄를 선고했다. 최 씨가 벌인 평화통일운동은 김일성 등에게 전쟁을 중지하고 민족문제를 평화적으로 해결하자는 목적을 지녔다고 보는 것이 타당하다고 판단한 것이다.

집권세력의 눈 밖에 나면 정적이 되고 '빨갱이'와 '간첩'으로 몰리는 일이 전쟁 이전부터, 그리고 전쟁을 통과하면서 거듭되었다. 공산주의자를 고립시키고 궤멸시키는 일명 '빨갱이 사냥', 레드 퍼지(red purge)가 일상이 되었다. 심지어 '평화', '대화', '합작'을 주장하기만 해도 '적의 편 = 빨갱이'로 낙인찍히고 매도되었다. 정치권력만 그런 것이 아니었다. 과거 친일경력의 경찰들은 자신들의 약점을 감추기 위해 빨갱이 낙인을 시시때때로 사용했다. 빨갱이 낙인, 그것은 정의로운 이들의 입을 막고 음험한 권력의 치부를 가리는 수단이 되었다.

14 내면화하는 전쟁
: 민주주의의 쓰레기장

한국전쟁은 남과 북, 미국과 중국, 어느 쪽도 자신의 요구를 온전히 관철하지 못한 채 애초에 있던 38선 부근에서 교착되었다. 1952년 여름 즈음부터 휴전은 되돌릴 수 없는 상황이 되어가고 있었다. 남과 북은 지칠 대로 지쳤고, 미국과 중국은 결정적으로 상대를 제압할 수 없었다. 생존을 위해 물러설 수 없지만, 승리를 위해 앞으로 나아갈 수도 없는 상태가 1년여 동안 전선을 사이에 두고 계속되었다.

1953년 7월 27일 마침내 UN군사령관과 북한, 중국 회담 대표의 조인으로 휴전협정이 체결되었다. 3년 전쟁이 일단 끝난 것이다. 해방의 기쁨으로부터 8년 뒤, 한반도는 400만 명이 넘는 사상자와 그 가족들의 고통 위에, 폐허에서 다시 시작해야 했다.

휴전은 전쟁의 연장이었다. 교전 상대자들은 수시로 휴전을 무효화하고 다시 방아쇠를 당길 만반의 준비가 되어 있었고, 실제로 그렇게 서로를 협박하면서 수십 년을 대치해왔다. 무엇보다 남과 북은 서로를 향한 증오를 감추지 않은 채 상대를 절멸시킬 기회를 노리는 집단이 되었다. 그런 증오를 공유하도록 내부 구성원들을 독려했고, 증오를 공유하지 않으면 불순분자 또는 괴뢰를 따르는 자로 배척했다.

지상에서 이루어지던 전쟁은 그 재개를 후일로 미루어두었으나, 사회 구성원들의 마음속은 증오와 전투의지로 넘쳐났다. 생존을 위해서도 증오와 전투의지를 기회 있을 때마다 내보여야 했다.

휴전체제는 전쟁이 남과 북의 열전에서 구성원들 내면의 전쟁으로 내화하는 체제였다. 그들이 구성하는 사회는 구성원들을 위로하고 서로 돕는 사회가 아니라 구성원들을 몰아대고 편 가르는 '전쟁 같은 사회'가 될 게 분명했고, 전후 한국 사회는 그 예증이었다. 시시때때로 적의 편을 살폈고, 정치적인 이유로 자신을 반대하는 자를 '적의 편', 곧 불순분자, 간첩, 적을 따르는 자로 낙인찍는 일이 비일비재했다.

전후 60년이 훨씬 지난 지금도 그러고 있다. 선조들이 '생활의 지혜'이고 성찰의 기초로 가르친, 상대방의 입장에 서는 일, 역지사지(易地思之)는 더 이상 미덕이 될 수 없었다. 자칫 죽음을 자초하는 행태였다. 대신 편을 갈라 싸우고 타협하지 않는 행태가 휴전한 겨레의 내면에 굳게 자리 잡았다.

휴전이 논의되던 시기 후방 지역의 최대 이슈는 '북진'이었다. '전쟁을 이대로 끝낼 수 없다, 밀고 올라가라!'는 시위가 끊이지 않았고, 이런 시위는 이승만 대통령 지지 데모와 같은 것으로 받아들여졌다. 이승만 대통령은 전쟁을 거치며 자신의 정치적 반대자들이 대부분 궤멸된 안전지대로 올라섰다. 전쟁 전의 민심 이반도 그 민초들이 생존의 위기를 거친 뒤 봄바람에 눈 녹듯 사라졌다. 서울은 '80% 이상 파괴된 도시'로 외국 언론에 소개되고 있을 만큼 참혹했으나, 이승만 대통령은 정치적 승리를 만끽하고 있었다.

그는 아직 부산에 머물고 있던 피난 정부에서, 의회에서 선출하도록 한 대통령 선출 규정을 대통령 직선제로 바꾸었다. '발췌개헌'이었다.

이승만 대통령의 정치적 야욕을 관철하기 위한 정치공작이 백주에 횡행했다. 국제 간첩단 사건이 발표되었다가 없던 일이 되기도 했다. 내각제를 주장하던 국회의원들에게 '조선민주주의인민공화국' 명의의 성명서가 배달되기도 했다. 이것을 누가 보냈는지 논란이 되자, 모른 척하던 군은 '국회의원들의 충성심을 살피기 위해서 보낸 것'이라고 둘러댔다.

이승만은 2대 대통령 선거에서 다시 당선되었다. 그리고 2년 뒤 이승만 대통령과 그를 따르던 자유당은 대통령의 중임만 허용하고 있어 3선 출마가 불가능한 헌법을 '초대 대통령에 한하여 무한정 연임이 가능하도록' 개정을 추진했다. 의원들을 감금하고 매수하는 등 온갖 수단을 동원했는데도 의결정족수에서 한 표가 부족했다. 헌법 개정안은 부결이 선포되었고, 법률에 의하여 통치하는 한 이승만 대통령은 다시 출마할 수 없었다. 그러나 사흘 뒤 부결 선포는 뒤집혔다. '소수점 이하 과반이 되지 않는 수는 삭제한다', 기상천외한 사사오입 산식으로, 부결 선포했던 헌법개정안을 의결된 것으로 뒤집었다. '사사오입 개헌'이었다.

전쟁이 끝난 후에도 허무맹랑한 빨갱이 사냥은 계속되었다. 이승만 정부는 '없는 좌익'을 만들어서 징치했고, 자신의 정적들을 공격하기 위해 여전히 '빨갱이' 낙인을 이용했다. 그 대표적인 사례로 이승만 정부의 초대 농림장관으로서 농지개혁을 성공적으로 이끈 조봉암*을 들지 않을 수 없다. 대한민국 건국과 안정화의 주역인 그는 이승만 대통령의 장기집권에 반대하며 이승만의 정치적 반대자가 되었다. 1956년 치러진 대통령 선거에서 그는 3선 출마한 이승만 대통령 후보의 경쟁자였다.

이승만은 어김없이 그를 간첩으로 몰았다. '평화통일, 영세중립국가, 사회민주주의식 개혁'의 꿈을 말하던 그를 북한의 하수인으로 조작한 것이다. 1심 재판부도 혐의를 모두 인정하기에는 억지스러웠는지 간첩죄는 배제하고 징역 5년을 선고했다. 그러나 2심에서는 1심 판결을 뒤집고 사형을 선고하였다. 결국 조봉암은 형장의 이슬로 사라졌다.

정치만 그런 게 아니었다. 사회도 마찬가지였다. 신문사가 대낮

진보당 사건 재판 당시의 조봉암(1958년)

에 테러를 당하고, 대통령이나 집권세력에 비판적인 기사를 쓴 윤전기에 모래가 뿌려졌다. 조직깡패들이 각종 행사장에서 기승을 부렸고, 대통령을 떠받드는 자리만 집회시위의 자유를 누릴 수 있었다.

종신 대통령을 꿈꾸던 이승만은 "이승만 각하가 안 계시면 나라가 망한다."고 하는 이들로 국무위원을 채웠고, 선거를 관장하는 내무장관은 "공무원은 선거운동이 가능하고, 설사 위법이 있더라도 내가 처벌하지 않겠다."며 관권부정선거에 공무원 조직을 총동원하는 실정이었다. 민주주의는 형식뿐이었고, 외신의 표현대로 민주주의의 쓰레기장 같았다.

15 부패한 공화국

이념의 적대가 3년 동안 이어진 살육전으로 비화한 걸 체험한 시민들은 이념을 말할 수 없었다. '말 많으면 빨갱이'라고 비아냥댔다. 심리적 폐허였다.

그 공간에서 거의 유일하게 희망을 말할 수 있도록 제한 없는 자유를 보장받은 게 종교였다. 전쟁을 통해서 미군의 종교로 확고히 인식된 개신교는 독보적이었다. 미군정 통치기와 전란의 시기에 생명을 지키는 수호신이었던 기독교는 이제 구원을 약속하고 축복을 내려주고 전쟁 피해자들을 위로하고 새로운 문화를 체험하도록 하는 시대의 총아가 되었다.

기독교는 시민들 속에 거세게 뿌리내렸다. 그 과정에서 권력의 비호가 있었고, 전후복구사업과 고아원·탁아소 운영 등 기초적인 사회복지사업에서 발군의 역량을 보이기도 했다. 가장 안전하고 가장 현실적인 종교였던 기독교는 전쟁미망인들로부터 출세를 꿈꾸는 청년들에 이르기까지 각계각층에 뻗어나갔다. 이승만 대통령의 기도 소리는 기독교 대부흥을 이끄는 응원이었다. 그렇게 오늘날까지 이어지는 '한국식' 개신교가 이승만 정권의 비호 속에 뿌리내렸다.

또한 전후의 한국은 패거리들의 나라였다. 월남한 서북인들이 세력을 형성하고 군부대 운영과 군납을 둘러싼 이해관계의 사슬이 똬리를 틀었다. 공직자들은 작은 권력을 이용해 치부하고 시민들의 삶을 타고 앉았다.

전후 미국에서 쏟아져 들어온 잉여농산물은 먹고살 길 없는 주민들의 생명줄이었다. 이 잉여농산물을 분배하고 보급하면서 이익집단이 자라났다.

해방 후 미군정 치하에서 일제가 놓고 간 재산을 불하하는 과정에서 권력에 붙은 재산가들이 형성되기 시작했다. 이후 전쟁 등으로 처리가 잠시 미뤄졌던, 불하되지 않은 일인 재산 등이 정전 직후 1954년부터 이승만 정부 말기까지 귀속재산처리법에 따라 속속 이양되었다. 당시 주요 대기업의 절반 이상이 이때 불하되었다. 또한, 은행의 민영화 정책이 추진되면서 졸지에 금융자산가로 등극하는 이가 있었고, 정부의 정책금융을 지원받아 한두 해 사이에 작은 사업가에서 대규모 산업자본가로 변신하는 기업인이 생겨났다. 은행을 통해서 자본금을 마련하는 일도, 특정 지역에 공장을 건설하는 일도 모두 권력과의 관계를 통해서만 해결되었다. 부패한 권력집단이 이런 일들을 공정하고 투명하게 처리했을 리 만무했다. 권력과 기업인이 서로 뒤를 봐주고 공생하는 '정경유착'이 우리 사회 지배 권력의 존재양태로 자리 잡았다. 정치가 경제인들의 뒤를 살펴주고, 요정에서 투자자금과 정치자금이 맞교환되었다. 권력의 주위에 일확천금을 노리는 재산가들이 기승을 부렸다. 삼성, 현대, SK 등을 비롯한 오늘 우리 사회 대다수 대재벌의 토대가 이때 만들어졌다.

정권은 통화를 찍어서 부족한 재정을 충당했다. 물가인상, 인플레이션은 상시적인 사회현상이었다. 사회의 생존이 국민들의 주머니를 털어서 이루어지고 있었고, 그런 재화를 정치권력과 새로이 지배권력의 일원으로 간택된 기업인들이 나누어 가졌다.

투표장은 주권을 사고파는 막걸리와 고무신으로 분탕질이었고, 관제데모와 충성경쟁이 끊이지 않았다. 그 정점에 대통령이 있었고, 권력기관이 이런 불법·위법 행위들에 앞장서고 있었다. 연줄·연고·'빽'이 생존을 보장하고, 기회를 잡는 몇몇 사람에게만 일확천금을 보장하는 나라였다. 부정부패가 일상이고, 권력 없는 시민은 생존을 위해서 눈치 보고 권력의 부스러기라도 탐하지 않을 수 없는 사회였다.

대한민국은 그렇게 폐허 위에서 시작했다. 오늘 우리 사회의 여러 문제들이 바로 그 시절의 혼돈과 탐욕으로부터 시작되었다고 해도 틀림이 없다. 해방 후 5년의 정치적 갈등, 3년 동안의 전쟁, 그리고 이어진 부패 공화국은 우리 사회의 곳곳에 각인되어 우리의 성숙과 발전을 차단하고 왜곡해왔다.

그것을 떨쳐내기 위해서 그 시절을 직시하고 성찰해야 한다. '누구의 편인가?'를 물을 게 아니라 '무엇이 잘못되었던가?'를 그 시대의 눈으로, 그리고 '지금 여기' 우리 사회의 과제를 살피는 책임의식을 갖고 직시해야 할 일이다. 다시는 그런 '힘의 숭배'와 '몰상식과 부패에 굴신하는 일'이 없도록 우리 사회의 과거와 우리의 오늘을 살필 일이다.

124
여운형

1886~1947. 경기 양평 출생. 독립운동가·정치인. 상하이에서 신한청년당을 조직, 김규식을 파리 만국평화회의에 파견해 독립을 청원했다. 임시정부 수립에 참여하여 임시의정원 의원을 지냈다. 중앙일보 사장으로 재임 중 1936년 신문이 정간되자 사직하였다. 1944년 일본의 패전을 예상하고 조선건국연맹을 조직, 해방 후엔 이를 조선건국준비위원회로 확대하여 조선인민공화국을 선포하고 부주석이 되었으나 우익과 미군정의 반대에 봉착했다. 지나친 좌경화에 반대하여 중간좌파로서 좌우합작운동을 주도했으나 우익으로부터는 공산주의자, 좌익으로부터는 우경 기회주의자로 공격받다가 1947년 암살당했다.

137
송진우
암살 사건

독립운동가이자 정치인인 송진우(1889~1945)가 1945년 12월 자택에서 피격당해 사망한 사건을 말한다. 송진우는 광복 후 여운형이 주도하는 조선건국준비위원회에 맞서 우익 세력을 규합해 한국민주당을 창당하고 수석총무로 취임했다. 그는 신탁통치에는 반대하면서도 미군정에 적극 협력하였고, 귀국한 임시정부 지도자들과 함께 정부 수립에 힘썼다. 1945년 12월 모스크바 3상회의에서 신탁통치안이 결정되자, 반탁을 강력히 주장하는 임시정부 인사들과 의견 차이를 빚었다. 며칠 후, 그를 찬탁론자라고 생각한 한현우와 유근배 등에 의해 암살당했다.

145
1946년
노동조합의
총파업

1946년 9월 철도노조의 파업에서 비롯된 전국적 파업을 말한다. 미 군정청 운수부가 감원과 월급 삭감 계획을 발표하자, 9월 13일 3천여 명의 경성철도공장 노동자들이 이에 반발해 농성을 시작했다. 이어서, 부산(7천여 명)과 서울(1만5천여 명)의 철도노동자들이 가세하고, 좌익계 단체인 조선노동조합전국평의회(전평) 산하 노조들까지 동참하면서 파업이 전국으로 확산되었다(9월 총파업). 파업이 점차 정치적 성격을 띠게 되고 당국이 강경 대응에 나서면서 일단락되었다.

150
서북청년단

1946년, 북에서 월남한 청년들이 만든 극우반공단체이다. 이들은 대개 지주 가문 출신으로 일제강점기 때는 기득권 계층이었다는 공통점을 갖고 있다. 이들은 우익의 선봉에 서서 좌익에 대한 무분별한 폭력행위를 일삼았다. 이들의 이런 경향을 파악한 미 군정청은 1948년 제주 4.3항쟁 진압에 이들을 동원했고,

서북청년단은 '빨갱이 토벌'을 내세워 무고한 제주도민을 대량 학살했다. 김구 암살범 안두희도 서북청년단 출신이다. 2014년에는 '서북청년단 재건준비위원회'라는 단체가 등장해 사회적 우려를 낳기도 했다.

154
대화숙

일제는 1936년 '조선사상범 보호관찰령'을 시행해 사상범들에 대한 감시와 전향공작을 시도하고 전국에 보호관찰소를 만들어 이들을 수용했다. 당시 사상범들은 주로 독립운동가, 민족주의자, 사회주의자 등이었다. 사상범들 중 전향(친일 변절)한 이들이 생겨나자 일제는 이들을 관리하기 위해 '시국대응전선사상보국연맹'이라는 단체를 만들었고, 이 단체는 1941년, 대화숙(大和塾)이라는 조직으로 개편되었다. 이에 소속된 수천 명의 전향자들은 비전향 사상범들에 대한 감시와 설득, 일본군 위문, 강연회·좌담회, 군가 부르기 행사 등에 동원되었다.

161
정일권

1917~1994. 함경북도 출생. 군인 · 정치인. 일본육사를 졸업하고 일본군에서 만주국군의 대위까지 진급하였다. 광복 후에는 조선국방경비대의 정위(대위에 해당)로 임관하였다. 정부 수립 후 조선국방경비대가 한국육군으로 확대, 개편되면서 준장, 참모차장으로 진급했다. 이후 진급을 거듭해 육군참모총장과 합동참모본부총장을 거쳐 육군대장으로 예편했다. 이후 외교관으로 활동하다 박정희 정권에서 외무장관과 국무총리를 지냈다. 1970년 정인숙 여인 피살사건이 물의를 빚으며 국무총리직에서 물러났다가 다시 1979년까지 국회의장직을 맡았다. 1980년 정계 은퇴 후에는 국정자문위원, 한국자유총연맹 총재 등으로 활동했다.

161
유재흥

1921~2011. 군인 · 정치인. 일본육사를 졸업하고 일본군 장교로 활동하다 광복 후에는 국군 장교로 활동했다. 한국전쟁 중 1951년 벌어진 현리전투에서, 당시 3군단을 지휘하던 위치임에도 먼저 도주하여 대참패를 초래했다. 3군단은 결국 미군 사령관에 의해 해체되었고, 이는 국군의 작전통제권을 미군에 빼앗기는 빌미가 되었다. 그럼에도 종전 후 합동참모본부 의장을 지냈고, 박정희 정권에서 대통령 특별보좌관, 국방부 장관 등에 기용되었다. 노무현 정부 때는 전시 작전통제권 환수 반대 운동에 앞장서기도 했다. 국방부 기록에는 '전쟁영웅'으로 표현되어 있다.

172
김규식

1881~1950. 부산 동래 출생. 독립운동가 · 정치인. 1904년 미국 유학에서 돌아와 민중계몽운동가로 활동하다 중국으로 망명해 독립운동에 참여했다. 1918년 모스크바에서 열린 약소민족대회에 한국 대표로 참석하였다. 임시정부 수립 후 외무총장으로 파리강화회의에 참석해 조선의 독립 의지를 널리 알렸다. 1944년에는 임시정부 부주석으로 중국에서 김구와 함께 광복군 양성에 힘썼다. 광복 후에는 신탁통치 반대운동에 앞장서는 한편 중도우파 지도자로서 좌우합작운동을 벌였다. 1948년 평양남북지도자회의에 참석하는 등 통일정부 수립을 위해 노력하였으나 한국전쟁 때 납북되어 사망한 것으로 전해진다.

173
국회간첩단
사건

1949년 3월 국회의원들이 발표한 '평화통일방안 7원칙'을 꼬투리삼아 이승만 정권이 제헌국회 부의장 김약수 등 의원 13명을 검거한 사건. 이승만 정권은 당시 이 방안에 담겨 있던 외국군대 철수안, 남북정치회의 개최안 등이 공산당의 주장과 비슷하다며 이를 문제 삼았다. 이 의원들 중에는 반민특위 활동에 앞장선 이들이 많았는데, 이승만 정권은 반민특위를 눈엣가시로 여기고 있었다. 재판 결과, 13명 전원에게 징역형이 선고되었다. 이른바 '국회프락치 사건'이라고도 한다(프락치는 공작원이라는 뜻).

173
조소앙

1887~1958. 경기도 양주 출생. 독립운동가 · 정치인. 3.1운동 후 임시정부 수립에 참여, 해방 때까지 임시의정원 의장, 내무총장, 외무부장 등 요직을 역임하였다. 1928년 김구, 이시영 등과 한국독립당을 창당하였다. 정치, 경제, 교육의 균등을 강조하는 '삼균주의'를 주창했다. 해방 후 이승만, 김구 등과 국민의회를 설치하여 상무위원회 의장을 지내고 한국독립당 부위원장이 되었다. 1948년 평양남북지도자회의에 참석하는 등 통일정부 수립을 위해 노력하였다. 후에 남한 단정에 참여키로 결정, 사회당을 창당해 삼균주의 실현을 도모하였다. 1950년 국회의원 선거에서 전국 최다득표로 당선되었으나 한국전쟁 때 납북되었다.

180
조봉암

1898~1959. 인천 강화 출생. 독립운동가 · 정치인. 3.1운동 주동자로 체포되어 복역했다. 일본 유학 중 아나키즘(무정부주의)에 심취했다 실망하고, 사회주의에 바탕을 둔 항일운동을 벌이다 수차례 투옥되었다. 1946년 공산주의에 회의를 느끼고 공산당을 탈당하였다. 이후 우익으로 선회, 이승만 정권의 초대 농림부장관으로 농지개혁을 주도하였다. 2대(1952)와 3대(1956) 대통령선거에서 낙선했으나 상당한 득표율을 기록, 이승만의 라이벌로 부상하였다. 1956년 간첩죄와 국가보안법 위반 등의 혐의로 체포되어 처형되었으나 2011년 대법원의 재심 판결에서 무죄가 선고되었다.

참고자료

양우진, <다시 읽는 한국현대사> (생각의 힘, 2016)
김동춘, <대한민국은 왜?> (사계절, 2015)
신기철, <전쟁범죄> (인권평화연구소, 2015)
신기철, <진실, 국가범죄를 말하다> (자리, 2011)
윤정란, <한국전쟁과 기독교> (한울, 2015)
노민영, <다시 보는 한국전쟁> (한울, 1991)
노민영·강희정, <거창양민학살> (온누리, 1989)
노민영, <잠들지 않는 남도> (온누리, 1988)
강준만, <한국 현대사 산책 1940년대편> (인물과사상사, 2004)
강준만, <한국 현대사 산책 1950년대편> (인물과사상사, 2004)
강혜경, <제1공화국 초기의 국민통제> (한국학술정보, 2005)
서중석, <이승만과 제1공화국> (역사비평사, 2007)
한국정신문화연구원, <한국전쟁과 사회구조의 변화> (백산서당, 1999)

3장

베트남전쟁

글 **오준호**

서울대학교 국문과를 졸업했다. 논픽션 작가로 활동 중이다. 사회운동을 하다가 2011년 <반란의 세계사>를 쓴 다음부터 역사, 사회, 독서, 논술 등 다양한 분야에 걸쳐 책을 쓰고 강연을 한다. 안산에서 아내, 두 아이와 살고 있다. 416 세월호 참사 작가기록단으로 활동했다. <기본소득이 세상을 바꾼다>, <세월호를 기록하다 / 기록하다>, <열여덟을 위한 세계 혁명사>, <노동자의 변호사들>, <마르크스의 안경을 빌려드립니다-공산당 선언>, <소크라테스처럼 읽어라>, <혼자서 끝내는 논술공부> 등을 썼다. <나는 황제 클라우디우스다>, <착한 인류-도덕은 진화의 산물인가>를 번역했다.

연표

크장을 열며

베트남전쟁에 관해
우리는 무엇을 아는가

베트남전쟁에 관해 우리가 가진 이미지는, 영화나 드라마에서 본 정글과 화염, 미군과 베트콩 게릴라, 혹은 베트남인과 물소 떼 등 단편적 이미지를 크게 벗어나지 않을 것이다. 베트남전쟁은 누구나 이름을 들어 보았지만 제대로 아는 사람은 드문 전쟁이다. 이 전쟁이 잊혀져가는 이유는 미국인들이 자기가 패한 전쟁을 기억하고 싶지 않아서이기도 하다.

'인도차이나 반도'라고 불리는 지역의 동쪽에 위치한 베트남은 19세기 중엽부터 프랑스의 식민 지배를 받았다. 1954년, 사회주의자이자 민족주의자인 호치민*이 지도하는 베트민(베트남 독립동맹 혹은 월맹越盟)의 군대가 디엔비엔푸 전투에서 크게 승리함으로써 프랑스군은 베트남에서 물러났다. 프랑스가 나가자 미국이 들어와 베트남 남부에 미국의 이해에 충실한 정권을 세워 북부 베트민 정권과 대립했다.

남베트남 정권은 친미적이었고 가톨릭교회와 지주의 이익을 위해 농민을 수탈했다. 이에 남베트남의 반정부 세력이 뭉쳐 '남베트남 민족해방전선'을 결성하고 무장 투쟁을 시작했다. 남베트남 정권은 민족해방전선 게릴라들을 경멸조로 베트콩(Viet Cong. 베트남 공산주의자)이라 부르며 무자비하게 탄압했다. 그러나 농민들은 '남북 베트남의 통일, 외세로부터의 독립, 토지 분배'를 내세운 민족해방전선을 지지했다. 물고기가 물에서 자유로이 헤엄치듯 베트콩은 농민의 지지를 바탕으로 세력을 확장했고 숫자로는 큰 열세임에도 불구하고 남베트남 정권의 숨통을 조금씩 죄어 들어갔다.

미국은, 더 두고 보다가는 남베트남 정권이 무너지고 북베트남과 남베트남 민족해방전선에 의해 베트남이 통일될 것으로 여겨 1965년부터 본격적인 군사 개입을 시작한다. 베트남 인민의 지지를 받는 반정부 세력과 남베트남 정권 사이에 벌어진 내전이, 남베트남 정권을 돕기 위해 미국과 미국이 이끄는 외국군이 들어오면서 국제전쟁으로 확대된다. 1965년부터 1973년까지 이 시기를 우리는 베트남전쟁이라 부른다(프랑스와 벌인 전쟁을 1차 인도차이나전쟁, 미국이 개입한 전쟁을 2차 인도차이나전쟁이라고도 한다). 8년에 걸쳐 미국은 베트남 구석구석을 폭격하고도 결국 패배하여 철수했다. 남겨진 남베트남 정권은 2년 뒤인 1975년에 북베트남 군대와 베트콩에 의해 무너지고, 남북 베트남의 통일과 독립이 선포된다.

01 베트남 파병은 '고뇌에 찬 결단'이었나

박정희 대통령의 영부인 육영수 여사는 박 대통령이 베트남 파병을 추진하던 시기를 이렇게 회고했다.

> "월남 파병 때 같을 적에는 한 일주일을 두고 그분이 고민하시던 거 같거든요. 하루 저녁에는 막상 결정을 내리실 단계에 있어서는 (담배)네 갑을 하루 저녁에 피우신 거 같아요. 한번 재떨이를 비워드리고 했는데 나중에 보니까 또 소복하게 꽁초가 많이……" (허문명 기자가 쓰는 '김지하와 그의 시대' 65, <동아일보> 2013.7.10.)

박정희는 무엇을 두고 그렇게 고민했을까. 후일 사람들이 짐작하는 것처럼 '베트남 파병을 해야만 하는가, 하지 않을 수는 없는가'로 고뇌했던 것일까. 밤새 담배 연기에 갇혀 홀로 머리를 싸매는 고독한 지도자의 이미지는 사람들의 연민을 불러일으킨다. '피할 수만 있으면 우리 젊은이를 전쟁터에 보내고 싶지 않다, 하지만 한미 관계와 국익을 생각하지 않을 수 없구나. 아직 나라가 힘이 약한 것이 한이로구나'라는 생각으로 박정희는 힘겨워했을까.

그렇지 않았다. 베트남 파병 직전 박정희 대통령이 무엇 때문에 고민하였든, 적어도 '파병을 꼭 해야만 하는가'와 같은 근본적인 고민은 아니었다. 군사 쿠데타로 정권을 장악한 시점부터 박정희는 베트남 파병을 초지일관 갈망했기 때문이다.

1960년 4.19혁명*이 일어나 이승만 독재가 무너졌다. 허정 과도 정부를 거쳐, 1960년 7월 29일 치러진 선거로 장면* 총리가 내각 수반인 민주당 정부가 들어섰다. 국민들은 4.19혁명에 흘린 피에 값하는 민주 정치를 염원했다.

그러나 그 염원은 곧 산산이 부서졌다. 1961년 5월 16일 새벽, 박정희 소장과 김종필 중령이 이끄는 쿠데타 세력이 합법 정부를 전복한 것이다. 쿠데타 세력은 군사혁명위원회란 이름을 잠시 거쳐 '국가재건최고회의'가 되었다. 장면 총리는 쿠데타 소식에 놀라 칼멜 수녀원에 이틀간 숨었다가 나타나 내각 총사퇴를 발표한다. 박정희는 잠시 장도영 육군 참모총장을 허수아비로 앞세웠다가 두 달 만에 제거하고 최고회의 의장에 오른다. 입법·행정·사법·군사의 모든 권력이 박정희의 손에 들어왔다.

그해 11월 14일, 최고회의 의장 박정희는 미국에 가서 존 F. 케네디 미국 대통령을 만났다. 박정희는 케네디 대통령에게 "미국이 승인만 한다면 한국은 베트남에 군을 파병할 것이고, 만일 정규군 파병이 미국 정책상 곤란하면 의용군을 뽑아 보내겠다."라고 제안했다. 아직 미국이 베트남에 전면 개입하지 않았고, 한국 정부에 파병과 관련한 어떤 요청도 한 적 없는데도. 케네디는 박정희의 이 제안을 일단 거절했지만, 다른 동맹국이 하지 않은 제안을 한국이 먼저 꺼내준 데 기뻐했다.

1962년에는 최고회의의 특사로 동남아시아를 순방하던 김종필이 2월 19일 남베트남에 도착해 기자회견을 열어, 한국은 베트남에 파병 용의가 있으며 그것도 "어떤 나라보다 먼저 보낼 것"이라고 말했다. 5월 3일 최고회의는 '베트남 지원' 계획을 발표하고 군사시찰단을 남베트남에 파견했다.

1963년 11월 23일 케네디 대통령이 암살되자 존슨 부통령이 대통령직을 승계한다. 존슨 정부는 '베트남의 공산화는 곧 아시아의 공산화로 이어질 것'이라는 소위 도미노 이론에 따라 베트남 적극 개입을 결정했다. 존슨은 1964년 4월 '더 많은 깃발(more flag)'이라는 슬로건을 내걸고 동맹국의 지원을 요청했다. 이때의 요청은 전투병보다 비군사 분야 및 비전투 분야 지원이었는데, 한국은 즉각 답하여 1964년 9월에 130명으로 구성된 이동외과병동과 10명의 태권도 교관단을, 이어 1965년 3월에는 비전투병인 건설지원단 비둘기부대 2천여 명을 남베트남에 파견했다. 몇 달 전인 1964년 12월, 이후락 청와대 비서실장은 윈드롭 브라운 주한 미국대사를 만나 박정희의 의지를 전했다. "한국 정부는 미국을 돕기 위해 2개 전투사단을 보낼 의사가 있다."라고.

1965년 2월 존슨 정부는 '불타는 화살' 작전을 개시하여 북베트남 수도 하노이를 폭격했다. 3월, 미 해병대 2개 대대가 베트남 중부 다낭 해안에 상륙했다. 남베트남 민족해방전선, 즉 베트콩이 미군에게 공세를 퍼었고 미국은 그해 말까지 20만 명을 추가 파병했다. 하지만 베트남 군사 개입이 유엔의 동의 없이 이뤄졌기 때문에 미국의 우방들은 지원 요청을 거부하거나 생색만 내는 수준에 머물렀다. 당연하게도, 전투병 파병을 먼저 손들고 제의해온 한국의 값어치가 높아졌다.

존슨은 1965년 5월 17일 박정희를 미국으로 초청해 뉴욕 번화가를 지나는 화려한 카퍼레이드 의전을 베풀었다. 하늘엔 오색 꽃가루가 뿌려지고 박정희는 존슨과 함께 리무진 방탄차를 타고 환영 인파를 통과했다. 미국이 뉴욕 카퍼레이드를 제공한 외국 VIP는 영국의 처칠 수상, 대만의 쑹메이링(장제스 총통의 부인)에 이어 박정희가 세 번째였다. 이례적인 대우를 할 만큼 미국은 다급했다.

존슨은 박정희와의 회담에서 전투병 파병을 요청했다. 기다리고 있던 한국 정부는 일사천리로 파병 준비를 진행했다. 그해 7월 전

헬기를 이용, 작전 수행 중인 미군(1966)

투병 파병이 국무회의에서 의결되고 9월에 주베트남 한국군 사령부가 창설되었다. 10월에 한국군 제2해병여단 청룡부대가 베트남 남부 캄란(Cam Ranh)에, 육군 수도사단 맹호부대가 중부 꾸이년(Quy Nhon)에 상륙했다. 맹호부대가 출국하기 전 박 정권은 여의도에서 대대적인 환송행사를 벌였다. 서울 시민 30만여 명이 행사에 참여해 태극기를 흔들었고 여고생들이 파월 장병의 목에 꽃다발을 걸었다. 마포대교가 아직 없을 때라 장병들은 임시 설치한 가교를 건너 서울 시내를 행진했다. 첫 해 한국군 파병 병력은 2만 542명, 베트남 주둔 외국군 가운데 미군에 이어 두 번째로 큰 규모였다. 세 번째인 호주군의 규모는 1,557명에 불과했다.

이처럼, 베트남 파병은 미국의 요청을 거절하지 못해 어쩔 수 없이 선택한 일이 아니었다. '보내더라도 최소한만 보낼 수 없을까' 하고 고민한 흔적도 없다. 베트남 파병은 박정희가 집권 초부터 오매불망 원한 길이었다.

박 정권은 1966년에 제9보병사단 백마부대를 추가로 파병했다. 세 개 전투부대 외에 군수사령부 십자성부대, 공군지원단 은마부대, 해군수송전대 백구부대도 베트남으로 갔다. 1964년부터 1973년 3월 철수할 때까지 한국은 네 차례에 걸쳐 연인원 32만 5천여 명을 파병했고 4만 5천에서 5만의 병력을 상시 주둔시켰다. 미국이 철수를 모색하던 1968년에 한국은 추가로 2개 사단을 더 보낼 생각까지 했다. 북한과 대치하는 상황에서 안보에 구멍이 날 위험을 무릅쓰고서. 박정희의 파병 의지는 집요했다.

결국 미국은 전쟁에서 졌다. 한국도 '자유 월남 수호'라는 파병 목적을 이루지 못했다. 미군 5만여 명과 한국군 5천여 명이 베트남에서 사망했다. 한국군 1만 6천여 명이 부상을 입었으며 귀국한 뒤에도 1만 2천여 명이 고엽제 후유증 판정을 받았다. 물론 베트남인의 피해는 이보다 훨씬 크다. 사망한 베트남 민간인만 150만 명, 부상자는 3백만 명에 이른다.

누가 이 전쟁으로 이익을 보았는가? 흔히 베트남전쟁으로 벌어들인 외화가 경부고속도로 건설을 비롯하여 한국 경제 발전의 초석이 되었다고 한다. 그러한 물질적 결과를 얻었으니 베트남전쟁에서 다치고 죽은 한국 젊은이들의 희생은 보상받은 것일까? 그 보상은 피 흘린 값에 걸맞게 정당한 수준으로 돌아오고 공정하게 분배되었는가? 더 근본적인 질문을 해 보자. 한국의 경제를 발전시키기 위해 우리와 아무 원한도 없는 베트남인들을 희생시켜도 되는가?

한 가지 확실한 사실은, 한국 젊은이들이 자기가 택하지 않은 전쟁터에 가 싸우는 동안, 파병을 밀어붙인 박정희 정권은 1967년에 대통령에 재선되고 1971년에 3선에 성공했으며, 10월 유신이라는 '제2

쿠데타'를 일으켜 철옹성 같은 1인 독재 체제를 구축했다는 것이다. 결과적으로 베트남전쟁의 최대 수혜자는 박정희 자신이라고 해도 과언이 아니지 않을까?

1990년대 말, 양심적 지식인과 언론인들이 한국군의 베트남 민간인 학살 문제를 정면으로 제기했다. 학살 규모나 잔혹성으로 말미암아 한국 사회는 큰 충격에 휩싸였고 사실 여부에 대한 논란도 뜨거웠다. 2000년에는 '월남전 고엽제후유의증 전우회' 소속 참전 군인들이 민간인 학살은 허위라며 한겨레신문사에 난입하여 장비를 파괴하였다.

한국은 역사상 수많은 외침을 겪었고 근대에는 일본 제국주의의 침략과 식민 지배를 당하여 피눈물을 흘렸다. 일제가 저지른 만행을 고발하는 목소리, 진정한 사과를 받지 못했다는 목소리는 여전히 높다. 그런 우리가 베트남에서 저지른 일을 숫제 알려고 하지도 않는다면 우리는 어떤 도덕적 기준을 들이대어 일본을 비판할 것인가.

한국은 왜 베트남에 파병하였고, 한국군은 베트남에서 무엇을 하였는가. 파병의 결과는 무엇인가. 먼저, 파병을 결정하기까지 한국이 어떤 상황이었는지 알아보자.

02 구악을 뺨친 신악, 박정희 정권

1963년 3월 16일, 기자들을 모아놓고 최고회의 의장 박정희가 단상에 올라왔다. 그는 준비한 글을 꺼냈다. 그는 2년 동안 군사 정부가 해온 일을 자랑스레 나열하고, 반면 '구정치인'들은 여전히 파벌 싸움과 이합집산에 매달리고 있다며 비난했다. 이어서 그는 다음을 읽어 내려갔다.

> "이러한 무질서하고 불안한 분위기 속에서 선거를 치르고, 정권인수의 태세를 갖추지 못한 정치인들에게 정권을 이양한다는 것은 너무나 국가장래가 염려되고 우리 스스로 혁명 당국의 무책임성을 자책하지 않을 수 없습니다. 본인은 앞으로 약 4년간 군정 기간의 연장에 대하여 그 가부를 국민 투표에 부하여(안건으로 올려) 국민의 의사를 묻기로 결심하였습니다."(<경향신문>, 1963.3.16.)

군정을 연장하겠다는 이야기였다. 그런데 박정희는 앞서 2월 18일에 "향후 들어설 민간 정부에는 참여하지 않겠다."라는 요지의 민정 불참 선언을 내놓았다. 2월 27일에는 시민회관에서 3군 참모총장과 재야 정치인, 3천여 명의 청중 앞에서 민정 불참을 확인하는 이른바 2.27선서식도 했다. 그는 눈물을 몇 번이나 손수건으로 닦는 모습을 보여 청중의 감동을 자아냈다. 민정 이양은 5.16군사정변 직후 내건 '혁명 공약'에 포함된 약속이었고, 완료 시기는 1963년 여름까지였다. 1962년 12월 17일 국민투표를 통해 대통령 4년 중임제를 골자로 하는 새 헌법도 통과되었다.

'3.16 군정 연장 선언'은 모든 약속을 뒤집는다는 뜻이었다. 박정희는 후진국에서 군사 혁명이 유행하는 이유는 '민족의 타성' 탓이라며 자신의 말 바꾸기를 정당화하더니, 정치 혼란이 우려된다며 정치활동 금지와 언론·출판·집회 제한을 내용으로 하는 '비상사태 수습을 위한 임시조치법'을 발표했다. 5.16 이후 중단시킨 정치활동을 해금한 지 겨우 석 달 만에 다시 금지한 것이다.

야당, 학생, 지식인이 반발했다. 3월 22일에 서울, 광주, 부산 등에서 군정 연장 반대 시위가 크게 일어났다. 야당 당원이 80여명 연행되면서 이때 붙잡힌 김영삼도 23일간 서대문형무소에서 콩밥을 먹었다. 3월 29일 서울대 문리대생 300여 명이 '군정 연장 결사반대' 플래카드를 들고 서울 시내를 행진하였다. 장준하*는 자신이 펴내는 잡지 <사상계> 4월호에 '군정 연장 특집'을 실어 박정희의 말 바꾸기를 신랄하게 비판했다. 함석헌*도 <사상계>에 "민중이 일어나 정권을 찾자!"라고 호소하는 한편 "깨끗하게 물러나라!"라고 박정희에게 일갈했다. 군정으로 찍어 눌렀건만 국민들은 박정희 세력이 바란 만큼 길들여지지 않았던 것이다.

군정 연장에 대한 반대 기류가 심상치 않자 미국도 박정희에게 압력을 행사했다. 미 국무부는 "합리적인 민정 이양 절차가 나오기를 기대한다."라고 성명을 발표했고, 4월 초 버거 미 대사가 조속한 민정 이양을 바란다는 케네디의 친서를 가지고 청와대를 방문했다. 국민과 미국의 압력에 밀려 박정희는 "군정 연장을 묻는 국민투표를 미루겠다."라고 물러서더니, 곧 연내 민정 이양 방침은 확고하다며 손을 들었다.

박정희가 권력을 계속 잡으려면 군복을 벗고 적어도 무늬는 민간인으로 선거에 출마해야 했다. 실은 군정 기간에 그 준비는 착착 진행되어 왔다. 쿠데타 세력은 야당의 정치활동을 금지해놓고 자기들은 새 정당인 민주공화당을 만들었고, 중앙정보부를 창설해 정치 사찰과 공작에 바빴으며, 이른바 '4대 비리 의혹 사건'에 드러난 방식으로 정치 자금을 조성했다.

4대 비리 의혹 사건이란 중앙정보부가 증권 주가 조작을 통해 부당이득을 챙긴 증권 파동 사건, 중앙정보부가 주한 미군의 휴양지 용도로 워커힐을 건립하는 과정에서 상당한 액수를 횡령한 워커힐 사건, 중앙정보부가 일본에서 승용차를 불법 반입한 뒤 시가의 2배 이상으로 국내에 팔아 폭리를 취한 새나라자동차 사건, 중앙정보부가 불법 도박 기계 100대를 편법으로 수입하여 판매하려 한 빠칭코 사건을 말한다.

1963년 8월 30일, 박정희는 5군단에서 "나처럼 불행한 군인이 다시는 나오지 않기 바란다."라는 말을 남기고 예편식을 했다. 권력은 자기의 것이니 너희들은 감히 나서지 마라는 뜻일까? 다음날 박정희는 민주공화당 대통령 후보를 수락했다.

10월 15일 5대 대통령 선거에서 박정희와 윤보선이 맞붙었다. 2년 반 동안 야당의 손발을 묶었고, 부정 선거와 어마어마한 정치 자금의 힘을 동원하고도 박정희는 득표율 46.6%를 획득해 45.1%를 획득한 윤보선에게 고작 1.5% 차이로 승리했다. 두 후보의 표차는 15만 6,026표, 지금까지도 대통령 선거 가운데 가장 작은 표차이다. 박정희는 이기긴 했어도 상당한 부담을 지게 되었다.

박정희의 말처럼 후진국에서 군사 정권 수립은 종종 일어나는 일이기는 하다. 후진국에서 군부는 대체로 가난한 계층 출신 엘리트들로 구성되며, 이들이 구악 청산과 사회 개혁의 명분을 걸고 나설 때 국민들의 지지를 받기도 한다. 박정희 세력도 쿠데타의 명분으로 '부패 일소, 민생고 해결, 안보 강화' 등을 내세웠다. 국민 대다수가

박정희 대장 예편(1963년 8월 30일)

겨우 보릿고개를 넘는 시대였으므로, 가난을 청산하고 근대화를 이루겠다는 약속은 시대정신과 통하는 면이 있다.

그러나 이러한 시대정신을 구현하는 방법이 군사 독재여야 하는가? 4.19혁명이 뿌린 민주주의의 씨앗이 막 싹 돋으려던 찰나였다. 민주주의를 통해 시대정신을 구현하는 길도 한국 국민들 앞에 있었다. 초창기의 혼란이야 있겠지만, 그 시간에 민주주의를 익혀 차근차근 경제와 사회를 발전시키면 된다. 선진국들이 다 그렇게 했다. 그러나 박정희 세력은 그러한 길로 한국 국민이 나아갈 여지를 아예 막아 버렸다.

이제 군사 정권은 그들의 명분을 눈에 보이는 성과로 드러내야만 했다. 그러지 못하면 그들의 집권에 어떠한 정당성도 부여될 수 없었다. 그러나 구정권에 기승하던 정치 깡패들을 잡아들이는 깜짝 쇼를 벌이고 부정축재자를 처벌하는 시늉을 군정 초기에 한 것을 빼면, 박정희 세력은 이렇다 할 성과를 거두지 못했다. 4대 비리 의혹 사건을 접한 국민은 군부를 가리켜 '구악을 뺨치는 신악(新惡)'이라 조롱했다. 1962년에 경제 개발 5개년 계획을 입안했으나, 이 역시 장면 정부가 세운 계획을 부분적으로 손본 것에 불과했다. 거기에 더해 군부 내에서 박정희의 지도력에 반기를 드는 세력도 출현했다. 5.16 군사정변 이후 1963년 12월까지 최소한 12차례의 역(逆)쿠데타 시도가 있었다. 한번 무력으로 정권을 잡으면 '모방범'이 생기는 것이 당연했다.

　'조국 근대화와 안보 강화'를 위해 권력이 필요했다는 박정희 세력은 그들이 도리어 부패와 불안을 조장한다는 비난을 받았다. 무언가 '한 방'을 보여주어야만 했다. 타이밍이 기막히게도, 1960년을 전후하여 변화된 국제 정세가 군부에게 기회를 주었다.

여 1960년대
한국 경제가 처한 상황

1960년 이전 한국 경제를 설명하려면 두 개의 키워드 즉 '냉전' 과 '원조'를 뺄 수가 없다. 미국-소련을 양축으로 하는 냉전은 아시아의 농촌국가 한국의 지정학적 가치를 끌어올렸다. 미국은 한국을 아시아 공산화의 파도를 막는 둑으로 삼으려 했고, 그러기 위해 한국전쟁으로 폐허만 남은 경제부터 재건해야 했다. 그 방법은 대대적인 원조였다.

한국은 1950년대 말까지 미국의 최대 원조 대상 국가였다. 미국은 1945년부터 1961년까지 총액 31억 달러의 물자 및 재정 원조를 퍼부었다. 이는 비슷한 시기 아프리카에 도입된 원조 총액에 맞먹으며, 라틴아메리카에 제공된 원조액의 절반에 해당한다.

비처럼 내리는 원조에 힘입어 1950년대 한국 경제는 빠르게 복구되었다. 1953년 휴전 후부터 1962년 제1차 경제개발 5개년 계획이 실시될 때까지 국내의 자본은 연평균 12.5%씩 증가하였는데, 이 비율 가운데 국내 저축이 차지하는 비율은 1.4%에 불과했고 해외 저축 즉 미국 원조가 차지하는 비율이 8.1%였다. 경제 성장이 박정희 정권 때 시작되었다는 통념과는 다르게 1950년대 한국 경제는 연평균 5%

이상 성장했다. 당연히 매년 미국에서 대한(對韓) 원조 정책이 어떻게 결정되는가에 한국 정부와 언론의 촉각이 곤두섰다. 미 의회에서 원조 금액이 삭감될 분위기가 느껴지면 정치인은 정치인대로 신문 사설은 사설대로 이를 다시 생각해달라고 미국에 호소하는 눈물겨운 광경이 되풀이되었다.

그러나 미국의 원조 능력도 한계가 있었다. 1950년대 말, 미국은 한국 등 3세계 동맹국에 지원하는 국방비 및 대외 원조 자금 때문에 재정 적자가 늘자 불만을 터트렸다. 미국은 한국에 보내는 무상 원조를 유상 차관으로 돌리기 시작했다. 원조 총액은 1957년에 3억 8300만 달러로 최고치를 기록했다가, 1961년에는 1억 9900만 달러로 대폭 줄었다.

미국의 희망사항은, 한국의 재건과 방위에 드는 비용을 차차 일본에 떠넘기는 것이었다. 미국은 2차 세계대전에서 이겼지만 전후 소련에 맞서는 반공산주의 진영을 구축하고자 패전국 독일(서독)과 일본에 아낌없는 원조를 쏟았고, 미국 시장을 이들 나라의 수출에 개방했다. 그 결과 1950년대를 지나며 서독과 일본은 각각 유럽과 아시아의 경제 강국으로 되돌아왔다.

특히 일본은 2차 세계대전 후 심각한 불황과 노사 갈등을 겪었으나, 미국이 한국전쟁을 수행하는 동안 '전쟁 특수'를 톡톡히 누리며 재기했다. 한국전쟁이 터졌다는 소식에 일본 총리 요시다 시게루가 무릎을 치며 "천우신조다! 이제 일본은 살았다!" 하고 외쳤다는 이야기는 유명하다. 실제로 일본의 수출은 1950년에 전년보다 61%나 증대했으며, 1950년에서 1954년까지 일본이 얻은 전쟁 특수는 29억 7100만 달러에 이른다. 일본 경제가 성장함에 따라, 미국은 일본을 중심에 놓고 한국을 하위 파트너로 삼아 소련과 중국의 영향력 확산을 차단하는 내용으로 아시아 정책을 짰다.

이러한 미국의 아시아 정책에 꼭 필요한 단계가 '한국-일본 관계 정상화'였다. 얼마 전까지 식민 지배를 겪은 한국에게 일본은 불구대천의 원수이지만, 미국은 한일 관계를 해결하라고 1950년대 내내 이승만을 압박했다. 하지만 이승만은 미국의 원조를 챙기면서도 한일 관계 회복에는 적극적이지 않았다.

한편, 1950년대 한국 경제에서 큰 비중을 차지한 산업은 미국 원조에 기반을 둔 '3백 산업'이었다. 3백 산업이란 세 가지 흰색, 곧 '밀(제분), 면(면방직), 설탕(제당)' 산업을 가리킨다. 예를 들어 설탕의 원료인 원당을 원조 받아 이를 완제품으로 만드는 것인데, 이처럼 외국 완제품을 수입하는 대신 국내에서 그 대체 상품을 생산하는 방식을 '수입대체 공업'이라고 한다. 그러나 한국의 경우 무상으로 제공되는 원조에 기댄 공업화이므로 기반이 약하고, 원조 물자의 배분 과정에서 특혜 시비가 불거졌으며, 원조를 배분 받은 기업들이 시장을 독점하는 등 여러 문제점이 뒤따랐다. 원조 기반 경제는 어차피 영원히 갈 수 없었다. 미국의 원조 삭감과 맞물려 한국은 새로운 성장 방식을 찾아야 했다.

쿠데타 세력은 "절망과 기아로 허덕이는 민생고의 시급한 해결"을 내걸었지만, 그들이 제시하는 '국가 자주 경제'는 오히려 북한식 자립 경제에 가까웠다. 구호만 반공이었지 그들은 경제 근대화의 뚜렷한 상을 갖고 있지 않았다. 당시 북한의 산업화 정도는 한국보다 훨씬 높았으므로, 북한과 대결한다는 것은 곧 북한의 산업화를 따라잡는 것으로 여겨졌다. 5.16 이전 장면 정부는 경제 개발 5개년 계획을 입안하여 1961년 여름부터 시행할 예정이었는데, 군사 정부는 장면 정부의 계획을 가로채 조금 고쳐 내놓았다. 장면 정부와 군사 정부 모두 '국가가 주도하는 기간산업 발전'을 계획의 알맹이로 하였다.

그런데 민정 이양 후인 1964년에 박정희 정권은 경제 개발 5개년 계획의 '수정보완 계획'을 냈다. 수정보완의 내용은 수입대체 공업화에서 '수출지향 공업화'로 방향을 트는 것이었다. 다시 말하면 자립형 경제(자주 경제)에서 대외개방형 경제로 목표를 바꾸는 것이다. 박 정권은 자본 집약적 기간산업 대신 섬유·신발·가발·합판 같은 소비재 상품을 수출하는 노동 집약적 경공업 위주로 한국 경제를 밀고 가기로 했다. 왜 이런 변화가 일어난 것일까?

박정희는 한국이 후진국인 이유가 '무질서하고 타율적인 국민성'과 '구정치인들의 분열상 및 부정부패' 때문이라고 여겼다. 자기와 같은 강력한 지도자를 중심으로 온 국민이 일사불란하게 움직이는 군대식 국가가 박정희의 이상이었다. 경제도 마찬가지로 하면 된다고 생각했다. 하지만 권력을 잡자 현실이 자기 생각과 다르다는 걸 알게 되었다.

원조가 줄면서 경제 성장률이 떨어졌고, 원조 물자의 특혜적인 배분에 의존하여 성장한 기업들도 같이 휘청거렸다. 군사 원조도 줄면서 한국이 부담할 국방 예산이 커지자 그 역시 경제의 발목을 잡았다. 한국군 규모는 한국 전쟁 전 10만 명 수준에서 전쟁을 거치며 60만 대군으로 불어났고, 1950년대 말에는 국가 예산의 40%가 국방비에 들어가고 있었다. 장면 정부는 국방비 부담을 줄이기 위해 10만명을 감군할 계획을 내놓았으나 군부의 반발로 포기했다. 박정희는 더더욱 감군을 택할 수 없었다. 자기의 기반인 군의 지지를 잃는 것은 권력을 포기하는 것과 같았다.

박 정권은 화폐 개혁*으로 자금을 동원해보려고 했다. 정권 핵심부는 007 작전 하듯 비밀리에 준비하여 1962년 6월 9일 화폐 개혁을 발표했다. 발표 순간까지 대부분의 최고회의 위원들과 심지어 한국은행 총재조차도 그 사실을 몰랐다. 화폐 개혁에 따라 '환화'를 '원화'로, 옛날 돈 10환을 새 돈 1원으로 바꾸어주었다. 국민들의 장롱에 쌓여 있을 거라고 짐작되는 돈을 끌어내리려는 계획이었는데, 막상 하고 보니 기대했던 만큼 돈이 나오지 않아 화폐 개혁은 실패했다. 국민들이 너무 가난해 숨겨놓은 돈이 거의 없었던 것이다. 군사 정부는 내부 자금 동원도 못하고 경제에 혼란만 일으킨 꼴이 되었다. 미국은 원조를 받는 주제에 왜 제멋대로 경제 정책을 추진하느냐고 박 정권을 비난했다. 화폐 개혁의 실패는 한국 정부가 미국이 유도하는 방향으로 경제 정책을 트는 중요한 계기가 되었다.

미국의 아시아 전략에서 한국은 일본의 군사적·경제적 리더십에 충실히 따르는 하위 파트너이면서 동시에 세계 자본주의 시장에 깊숙이 편입되어야 했다. 일본과 독일이 고도 성장함에 따라 그들 나라의 사양 산업인 노동 집약적 소비재 공업은 싼 값에 개발도상국으로 이전되어야 했다. 미국과 일본은 한국이 선진국에서 더 만들지 않는 싼 소비재 상품을 수출하는 나라가 되기를 바랐다. 미국은 한국이 이러한 역할을 마다하고 엉뚱한 곳으로 가려 하면 원조와 차관을 주지 않겠다고 위협했다. 화폐 개혁에 실패하고 경제 상황도 개선시키지 못한 박 정권은 미국이 가리키는 쪽으로 뛰어야만 했다. 그 길에 한일 회담 재개도 있었다.

04 6.3항쟁, 박정희를 사임 직전까지 몰다

미국의 한일 국교 정상화 요구는 한국에 다시 자본을 진출시키려는 일본의 요구이기도 했다. 국민의 다른 요구에는 둔감하기 짝이 없으나 대일 외교만은 국민감정을 잘 읽어낸 이승만은 이 문제에 꼬장꼬장했다. 이승만은 일본이 한국에 끼친 피해와 약탈해 간 재산에 대한 '재산 청구권'을 들어, 적어도 20억 달러 이상의 배상금을 일본으로부터 받아야 한다고 주장했다. 장면 정부는 한일 관계 정상화에 강한 의지를 보이면서도 최소 28억 달러 이상의 배상금을 청구해야 한다고 보았다.

게다가 배상금을 받아내는 일이 불가능하지는 않았다. 일본은 정작 식민 지배한 한국을 제외하고 태평양전쟁 기간에 점령했던 필리핀, 미얀마, 인도네시아, 베트남 등 동남아시아 나라에 모두 배상금을 지급하고 관계를 회복했다. 아시아 시장에 재진출하는 일이 일본 기업에게 그만큼 중요했기 때문이다. 한국의 협상력에 따라 배상금 크기는 달라질 수는 있지만, 일본은 한국에 '얼마를 주더라도' 국교를 다시 열어야 한다는 입장이었다.

일본에게 행운은 한국의 집권자가 박정희라는 사실이었다. 박 정권은 '얼마를 받더라도' 국교 정상화를 한다는 태세였다. 미국이 회담 재개를 종용하긴 하였지만, 정권 스스로 액수가 얼마가 됐든 당장 동원할 자금이 필요했기에 회담에 적극적이었다.

1964년에 박정희는 한일 회담의 '3월 타결, 4월 조인, 5월 비준' 방침을 세웠다. 속전속결로 해치울 생각이었다. 그러나 야당, 학생, 제 종교·사회단체들이 들고 일어났다. 그들은 '대일 굴욕외교 반대 범국민투쟁위원회'를 조직해 현재의 한일 회담을 즉각 중지할 것과 일본이 사과할 것을 요구했으며, '청구권 27억 달러, 40해리의 어업 전관 수역(水域) 확정'이 관철되어야 한다고 주장했다.

이러던 차에 '김종필-오히라 메모'가 공개되었다. 1962년 11월에 중앙정보부장 김종필이 일본 외무상 오히라 마사요시와 만나 작성한 비밀문서가 1964년 3월에 공개된 것이다. 메모는 일본이 한국에 무상 원조로 10년에 걸쳐 3억 달러를 제공하고, 유상 원조(즉 차관)로 역시 10년에 걸쳐 2억 달러를 이자율 3.5%로 제공하며 민간 상업차관으로 1억 달러 이상을 제공한다는 내용이었다. 액수도 터무니없이 적지만, 이 합의는 한국의 대일 청구권 포기를 전제하고 있었다. 일본이 '한국을 도와주는 차원에서' 건네는 돈이었다.

이 일은 한일 회담 반대 시위에 기름을 끼얹었다. 4월 내내 대학생과 중고등학생들이 거리로 뛰쳐나갔다. 학생들은 "한일 굴욕외교 반대!", "나라를 팔아먹는 정부를 거부한다!"라는 구호와 함께 "이것이 민족적 민주주의더냐?"라고 소리쳤다. 민족적 민주주의란, 서구의 대의 민주주의가 우리 현실에 맞지 않다면서 박정희가 한국에는 한국식 민주주의가 필요하다며 만들어낸 단어였다.

한일 회담 반대투쟁이 절정에 이른 그해 6월 3일과 4일을 '6.3항쟁'이라고 한다. 수만 명의 대학생과 청소년들이 거리에서 경찰과 일진일퇴를 거듭했고, 파출소와 경찰차가 무수히 파괴되었다. 시위대는 청와대 앞 최후 저지선까지 진출했다. "박 정권은 하야하라!", "몰수하자 매판자본!"과 같은 구호가 귀에 쟁쟁히 들려오자 박정희는 깜짝 놀랐다.

청와대까지 다가온 시위대에 겁먹은 박정희가 사임을 고려했다든가, 차기 선거에는 출마하지 않겠다는 다짐을 밝히려 했다는 증언들도 있다. 그러나 미국은 중요한 순간에 박정희를 도왔다. 버거 미 대사와 하우즈 유엔군 사령관은 "필요하다면 한국군 2개 전투사단의 사용도 용인하겠다."라고 박정희에게 제의했다. 이에 용기를 얻은 박정희는 6월 3일 밤에 서울에 계엄령을 선포했다. 한일 국교 정상화는 미국에게 그만큼 중요한 사안이었다. 한일 회담 반대 투쟁은 1년간 그 불씨를 이어갔으나, 1965년 8월 14일 공화당은 야당이 불참한 국회에서 단독으로 한일기본조약 협정문을 비준해버린다(편집자 주: 한일 회담 및 6.3항쟁과 관련된 내용은 4장에서 보다 자세히 다뤄진다).

지금까지 본 것처럼, 군부의 절대적 지지를 받으면서도 박정희는 1960년대 중반까지 그다지 확고한 권력을 가지고 있지 않았다. 국민적 저항에 직면해 놀란 박정희는 쿠데타까지 일으켜 쥔 권력을 내놓을 생각까지 했다. 그렇다면 어떻게 1960년대 중반 이후 박정희는 무쇠 같은 독재 체제를 구축할 수 있었을까? 어째서 한일 회담 반대 투쟁 후에는 그만큼 격렬한 시위가 일어나지 않았으며, 박정희는 어떻게 1967년 대선에 이전 선거보다 큰 표 차이로 승리하고 3선 개헌을 거쳐 1971년 대선에서도 승리했을까? 군정 연장에는 들고 일어났던 세력들이, 어째서 10월 유신을 선포할 때는 그와 같은 저항을 하지 못했을까?

1960년대 중반 이후의 박정희 정권과 한국 경제의 성장 그리고 사회의 '병영국가화'는 베트남 파병이 아니고는 설명할 수가 없다.

05 베트남전쟁은
어떠한 전쟁이었나

베트남은 한반도만큼이나 외세의 침략을 많이 받은 나라다. 외세와 치열하게 싸운 역사를 지닌 것도 한국과 베트남의 공통점이다.

베트남 최초의 고대 국가는 기원전 7세기경 세워졌다. 그러나 기원전 2세기에 남하한 중국 한족(漢族)이 베트남 북부를 차지했다. 중국은 1천여 년 동안 베트남 북부를 지배했다. 토착 세력은 저항했고, 938년 응오꾸엔(Ngo Quyen)이 봉기하여 중국 군대를 격파하고 독립을 쟁취했다. 독립 왕조 시대 사이에도 외침은 이어져, 몽골도 베트남을 침략하였다가 저항에 부딪쳐 물러갔고, 1407년에는 명나라가 베트남을 복속시켰지만 역시 거센 독립 투쟁에 밀려 20년 만에 물러났다. 베트남 특유의 게릴라 투쟁 방식은 이 반복되는 싸움 과정에서 단련된 것이다.

이후 베트남 왕조는 남진정책을 추진하여 18세기 중엽에 오늘날의 베트남 영토를 만들었다. 중국 춘추시대 월나라의 남쪽이라는 의미의 베트남(Viet Nam. 월남越南)이라는 명칭은 꾸준히 쓰이기는 했지만, 정식으로 확정된 것은 1802년에 세워진 응우옌 왕조 때부터다. 응우옌 왕조가 프랑스인 선교사를 탄압하자, 이를 침략의 기회로 삼은 프랑스 나폴레옹 3세는 1858년에 신식 화포로 무장한 함정을 보내 베트남 남부 도시 사이공을 점령했다. 프랑스는 사이공을 중심으로 그 일대를 베트남 조정으로부터 할양받고, 30년에 걸쳐 야금야금 식민 영토를 늘려 1885년에 베트남 전역을 장악했다.

한편 프랑스 식민 지배와 함께 근대 민족주의·사회주의 사상도 베트남에 들어왔는데, 그 사상을 접한 베트남 젊은이들이 베트남 독립운동에 뛰어들었다. 그들 중 하나인 호치민(1890~1969)은 프랑스로 유학 갔다가 다시 러시아로 건너갔다. 러시아는 막 공산혁명에 성공하고 약소민족의 식민지 해방 투쟁을 지원하던 중이었다. 호치민은 자연스럽게 사회주의자이자 동시에 민족주의자로 정체성을 얻었으며 "식민지 민중의 해방 없이 인류 해방은 없다."라고 믿게 되었다. 1941년 호치민은 베트남의 반제국주의 독립운동 세력을 결집시켜 베트남독립동맹(베트민)을 만든다. 호치민과 베트민 중앙은 프랑스 정보국의 감시를 피해 북부 정글에 은신하며 전국의 독립투쟁을 지원하고 지도했다.

태평양전쟁을 일으킨 일본은 베트남을 침공해 프랑스 식민 정부를 몰아냈다. 일본은 마치 자신이 베트남인의 해방자인 양 자처했지만 실상은 프랑스의 이권을 빼앗고 베트남의 쌀을 수탈하려는 목적이었다. 일본은 응우옌 왕조의 전 황제인 바오 다이를 데려다 괴뢰

베트남 정부를 세워 뒤에서 조종하려 했다. 호치민은 일본의 패전을 예견하고 일본이 물러갔을 때 프랑스가 다시 돌아오지 못하도록 만들기 위해 무장 총궐기를 준비했다.

전국에 항전위원회를 결성한 베트민은 1945년 8월 6일 일본에 원자폭탄이 떨어지자 8월 13일을 기해 일제히 봉기했다. 도시와 마을에서 베트민 군대와 민중이 합세해 일본군을 몰아냈다. 단 5일 만에 하노이 임시 정부 청사에 베트민 깃발이 걸렸고, 2주 만에 사이공까지 해방되었다. 9월 2일 하노이에서 호치민은 베트남의 독립과 베트남민주공화국 수립을 선포했다. 베트남 8월 혁명은 식민지 해방 투쟁사의 모범이라고 할 만큼 대성공을 거두었다.

하지만 프랑스는 베트남 식민지를 포기하지 않으려 돌아왔고, 베트남 남부를 장악하고 북부 베트민 정권을 맹공격했다. 베트남인들은 '1차 인도차이나 전쟁' 또는 그들이 '대프랑스 항전'이라 부르는 전쟁을 치러야 했다. 1954년 5월, 베트민은 프랑스군이 베트남 북부 디엔비엔푸에 최첨단 무기를 동원해 구축한 요새를 두 달의 싸움 끝에 점령하였고, 이로써 전쟁은 베트남의 승리로 끝났다.

베트민군은 디엔비엔푸 공격을 위해 전국에서 전사와 무기와 식량을 모았다. 농민들은 쌀을 등에 지고 디엔비엔푸까지 수백 킬로미터를 걸어왔다. 오는 길에 그 쌀을 먹어 도착했을 때는 양이 한참 줄

디엔비엔푸에 낙하하는
프랑스 공수부대(1954년)

어 있었지만 그것이라도 모으니 상당한 양이 되었다. 베트민 병사들
은 대포 하나를 백여 명이 분해하여 짊어지고 산 정상으로 은밀히 운
반했다. 갑자기 산꼭대기에 나타난 대포에 프랑스군은 속수무책이었
다. 베트민 병사들은 또 맨손으로 땅굴을 파 프랑스군 진지 30미터
앞까지 접근한 다음 튀어나가 수류탄을 투척했다. 디엔비엔푸 전투
는 프랑스 식민 지배 백 년의 원한을 한 번에 풀고자 전 인민이 똘똘
뭉쳐 벌인 항전이었다.

　　스위스 제네바에서 프랑스와 베트민 대표가 만나, 북위 17도선을
경계로 군사 작전을 중단하고, 프랑스군은 철군하며, 2년 뒤 남북 베
트남 총선거로 통일 정부를 수립하기로 합의했다. 남북 총선거가 치

러지면 호치민이 통일 베트남의 대통령이 될 것은 확실했다.

이를 원치 않는 미국이 개입했다. 미국은 프랑스가 떠난 베트남 남부에 친미 반공 정권인 베트남 공화국을 세우기로 했다. 과거 바오 다이 정권에서 장관을 했던 응오딘지엠이 미국의 지원을 받았다. 1955년에 응오딘지엠은 45만 명이 유권자로 등록된 선거에서 60만 표를 받는 등 '이승만 뺨치는 부정선거'로 대통령이 되었다. 응오딘지엠이 남북 베트남 총선거를 거부하면서 북위 17도선 북부에는 호치민이 이끄는 베트남민주공화국이, 남부에는 베트남공화국이 세워졌다.

미국은 앞서 언급한 도미노 이론에 따라, 베트남의 공산화가 아시아 국가들의 연이은 공산화를 촉발할 것이라고 생각했다. "공산주의에 맞서 자유세계를 수호"한다는 것이 미국이 베트남 사태에 개입하는 명분이었다. 하지만 미국이 낳은 자식인 응오딘지엠 정권은 미국의 명분에 먹칠을 했다.

응오딘지엠 정권은 대통령 일가부터 장성과 공직자까지 구석구석 부정부패에 찌들어 있었다. 정권의 비호 아래 지주와 가톨릭교회는 농민을 수탈하고 광대한 토지를 차지했다. 인구 10%의 부자들이 남베트남 토지의 절반 이상을 소유했다. 가톨릭교회의 땅이 가장 컸다. 또 응오딘지엠 정권은 국민 70% 이상이 믿는 불교를 억압하고 차별했다. 군대가 각지에 있는 사찰을 파괴했다. 공산 게릴라로부터 격리한다며 농촌 주민을 '전략촌'으로 강제 이주시키고 생활 물자는 제대로 공급하지 않아 굶주리게 했다. 응오딘지엠 정권은 적어도 5만 명 이상을 공산주의자로 몰아 처형하였다. 불교도라는 이유로도 많은 수가 살해되었다.

대일(對日)·대프랑스 투쟁에 참가했던 남베트남의 저항 세력은 응오딘지엠 정권과도 투쟁했다. 저항 세력은 남베트남 민중의 지지를 받았지만 응오딘지엠 정권의 뒤에는 미국이 있었다. 미국은 1955년에서 1963년까지 남베트남 군사 예산의 85%를 원조했고, 민간 부문과 군사 부문을 합한 전체 사이공 정부 예산의 3분의 2를 대주었다.

1950년대 말, 정권의 탄압이 심해지자 남베트남 저항 세력은 북베트남 호치민 정부에 지원을 요청했다. 그러나 북베트남 정부는 미국과 정면충돌을 원하지 않아 처음에는 지원에 소극적이었다. 1960년 12월, 남베트남 저항운동 지도자 39명이 모여 남베트남 민족해방전선을 결성하고 응오딘지엠 정권을 향해 무장 투쟁을 선언했다. 이에 호치민도 민족해방전선을 지원하기로 하고 북베트남에서 라오스·캄보디아의 밀림을 통과해 남베트남으로 들어가는 이른바 '호치민 루트'로 병력과 무기를 내려 보냈다. 남베트남 민족해방전선의 유격대인 베트콩과 북베트남에서 내려온 정규군은 남베트남 곳곳에 거점을 확보하고 응오딘지엠 정권을 공격했다.

60만이 넘는 막강한 남베트남 정부의 군대와 미국의 지원에도 불구하고, 2년 뒤 남베트남 민족해방전선의 깃발 아래 무장한 인원은 8만 5천 명으로 늘었다. 국토의 80%가 그들의 영향력 하에 들어갔다고 판단되었다. 미국은 북베트남이 제네바 협정을 어겼다고 비난했지만, 총선거를 거부함으로써 협정을 먼저 어긴 것은 미국과 남베트남 정권이었다. 반정부 투쟁이 확대되는 이유는 정권의 학정 때문이었고, 남베트남 민족해방전선이 세력을 키운 것은 농민과 불교도가 이들을 지지하고 정권에 등을 돌렸기 때문이었다.

06 가서는 안 되는 길, 베트남전쟁 파병

1963년 6월 11일, 사이공 시내에서 불교 승려 틱광둑이 응오딘지엠 정권에 항의하며 분신 자결하였다. 어처구니없게도 응오딘지엠 일가의 한 사람이 분신한 승려를 '바베큐'라고 희롱하여 민중의 분노에 기름을 부었다. 시위와 폭동이 일어나 정국이 혼미해지자 군부가 쿠데타를 일으켜 응오딘지엠과 그의 동생을 총살하고 새 정권을 세웠다. 새 정권은 또 다른 쿠데타로 무너지길 7번이나 반복했고, 미국이 본격 개입하던 시기에는 티우 대통령과 키 수상이 서로 권력 다툼을 하며 집권하는 중이었다. 이러한 혼란상은 부정부패를 자극했고, 남베트남 군대의 지휘관들은 미국의 지원 물자를 탐내 병력을 과장 보고하고 남은 병사 봉급과 보급품을 착복하곤 했다.

남베트남 정부가 더는 버틸 수 없다고 본 미국은 군사 개입을 결심한다. 1964년 8월 초, 존슨 대통령은 미 구축함 매덕스 호가 북베트남 통킹 만 외곽의 공해(公海)상에서 북베트남의 어뢰 공격을 받았다고 발표했다. 존슨은 호치민의 호전성을 강경 비난했고 언론은 사실 확인도 없이 이를 받아썼다. 이른바 '통킹 만 사건*'으로 인해 존슨은 의회로부터 전쟁에 관한 일체의 권한을 위임받았다. 그러나 통킹 만 사건은 왜곡·조작된 것으로 후일 밝혀졌다. 어뢰 공격이 확인된 적 없는데도 존슨 정부는 담당관의 부정확한 추측을 기정사실화해 전쟁 개시의 기회로 삼았던 것이다.

주베트남 한국군의 주둔 초기에 한국군 사령관 채명신*이 경험한 일이다.

"우리 사령부 참모부에는 월남 여성 타자수가 1명씩 배정이 되어 있었다. 그녀들은 대개 상류층 출신이며 정부의 고위 관리나 대학 교수 등 지도층 자녀들이었다. 대개 사이공의 명문대학 재학생들이었다. 신원 조회를 해도 아무 하자가 없었다. 어느 날 그녀들에게 물어보았다. '베트남에서 누구를 가장 존경하느냐?' 그녀들은 주변을 살필 필요 없이 당당하게 '월맹의 최고 지도자 호치민이다'라고 대답했다. 그녀들은 덧붙여 '월남 국민 대다수가 호치민을 존경한다'는 것이었다."(채명신, <채명신 회고록-베트남전쟁과 나>)

채명신은 베트남 국민들의 인식을 접하고 남베트남 정부의 부정부패를 목격한 후 '월남군은 결국 패하고 말 것이다'라고 생각했다.

이러한 점들을 종합하면 베트남전쟁의 본질을 알 수 있다. 베트남전쟁은 기본적으로 '남베트남 민중의 남베트남 정부에 대한 내전'이었다. 이 싸움은 이미 1950년대 말부터 시작되었다. 역사적으로 베트남인들은 일본과 프랑스, 또 그들이 세운 괴뢰 정부와 싸웠다. 친미적인 응오딘지엠 정권과의 싸움도 그 연장이었다. 베트남인에게 이 전쟁은 베트남 독립 혁명의 일부였다. 그런데 미국과 그 동맹국들이 개입하면서 베트남전쟁은 '국제전쟁'이 되었다. 다시 말하면 베트남전쟁은 '국제화된 내전'이었다.

나중에 닉슨 정부가 미국의 패배를 숨기기 위해 '베트남전쟁의

주베트남 한국군 사령관 채명신

베트남화'라는 괴상한 표현을 쓴 데에도 이러한 특징은 잘 드러난다. 저 말은 베트남전쟁은 베트남 사람끼리 하라는 뜻이다. 아니, 미국보고 전쟁에 개입해달라고 누가 부탁했는가? 미국의 이익 때문에 개입한 것이 아닌가. 베트남 민중과 부패한 정권의 싸움에 외세가 개입한 것 자체가, 어떤 명분을 대든지 침략에 불과했음을 닉슨은 에둘러 시인한 셈이다.

한국은 일제 35년간 독립을 위해 투쟁하느라 많은 피를 흘렸으면서도, 자주 독립을 바라는 베트남인을 억누르는 정통성 없는 정부를 도와 군대를 파견하였다. 1894년 조선 조정이 동학 농민군을 진압하려고 부른 청나라군과 일본군이 한 일과 같은 구실을 한국군은 베트남에 가서 했다. 박정희는 한국의 젊은이들을 베트남 독립 혁명의 진압군으로 만들어 보냈다.

어떤 명분과 성과를 제시하더라도, 베트남인의 독립 투쟁을 막으러 간 일은 도덕적으로 정당화되지 않는다. 여기서부터 모든 문제와 비극이 시작되었다.

09 국가를 위해서가 아니라 먹고살려고 갔다

1965년 8월, 강원도 홍천의 육군 수도사단은 자고 일어나면 탈영병이 속출했다. 수도사단 보병 제1연대와 기갑연대가 맹호부대로 조직되어 베트남에 파병된다는 결정이 내려진 후부터였다. 탈영이 극심할 때는 하루 60여 명의 도망병이 나오기도 했다. 1960년대 말까지도 파월 기피 탈영병 잡으러 다니는 게 각급 소대장의 주된 임무였을 정도다. 채명신의 회고다.

"내가 사단사령부에 부임하여 집무를 시작하자마자 새로운 고민에 빠졌다. 당시 지휘관과 참모들이 대부분 천막에서 생활하고 있었다. 나는 아침마다 주번사령으로부터 보고를 받는데, 그 자리에서 주번사령은 전날 밤 탈영병 숫자를 보고하는 것이었다. 거의 매일 10여 명이 탈영하는데 많을 때는 20여 명이 넘는 경우도 생겼다. 또한 겁에 질린 일부 군의관들은 맹장수술을 한다고 병원에 입원하는 경우도 있어 헌병을 보내어 귀대시키는 경우까지 생겼다. 이러다가 베트남에 출발도 하기 전에 병력이 모자라는 변이 생기지 않을까 걱정이 태산 같았다."(채명신, <채명신 회고록-베트남전쟁과 나>)

장교들은 진급하려면 전투 경험을 쌓는 것이 유리했으므로 자원하는 경우가 많았지만 사병들이 머나먼 베트남에 가서 목숨을 걸고 싶을 리 만무했다. 그래서 파병은 기본적으로 강제 차출 방식으로 이루어졌다. 사병들은 자기가 속한 부대가 파병된다는 소식을 들으면 '이제 죽으러 가는구나'라고 여겼다. 베트남 가서 죽느니 탈영병으로 감옥 가는 게 낫다고 여긴 사병들은 부대 담장을 넘었다. 파월장병훈련소 교관들은 초기에 "월남에서는 물에도 베트콩이 독을 타니 함부로 마셔서는 안 된다."고 가르치다가 공포에 질린 사병들이 탈영하자 나중에는 "월남은 더운 것 말고는 한국과 다를 게 없다."고 말을 바꾸었다.

사병들이 베트남 파병을 기피한 데는 '돈 있고 배경 좋은 이들은 빠진다더라'는 인식도 한몫했다. 당시 동아일보 기사는 이러한 인식이 어느 정도 사실임을 보여준다. 기사에 의하면, 당시 인구 80만 명인 대구시에서 파병된 인원이 120명인 데 비해 인구 20만 명인 전북 익산군에서 400여 명이, 비슷한 규모의 정읍군에서는 250여 명이 파병되었다(<동아일보>, 1967.10.12.).

형식적으로 파병이 자원의 형식을 갖추기도 했지만 그 역시 본인의 뜻과는 무관했다. 2004년 MBC '이제는 말할 수 있다' 제작진이 광주전남 지역 참전 사병 308명을 조사해보니, 약 65%는 지원이고 35%는 차출로 나타났는데 지원한 사병 중 60% 이상은 실제로는 지원하지 않았는데 자기도 모르게 지원이 되어버렸거나 상관의 강압에 의해 지원서를 썼다고 답했다. 국가는 청년들을 목숨을 거는 전쟁터에 보내면서 제대로 동의를 구하지도 않았다. 사병들은 베트남 파병이라는 '국가적 장거'에 동원되는 물자로 취급되었다.

사병들이 베트남 파병을 수동적으로나마 받아들였다면 그 이유는 '돈' 때문이었다. 한국에서 이등병 월급이 1달러, 당시 원화로 300원쯤 하던 때에 베트남에 가면 전투 수당으로 이등병이 37달러를 받았고 병장은 54달러, 상사는 75달러, 대위는 150달러를 받았다. 그러나 이등병 전투 수당이 올라 51달러까지 갔을 때에도 남베트남 이등병이 56달러를 받았고 미군 이등병이 235달러를 받았다. 한국군의 몸값은 미군은 물론 자국을 지키는 남베트남 군인보다 쌌다. 그럼에도 1965년 한국의 1인당 연평균 국민소득이 110달러 정도라는 것을 감안하면 그 돈은 한국 사병에게 적지 않은 액수였다.

육군 본부는 사병들을 상대로 "5개월만 아껴 쓰고 송금하면 여러분 가정에 살찐 황소가 한 마리 불어난다."라고 선전하였고, 일착으로 파병된 병사들이 복무를 마치고 귀환할 때 들고 온 TV, 카메라, 선풍기 등 이른바 '귀국 박스'가 언론에 알려지면서 1966년 이후로는 지원병도 늘어났다. 파병에 지원하기 위한 '상납'도 이뤄졌는데, '빽'과 '줄'을 써서 베트남에 가는 사람들은 전투 병과보다 주로 행정이나 보급 같은 비전투분야에 근무했다.

베트남 전투병으로 간 사병들의 구술 증언이다.

"내가 군대에서도 벌어야 우리 가족들이 먹고사는데, 국가를 위해서도 아니고 우리 가족을 먹여 살려야 되니까 나는 월남을 가야 된다. 좀 보내줄 수 없냐. (그렇게 가게 되었다.)"

"우리 입장에서도 돈 준다니까 갔고, 가야 할 형편이니까 갔을 뿐이지, 그 나라에 민주주의를 찾아 주겠다고 간 것은 아니거든."

"한번 세상 구경이나 좀 해보자 그러면서 월남 지원했지. 정글도 한 번 기어 보고……."

(윤충로, <베트남전쟁의 한국 사회사>)

"2년 6개월 동안 있었지. 부모님께 황소 한 마리 사 드리려고 갔었어. 너무 못 살았거든. ('황소는 사셨나요?'라는 질문에) 논 서너 마지기 샀지."

(김현아, <전쟁의 기억 기억의 전쟁>)

대부분 가난한 농촌 가정 출신인 사병들은 가족의 경제적 어려움을 덜어줄 생각으로 파병을 받아들였다. 혹은 이국에 대한 동경이나 전장이 풍기는 모험의 냄새에 끌려 지원하기도 했다. 그들에게 베트남은 이념 때문에 가는 곳도 아니고 국익을 위해 가는 곳은 더더욱 아니었다.

그러면 박정희 정권이 기를 쓰고 파병을 추진한 이유는 무엇일까. 파병을 추진하던 초기에 경제적인 이유는 다른 이유에 비해 부차적이었던 것 같다. 정확히 말해, 다른 식으로 파병의 정당성을 확보하기가 쉽지 않자 박 정권은 점점 더 경제적 이유를 부각했다. 한국에 대한 미국의 경제적 보상 내역을 정리한 일명 '브라운 각서'가 1966

백마부대 참전군인들 [사진: Phillip Kemp]

년 브라운 주한 미 대사와 이동원 외무장관 사이에 작성되었으나 당시에는 극비에 붙여졌다. 파병으로 인한 경제적 이익이 참전의 가장 큰 성과인양 이야기된 것은, 베트남 파병에 내세운 다른 명분이 실패로 돌아가고 전쟁의 부도덕성이 드러난 이후였다.

초기에 강조한 파병의 명분은 첫째, 베트남이 남북한 대치선의 연장이라는 '제2전선론'이었다. 이는 도미노 이론의 한국판으로, 베트남이 공산화되면 그 여파로 다시 한국전쟁이 일어날 수 있기에, 남베트남 정부를 지키는 일은 한국의 공산화를 막는 일과 같다는 주장이다. 둘째는 '보은론'이었다. 한국전쟁 때 미국이 유엔군을 이끌고 도와주지 않았으면 한국이란 나라가 존재했겠냐며, 지금 미국이 베트남 상황으로 곤란을 겪으니 은혜를 갚는 차원에서 도와주어야 한다는 것이다. 셋째는 조금 더 현실적인 주장으로, 만약 한국군을 파병하지 않는다면 주한 미군이 베트남으로 가게 되는데, 그러면 한반도에 안보 공백이 발생하므로, 미군의 이동을 막기 위해서 우리가 대신 군대를 보내야 한다는 주장이었다. 이 말은 듣기에 따라서 한국군은 한반도 안보에 미군보다 쓸모가 없다는 말이 된다. 그러나 1967년 대선에서 박정희는 야당의 비판에 그렇게 대답했던 것이다.

"우리 한국군을 보내지 않았을 때에는 여기에 있는 미군 2개 사단이

갔을 겁니다. 갈 때에 우리가 우리 병력은 보내지 않으면서 미군을 붙잡을 수 있습니까? 붙잡을 수 없을 것입니다. 우리나라의 국방을 위해서도 한국군이 월남에 가지 않을 도리가 없지 않습니까?"

이는 6대 대통령 선거 중인 1967년 4월 17일, 박정희가 대전 유세에서 한 발언이다. 이와 같은 이유가 대외적인 명분이자 국민 동원의 이데올로기였다. 하지만 그게 다일까?

박정희는 케네디가 묻지도 않았는데 "베트남에 의용군이라도 보내 미국을 돕겠다."라고 먼저 제안할 만큼 파병에 적극적이었다. 한편 군사 정권은 초기에 미국 몰래 화폐 개혁까지 해 가며 경제적으로 일정한 '자주 노선'을 걷고 싶어 했다. 둘을 종합하면, 베트남에 파병한 것을 단순히 미국의 요청에 '알아서 긴' 사대적 태도라고 보기는 어렵다. 파병에는 박정희 개인과 군사 정권의 의지가 크게 반영되었다.

박정희는 1963년에 쓴 저서 <국가와 혁명과 나>에서 "단 한 번도 다른 나라를 침략해본 적 없는 이런 민족사는 불태워 없애버려야 한다."라고 했다. 1965년 2월 9일 서울운동장에서 건설지원단 '비둘기부대'의 환송국민대회가 열렸을 때 박정희는 "건국 이래 처음 있게 되는 역사적인 장거"라고 감격한 목소리로 파병의 의미를 강조하고 비둘기부대원을 '자유의 십자군'으로 추켜세웠다. 박정희에게 해외 파병은 그 목적이나 내용과 상관없이 남성적 정복 의지를 구현하는 '쾌거'였다.

박정희는 파병 기간 내내 기회가 있을 때마다 베트남 파병은 "남의 도움만 받아왔던 우리 역사에서 남에게 도움을 주는 새 시대로 전환"하는 계기라고 말했고 파병으로 비로소 대한민국이 "주권성년국가에 들어섰다."고 강조했다. 다른 민족의 독립전쟁에 진압군을 보내면서 미성년인 나라가 성년이 되었다고 말하는 것은 어떤 의미일까. 박정희의 심리에는 타인을 정복할 힘을 가진 존재만이 진정으로 성숙한 존재라는 생각이 깔려 있다고 봐야 한다.

사실 박정희의 이력은 이러한 신념을 실현하고자 몸부림친 시간으로 차 있다. 스물두 살에 보통학교 교사를 집어치우고 일본군 장교가 되기 위해 만주군관학교에 들어간 것에서부터, 해방 후 남로당에 가입했다가 체포되자 동료의 명단을 고발하고 살아난 것, 군대 내 한직으로 밀려나자 군사 쿠데타를 일으킨 것, 그리고 베트남 파병에 정권의 명운을 건 것까지. 박정희에게 베트남 파병은 자신의 소제국주의적 야망을 국가 기구의 힘을 빌려 국민 전체에게 강요할 기회였다. 물론 박정희만이 아닌 5.16군사정변 세력의 집단적인 의지였다. 베트남 민중은 박정희 세력에게 정복욕을 충족하기 위해 짓밟을 대상에 불과했으며, 한국의 젊은이들 역시 그들에게 소모품일 뿐이었다.

여 반대조차 미미했던
베트남 파병

한일 회담을 '매국 행위'라며 불같이 반대한 야당과 지식인들은 놀랍게도 베트남 파병에 대해서는 미적지근한 태도만 보였다. 파병에 대한 반대론도 파병 자체가 근본적으로 잘못되었다는 원칙론보다는, 경제적 보상이나 특수를 확실히 약속받지 않고 성급하게 파병을 추진하고 있다는 비판이 주를 이루었다.

1965년 초까지 이동외과병동, 태권도 교관단, 건설 지원단처럼 비전투 분야 파병이 이루어졌기 때문에 파병은 큰 이슈가 되지 못했고, 1965년 5월 박정희-존슨 회담 후 전투병 파병 문제가 떠오른 후에야 야당인 민중당이 "우리 젊은이를 월남에 팔아먹느냐?"라며 정부의 독주를 비판하고 나섰다. 박정희 정권은 전투병 파병에 대한 거부감을 줄이기 위해 '한국군 증파'라고 표현했다. 비전투병과 전투병이 엄연히 다른데도, 마치 비둘기 부대에 이어 청룡·맹호 부대가 파병되는 것이 단지 인원만 느는 것처럼 호도했다.

그러나 파병 이슈 자체가 한일 회담을 둘러싼 정국의 변두리에 있었다. 1965년 4월 3일 한일 양국 대표는 합의안을 만들고 교섭을 종결했으나 한국 내 반대 시위는 더 뜨겁게 타올랐다. 4월 17일 서울

효창공원에서 열린 '대일 굴욕외교 반대 서울시민 궐기대회'에는 4만여 명이 참가하여 봉기를 방불케 하는 상황 속에 227명이 연행되었다. 8월 14일 여당이 한일기본조약을 날치기 처리한 후에도 시위는 한참 이어졌다. 그런데 정부와 여당은 전날인 8월 13일에 '월남파병동의안'을 국회에서 단독 처리했다.

돌이켜 보면 한일 관계를 정상화하는 문제는 그 조건이 중요하기는 하지만 언젠가는 처리해야 할 사안이었다. 하지만 베트남 파병은 경제적 이익을 떠나 도덕적으로 정당화될 수 없는 사안이었다. 한국전쟁에 국제연합의 일원으로 한국 정부를 돕고자 파병한 나라들이 베트남전쟁에서 미국을 돕지 않았다는 것을 보아도 이 전쟁에 개입하는 것은 옳지 않았다. 그러나 국민적 관심이 '매국외교 반대'에 쏠리는 사이 파병안은 저항 없이 통과되었다.

야당의 소극적인 태도는 한일 회담 저지가 시급했다는 말로도 설명하기 힘들다. 민정당과 민주당이 1965년 5월에 통합해 민중당을 창당하였는데, 민중당에서 파병에 대한 입장을 정할 때 '반대'가 당론이 되기는 하였으나 고작 3표 차이였다. 민중당의 이런 미적지근한 태도는 야의 '미국 추종병'이 더하면 더했지 못하지 않았기 때문이다. 김성은 국방장관이 "베트남 파병은 미국의 요청 때문이 아니라 우리 자의로 하는 것이다."라고 밝히자 민중당은 "미국의 요청이라면 한미 관계로 보아 파병할 수도 있지만, 우리 자의로 파병하는 건 반대한다."라고 할 정도였다.

야당의 반대가 너무 약해, 1965년 7월 초 박정희는 측근이자 공화당 의원인 차지철을 불러 이런 지시를 내렸다. 외무장관 이동원의 회고다.

> "대미 교섭을 우리 쪽 의도대로 이끌려면 국내에서도 어느 정도 반대파가 있어야 하는데…… 야당도 조용하고…… 임자가 적임일 것 같아. 그러니 임자가 앞장서서 월남 파병에 반기를 들게."(윤충로, <베트남전쟁의 한국 사회사>)

차지철은 지시에 따라 충직하게 파병 반대론을 펼치다가, 나중엔 실제로 파병에 반대하게 되어 점점 '오버'를 했다. 이동원 장관이 "각하께서 걱정하시니 그만 하라."라고 말렸다니 웃지 못할 에피소드다. 아무튼 파병 반대론은 여당인 공화당에서 더 많았다. "피는 한국군이 흘리는데 미국은 일본에서 군수물자를 구매하는 게 말이 되느냐?"라며 공화당 의원들이 미국의 특혜 보장이 없다면 한국군 증파에 반대한다고 나서는데도 민중당은 가만히 있었다. 여당 의원이 야당 의원을 보고 "대일 저자세 운운하면서 정부를 물고 늘어질 때는 언제고,

미국 이야기만 나오면 야당은 오금을 못 쓰니 대미 저자세는 야당의 특허품이요?" 하고 조롱하는 일도 있었다(<경향신문>, 1965.7.1.).

1960년대 말 미국 젊은이들은 징집영장을 불태웠다. 유럽에서도 대대적인 반전 운동이 일어났다. 그러나 한국에서는 베트남전쟁에 대한 조직적이고 대중적인 반대 운동은 찾아볼 수 없었다. 1966년 10월 방한한 존슨 미 대통령은 가는 나라마다 격렬한 반전 시위대와 만나다가 서울에서는 200만 명이 넘는 환영 인파를 만나 입이 귀에 걸렸다. 일본 식민 지배를 겪은 경험에서 우러나는 민족주의적 분노와 열정은 우리가 다른 민족을 침략하는 행위에 대한 비판 의식으로 확장되지 않았다. 장준하 리영희* 같은 소수 지식인의 비판은 '찻잔의 태풍'이었다. 당시 조선일보 기자 리영희의 회고다.

> "미국과 한국의 불세례로 수없이 죽어가는 베트남인의 처지를 생각하면서 나는 매일 우울한 마음으로 신문사를 나섰다. 그리고는 가슴의 아픔을 달래기 위해서 집으로 돌아가다 어딘가에서 소주나 배갈을 마셔야 했다. 나는 베트남인을 위해서 아무 일도 할 수 없었다."(송건호, <한국현대언론사>;강준만, <한국 현대사 산책 1960년대편>)

박정희는 파병에 대한 '국내의 조절된 반발'을 협상의 지렛대로 삼아 미국에 더 많은 특혜를 요구하였고, 1966년 3월에 앞서 언급한 브라운 각서를 받아냈다. 그 내용은 대략 다음과 같다.

1. 한국군의 장비 현대화를 지원한다.
2. 베트남 파병에 드는 일체의 경비 및 해외 전투 수당을 제공한다.
3. 한국에서 파병 병력을 대체하는 데 드는 경비를 지급한다.
4. 한국의 대간첩 활동 능력을 개선하기 위해 군사적 지원을 제공한다.
5. 탄약 생산의 증가를 위해 병기 공장 확대에 필요한 장비를 지원한다.
6. 파병 기간, 군사원조의 한국 이관 계획을 중단한다.
7. 베트남 주둔 한국군의 보급 물자, 용역, 장비를 최대한 한국에서 구매한다.
8. 베트남에서 실시되는 구호 및 건설 사업에 최대한 한국인 업자를 참여시킨다.
9. 1억 5천만 달러 차관을 한국에 제공하며 추가 차관을 제공한다.
10. 전사상자 보상금을 두 배로 인상하고 한국군 막사, 장교 숙소, 식당, 위생시설, 오락시설 등을 수리·개선한다.
11. 한국군의 수송을 위해 C-45 항공기 4대와, 서울-사이공의 원활한 통신을 위한 통신 장비를 지원한다.

이 중 6항의 군사원조 이관이란, 미국의 원조로 충당해온 한국군의 장비 및 물자를 차차 한국 정부가 자체 생산하거나 또는 수입으로 해결하게끔 책임 소재를 변경한다는 뜻이다. 이관 계획이 중단됨에 따라 한국은 자체 국방비 부담을 덜게 되었다.

브라운 각서는, 한국의 입장에서는 남베트남 군대보다 못한 대우를 받는 한국군의 처우를 개선하라는 국내 여론을 반영하고, 미국의 입장에서는 '싼 값'의 한국군을 한 명이라도 더 전장에 투입해야 하는 필요가 만나 작성되었다. 그러나 브라운 각서는 1970년에 미 의회 '사이밍턴 청문회'가 열렸을 때 "한국군을 용병으로 쓴 것이냐?"라는 비판의 근거가 되기도 했다.

브라운 각서를 체결한 1966년을 한국 정부의 한 고위 관료는 '대한민국 외교 최고의 해'라고 불렀다. 1967년 11월 주한 미국 대사 윌리엄 포터는 미 국무부에 보낸 전문에 "한국 정부는 베트남의 5만 한국군을 '알라딘의 램프'로 생각하고 있다."라고 썼다. 문지르기만 하면 요정이 나타나 무슨 소원이든 들어주는 알라딘의 램프처럼, 박정희는 한국군 5만 명의 피를 담보로 미국으로부터 원하는 것들을 연달아 얻어냈다.

09 한국군은 어떻게 그토록 용맹한가

1964년에서 1973년까지 미국은 베트남에 연인원 260만 명의 병력을 파견했다. 한국도 연인원 32만 5천 명을 보냈다. 미군 병력은 1968년에 최대 54만 8,383명이 주둔하였고 이때 한국군도 4만 9,869명으로 최대치였다. 정규군과 민병대를 합친 남베트남 군대는 백만 명에 이르렀다. 반면 1968년에 베트콩 병력은 약 17만 명, 북베트남군 병력은 약 8만으로 합쳐도 25만 명 수준이었다. 병력 규모로는 남베트남군과 미군이 이길 수밖에 없는 전쟁이었다.

베트남 국토의 모습은 등이 휜 새우로 비유할 수 있다. 새우의 등은 동쪽으로 바다를 접하고, 새우 배는 서쪽으로 위에는 라오스, 밑에는 캄보디아와 접하고 있다. 날씨는 덥고 비는 많아 열대 정글이 우거져 있다.

미국은 북위 17도선의 비무장지대를 돌파해 북베트남을 직접 공격하지 않았다. 제네바 협정 위반일뿐더러, 중국과 소련이 개입하여 3차 대전이 날지 모른다고 미국은 우려했다. 미국은 '제한전'을 원했다. 새우 몸통과 꼬리인 남베트남 내부에서만 전쟁을 하려고 했다.

그런데 남베트남 내에서 미국의 군사적 목표는 무엇이란 말인

중국

베트남

중국

○ 디엔비엔푸

하이퐁 ○

하노이

통킹 만

라오스

17도선(비무장지대)

다낭 ○

태국

꾸이년 ○

투이호아 ○

캄보디아

나트랑 ○

호치민(사이공) ○

가? 일반적인 전쟁이라면 적국의 수도를 함락하거나 적의 중앙 거점을 파괴하면 끝이 난다. 그러나 베트남전쟁에서는 함락하거나 파괴할 적의 '수도'나 '중앙'이 없었다. 민족해방전선 게릴라 즉 베트콩은 정글, 촌락, 야산, 도시, 심지어 남베트남 정부 기구와 군대에도 있었다. 미국의 목표는, 남베트남의 촌락 3분의 2를 사실상 통치하는 베트콩을 제거해 남베트남 정부를 안정시키는 것이었다. 미군은 '어디에도 있고 또 어디에도 없는' 안개 같은 적과 싸워야 했다. 베트남전쟁은 '선전포고 없는 전쟁'이었다.

미군과 동맹군은 주로 베트남 남부 도시와 중부 해안 도시에 본대를 주둔시키고 내륙으로 들어가며 작전을 수행했다. 베트콩은 남베트남 전역에 산개해 있었지만, 주력은 '호치민 루트'로 내려온 북베트남군의 지원을 받으면서 내륙을 장악하고 있었다. 다시 말하면 베트콩 주력은 새우 배에서 등 쪽으로 밀고 오고, 미군과 남베트남군·한국군은 새우 등에서 배로 밀고 가는 형국이었다.

베트콩이 호치민 루트로 병력과 장비를 보급 받는다면, 미군과 동맹군의 주요 보급로는 베트남 동쪽 해안을 끼고 길게 이어진 1번 국도였다. 1번 국도가 원활하게 소통되어야 남부와 중부를 연결하여 효과적으로 작전을 펼칠 수 있고 사이공 정부의 행정력을 남베트남 전체로 전달할 수 있었다. 미군과 한국군의 기지는 1번 국도에 접하여 위로부터 다낭, 호이안, 추라이, 꾸이년, 송카우, 투이호아, 닌호아, 나트랑 등 해안 도시와 촌락에 위치했다.

미군의 기본 전술은 '탐색과 격멸(search & destroy)'이었다. 2차 대전은 물론 한국전쟁까지 미군은 이 전술로 승리를 쟁취했다. '탐색과 격멸'이란, 적 근거지를 찾아내 공중 폭격, 지상 포격, 대규모 병력 투입으로 초토화하는 전술이다. 헬기로 병력을 내려놓으면 되기 때문에 미군은 작전 범위도 광대했다. 베트남전쟁 초기에 한국군에게는 헬기가 없었다.

그러나 베트남에서 미국의 전술은 실패했다. 게릴라전의 특성을 이해하지 못했던 까닭이다. 네이팜탄을 쏟아 부어 베트콩의 거점을 불바다를 만든들, 베트콩은 땅굴 속에서 버티다 다시 나왔다. 중화기로 무장한 미군이 적의 아지트를 점령하면 이미 적은 사라졌다. 허탈하게 돌아가던 미군은 베트콩이 설치한 부비트랩에 당하거나 매복한 베트콩에게 저격당했다. 미군의 대규모 작전은 시끌벅적하기만 하지 작전이 끝나면 곧 베트콩에게 그 일대를 넘겨주기 일쑤였다. 2차 대전에 투여한 폭탄 206만 톤보다 많은 755만 톤을 투하하고도 미군은 도무지 승기를 잡지 못했다.

한국군은 미군과 전술 방침이 달랐다. 한국전쟁 때 직접 게릴라 부대를 이끌어본 적 있는 채명신은 '탐색과 격멸' 방침이 부적절하다고 판단했다. 채명신은 베트콩과 주민의 관계를 '물과 고기'의 관계로 파악하고, 고기로부터 물을 차단하는 것이 우선이라고 생각했다. 그는 주민 속에 숨은 베트콩을 색출해 소탕하고 그 지역을 확보하는 '소탕과 확보(clear & hold)'를 한국군의 기본 전술로 삼았다. 대규모 병력으로 멀리 있는 적을 치러 가기보다는, 소규모 병력으로 촌락에 들어가 숨은 베트콩을 찾아 제거하고, 주민들은 회유하는 방식을 택하기로 한 것이다. 채명신은 주베트남 한국군에게 "백 명의 베트콩을 놓치는 한이 있더라도 한 명의 양민을 보호하라."라고 강조했다.

채명신이 볼 때 베트남전쟁에서 한국군이 생명을 걸고 탈취할 목표는 없었다. 한국군의 파병은 본질적으로 정치적 선택이었지 순수한 군사적 행위는 아니었다. 미국의 깃발 아래 서기는 하지만 어디까지나 남베트남 정부를 지원하는 입장이지 한국 자신의 전쟁은 아니라는 것이다. 채명신은 한국군의 인명 피해를 최소화하기 위해 미군 장성들과 교섭하여 베트남에서 한국군이 독자적 작전권을 갖도록 하고, 대신 한국군·미군·남베트남군이 긴밀히 전술을 협의한다는 합의를 이끌어냈다.

미군은 원래 한국군을 직접 지휘하여 북위 17도선 및 라오스·캄보디아와의 국경 지대에 투입, 북베트남군의 침입을 차단한다는 생각이었다. 이 작전은 전술적인 효과에 비해 한국군을 상당한 위험에

처하게 할 수 있었다. 다행히 한국군은 스스로 전술 책임 구역을 택해 독자적인 작전 지휘 하에서, 미군의 포와 항공 지원을 받으며 싸울 수 있게 되었다. 한국군은 1번 국도로부터 조금씩 내륙으로 들어가며 '평정 지역'을 확보해나갔다. 내륙 깊숙이 들어가거나 17도선 가까이 가 싸우는 미군에 비하면 한국군의 작전 지역은 상대적으로 안전한 '후방'이었다. 또 한국군은 대대 단위로 전술 기지를 구축하는 미군과 달리 기동성을 높이기 위해 중대 단위로 전술 기지를 구축하였는데, 이로 인하여 미군 장성들로부터 "한국군은 전투할 생각은 하지 않고 진지만 구축하느냐?"는 불평을 듣기도 했다.

이것이 한국군이 처한 현실이었다. 한국군은 자신의 위험 부담은 최소화하면서 동맹군의 일원으로서 체면은 세워야 했다. 한국군은 박정희 정권의 '알라딘의 램프'로 미국이 브라운 각서를 이행하게끔 요술을 부려야 했다. 자기는 안 죽고 적은 숱하게 죽이는 요술 말이다.

한국군은 정말로 그 역할을 해낸다. 한국군은 베트남전쟁에서 대대급 작전 1,170회와 소규모 부대 단위 작전 55만 6천 회를 수행하며 '아군 5천여 명 전사, 적 4만 1,400여 명 사살'이라는 뛰어난 전과를 올린다. 한국군이 한 명 죽을 때 적을 열 명 죽인다는 '1:10 살상률'은 미군이나 남베트남군의 적 살상률인 1:5의 두 배나 된다(<경향신문>,

1968.9.23.).

'용맹한 한국군'의 신화는 날마다 새로 쓰였다. 한국군은 중부 5개 성(카인호아·푸옌·빈딘·꽝응아이·꽝남)에서 베트콩 소탕 작전인 괴룡 작전·맹호 작전·홍길동 작전 등을 펼치며 '연전연승'했다. 청룡부대 1개 중대 290여 명이 적 2개 연대 2,400명을 막아냈다는 '짜빈동 전투', 맹호 부대와 백마 부대가 합동하여 송카우에서 투이호아까지 끊어진 1번 국도를 개통해 낸 1967년 4월의 '오작교 작전'의 성공 등은 한국군의 무용(武勇)을 알린 대표적인 승전이었다. 주베트남 미군 사령관 웨스트모얼랜드도 한국군의 성과를 상찬했고 한국 언론은 이를 열광적으로 받아 옮겼다.

그러나 아무도 이런 질문을 던지지는 않았다. "따이한 군대는 이기고 또 이기며 한 번도 지지 않는데 전쟁은 왜 끝나지 않을까? 한국 장병들은 대체 얼마나 용감하기에 다른 나라 군대의 두세 배의 전과를 거뜬히 올릴까?"

한국군은 더 많은 전과를 보여주어야 한다는 압박을 느끼고 있었다. 한편 병사들은 '자유 수호'의 명분 따위보다 살아서 돌아가는 것이 중요했고, 따라서 의심이 가면 먼저 쏘는 게 낫다고 여겼다. 병사들은 베트남의 언어, 문화, 역사에 대해 무지했고 통역관 없이 작전에 투입되기 일쑤였다. 공식 지침은 "백 명의 베트콩을 놓치더라도 한 명의 양민을 보호하라."였지만, 병사 세계에서 일상적으로 듣는 이야기는 "강간을 하고 나서는 반드시 죽여라. 죽이지 않으면 말썽이 생긴다. 아이들도 베트콩이니까 다 죽여야 한다."(김현아, <전쟁의 기억 기억의 전쟁> 참전 병사 김영만의 증언)같은 것이었다. 그런 병사들이 '낮에는 정부 마을, 밤에는 베트콩 마을'로 바뀐다는 촌락에 들어갔을 때 무슨 일이 일어났을까? 군사 전문가들도 게릴라전은 특성상 정규군의 피해가 더 클 수밖에 없다고 인정하는데, 어떻게 한국군은 아군 전사자의 열 배나 되는 베트콩을 사살할 수 있었을까? 그들이 베트콩이기는 한 것일까?

한국군이 처한 상황은 그들을 지침의 정반대로 몰아갔다. 그들은 "한 명의 베트콩을 잡기 위해 백 명의 양민의 죽음도 불사하는" 길로 가고 있었다.

10 왜 힘없는 사람들을 죽였나

3.1운동 직후인 1919년 3월 3일 한반도 북쪽으로 잠깐 돌아가자. 이날 평안남도 강서군 반서면 주민 4천여 명은 장날을 기해 만세시

위에 나섰다. 일본 헌병은 태극기를 흔드는 시위대에 무차별 사격을 가했다. 분노한 시위 군중은 헌병 주재소를 습격해 맨손으로 헌병과 격전을 벌였다. 일본 헌병이 다시 총을 쏴 여러 명이 그 자리에서 즉사하거나 병원으로 옮겨지던 중 죽었다. 일본 헌병은 이날 70여 명을 살해했고 거기에는 여자와 아이들도 포함되어 있었다. 한국 독립 운동사에 기록된 '강서학살사건'이다.

일본인들이 다음의 이유로 위 학살을 부인한다고 해 보자.

"일본 헌병은 한국(조선) 정부와 일본 정부 사이에 체결된 병합 조약에 의거해 한국에 주둔한 합법적인 공권력이다. 일본 헌병은 '순박한 양민'과 '반일 불순세력'을 구분해 양민은 보호하고 불순세력은 제압하는 임무를 갖고 있다. 3월 3일의 시위는 불순세력이 주도했고, 불순세력이 양민으로 가장하고 불시에 공격해올 위험이 있었다. 하기에 헌병은 자위적 차원에서 발포한 것이다. 시위대에 실수로 낀 양민이 희생되었다면 안타까운 일이지만, 그것은 폭도를 진압하는 과정에 일어난 우발적 사고일 뿐이다. 또한 약소국의 식민 지배는 당시로서는 세계의 흐름이었으므로, 지금의 잣대로 비판하는 것은 곤란하다."

우리는 이러한 주장을 받아들일 수 있는가? 아무리 그래도 여자와 아이까지 죽게 한 것은 잘못이라고 해야 할까? 양민과 폭도를 더 엄격히 구분하지 못한 것은 아쉽다고 해야 할까? 시위대에 발포하기 전에 평화적 해산을 설득하는 작업이 충분하지 않았다고 해야 할까? 그렇게 할 수는 없다. 우리는 이렇게 이야기할 것이다.

"한 나라의 주권을 힘으로 빼앗는 일은 그 어떤 시대 환경과 사정 아래서도 용납할 수 없다. 설령 식민 지배가 두 나라의 협정 형식을 빌렸다 해도 그런 강요된 협정은 원천무효다. 일본 헌병이 조선총독부 법령상으로 합법적인 진압을 했다고 해도 한국인의 입장에서는 전혀 정당하지 않다. 그러므로 한국인이라면 누구나 일본 헌병의 부당한 억압에 저항할 권리가 있다. 한국인을 순수한 양민과 폭도(또는 불순세력)로 구분하는 것은 어불성설이다. 이 사건은 불의한 식민 지배의 첨병인 일본 헌병이 한국인을 학살한 것이며, 설령 한국인이 몽둥이나 죽창을 들었다 해도 헌병의 살상 행위가 정당화되지 않는다. 나아가 여자와 아이까지 죽인 것은 일본의 잔학함을 보여주는 명백한 증거다."

이 인식을 베트남전쟁에서 한국군이 저지른 행위를 이해하는 데까지 확장해야 한다. 한국은 베트남인의 독립전쟁에 진압군을 보내는 불의한 선택을 했다. 그리고 주베트남 한국군의 작전 과정에서 베트남 민간인들이 대량으로 목숨을 잃었다. 학살이 아니라 '우발적 희생'이라고 주장하더라도 많은 민간인이 희생된 것은 부정할 수 없다. 전쟁 중에도 한국군은 이 문제로 남베트남인들의 항의를 받았다. 1970년 말 이효상 국회의장이 베트남을 방문해 가진 기자회견에서 첫 질문이 "한국군이 베트남에 온 이래 베트남인 6천 명을 살해했는데 어떻게 생각하느냐?"였다.

베트남인들은 한국군에 의한 '집단 학살'이 있었다고 증언한다. 이는 베트남 정부 공식 자료, 피해 마을 주민들이 세운 한국군 증오비 또는 희생자 위령비, 살아남은 베트남 생존자들의 증언에서 확인된다. 전후 베트남 정치국에서 낸 공식 자료인 '전쟁 범죄 조사 보고서'에 의하면 한국군에게 학살된 베트남 민간인 수는 5천여 명에 달한다. 베트남 유학생으로 <한겨레21> 베트남 통신원 활동을 했던 구수정 박사는 한국군에 의한 민간인 학살 피해가 80여 건, 9천여 명에 이른다고 한다. 학살 피해는 주로 한국군이 큰 전과를 올린 중부 5개성에 집중되어 있다. 구체적으로 보면 꽝남성에서 30건 4천여 명, 꽝응아이성 18건 1,700여 명, 빈딘성 8건 1,581명, 푸옌성 22건 1,729명 그리고 카인호아 성 3건에 46명이다.

빈호아에 있는 한국군 증오비

　아래는 꽝응아이성 빈선현 빈호아사(베트남의 행정 구역은 성-
현-사-촌으로 나뉘는데 우리의 군-읍-면-리에 해당한다) 주민들이 세
운 증오비 비문의 일부다. 빈호아에서는 1966년 12월 3일부터 6일까
지 9개 촌에서 모두 430명의 민간인이 한국군에게 학살된 것으로 보
고되었다.

　"하늘에 가 닿을 죄악 만대를 기억하리라. 한국군은 이 작은 땅에 첫
　발을 내딛자마자 참혹하고 고통스런 일들을 저질렀다. 수천 명의 양

민을 학살하고 가옥과 무덤과 마을들을 깨끗이 불태웠다. 1966년 12월 5일 정확히 새벽 5시, 추라이 지역에 주둔하고 있던 남조선 청룡 여단 1개 대대가 이곳을 행군해 왔다. 그들은 36명을 쯩빈 폭탄 구덩이에 넣고 쏘아 죽였다. 다음 날인 12월 6일, 그들은 계속해서 꺼우언푹 마을로 밀고 들어가 273명의 양민을 모아 놓고 각종 무기로 학살했다. 모두가 참혹한 모습으로 죽었고, 겨우 14명만이 살아남았다."(이규봉, <미안해요 베트남>)

빈호아 학살의 생존자이자 전 빈호아사 인민위원회 주석인 팜반 꾹의 증언이다.

"한국군이 이곳에 쳐들어왔을 때, 일부 주민들만 집에 있었으며 많은 사람들이 논에 일을 하러 갔다. 한국군들은 주민들을 여러 그룹으로 모아 놓고 총을 닦았으며, 사람들을 집으로 돌려보내지 않았다. 오후 4시 30분이 되어서 총을 쏘고 수류탄을 던지기 시작했다. 사람들은 전하기를, 한국군들이 총을 쏘자 어떤 사람들은 위로 솟구쳐 오르기도 하고 어떤 사람들은 고개를 떨구고 쓰러지기도 했다고 한다. 오후 6시, 일을 나갔던 사람들이 집으로 돌아왔을 때, 그들은 아내와 자식들이 죽은 것을 발견하고 경악했다. 한국군은 주민들에게 음식을 나누어 주어 안심시킨 뒤에 총을 쏘았다. 희생자들 대부분은 노인과 어린이였으며, 청년들은 이미 도망친 상태였다. 한국군이 공격을 하리라 예상치 못했던 사람들만 어처구니없이 죽어갔다."(이규봉, <미안해요 베트남>)

또 다른 마을의 학살에서 살아남은 쩐지엡의 증언은 더 서늘하다. 쩐지엡은 1968년 2월 12일 해병 제2여단 청룡부대 1대대 1중대가 작전을 벌인 꽝남성 디엔반현 탄퐁사 퐁니·퐁넛촌의 집단 학살 현장에 있었다. 현장에서 35가구 70여 명의 주민이 살해되었다. 당시 15살이던 쩐지엡은 군인들이 쏜 총에 맞았지만 재빨리 숨어 죽음을 면했다.

"한국 사람들한테 질문하고 싶어요. 전쟁 때 총 쏘는 거 당연하죠. 근데 왜 집단적으로 힘없는 사람들을 죽였죠? 죽인 뒤에 왜 칼로 시체를 또 찔렀죠? 아이들 시체를 찢어 왜 우물에다, 개울에다 버렸죠? 애기들과 여성들이 뭐가 위험하다고 그렇게들 죽였죠?"(고경태, <1968년 2월 12일 베트남 퐁니·퐁넛 학살 그리고 세계>)

11 누가 그들을
학살자로 만들었나

한국은 베트남과 1992년에 수교했다. 한국 정부는 한국군의 민간인 학살을 공식 인정하고 있지는 않으나 간접적인 사과를 했다. 2001년 8월에 트란 득 루엉 베트남 국가주석이 방한했을 때 김대중 대통령이 "우리는 불행한 전쟁에 참여해 본의 아니게 베트남 국민들에게 고통을 준 데 대해 미안하게 생각하고 위로의 말씀을 드린다." 라고 한 것이다. 한나라당(현재의 새누리당), 조선일보는 이것이 섣부른 발언이라고 비판했고 참전군인 일부도 강하게 반발했다. 이들 참전군인들은 한국군이 베트남 민간인을 조직적으로 학살한 일은 없다고 주장한다. 민간인 희생이 있었음을 부인하지는 않으나, 그것은 전쟁이라는 특수한 상황에서 발생한 '불가피한' 사태라는 것이다.

만약 우리가 '민간인 학살'의 의미를 나치의 유대인 학살이나 일본군의 난징 학살처럼 조직적이고 체계적인 집단 살상으로 국한한다면, 베트남의 한국군이 그런 일을 했다는 증거는 아직 없다. 한국군은 "백 명의 베트콩을 놓치더라도 한 명의 양민을 보호하라."는 공식적인 지침을 갖고 있었고 대민 사업에도 많은 신경을 썼다. 군의 공식 명령으로 민간인 집단 살상이 이뤄졌다고 보기는 어렵다.

역사학자 크리스토퍼 브라우닝에 의하면, 현대의 대량 학살은 두 가지 유형이 있다. 첫째는 국가의 정책에 의한 것이고 둘째는 공식적인 권력으로 통제되지 않는 집단적인 증오와 광기에 의한 것이다. 한국군이 민간인 살상을 공식 정책으로 삼은 일이 없다 하더라도 병사들에 의한 민간인 살상을 방조하거나 혹은 조장했다고 볼 정황은 너무나 많다.

민간인 학살 지적에 대한 대표적인 반론은 '게릴라 전쟁의 특수성'을 제기하는 것이다. 한 참전 소대장은 "어린아이들도 숨어 있다가 수류탄을 던지는 경우가 있고 아줌마들도 애를 업고 지나가다 돌아서서 수류탄을 던진다. 민간인이지만 베트콩 가족은 베트콩으로 볼 수밖에 없었다."라고 회고했다(오연호, '강간과 민간인 집단사살은 실제로 있었지만' 청룡부대 2대대 6중대 1소대장 최우식(당시 소위) 인터뷰).

그러면 한국군은 이러한 게릴라전의 특수성을 감안하여 민간인 보호를 위해 어떤 구체적인 노력을 했는가? 베트콩은 농민이기도 했고 여성이기도 했고 청소년이기도 했다. 부패한 남베트남 정부와 외세에 대항하는 전쟁이 일어났고, 이 전쟁은 평범한 베트남 국민들을 베트콩 게릴라 또는 베트콩의 지지자로 만들었다. 베트콩과 민간인이 섞여 있는 상황에서, 한국군이 주력한 마을 수색·소탕 작전은 민간인의 피해를 낳을 가능성이 매우 컸다. 심지어 한국군은 "깨끗이 죽이고 깨끗이 불태우고 깨끗이 파괴한다." "놓치는 것보다 오인 사살이 낫다." "어린이도 첩자다." "땅굴이 있는 집은 모두 베트콩이다." 등의 전술 지침을 갖고 작전에 임했다.

한국군은 마을을 수색하다 베트콩에게 저격당하거나 부비트랩으로 사상자가 발생하면, 인근 마을로 들어가 '싹쓸이'를 해버렸다. 저격한 베트콩은 이미 도망갔는데 애꿎은 민간인만 피해를 입었다. 동료의 피를 본 한국군 병사들이 보복심에 차 마을에 들어가면, 어디까지가 수색이고 어디부터가 보복인지, 누가 확실한 베트콩이고 누가 무고한 민간인인지 경계는 사라진다. 베트콩이라는 확신을 가지고 쏘든 오발이든, 병사 중 누구든 한 발을 쏘면 그 후로는 광기 어린 집단 살상이 시작된다. 설령 민간인이라 해도 이제는 살려둘 수 없게 된다. 살아서 한국군의 행위를 고발하면 안 되기 때문이다.

아래는 어렵게 입을 연 참전 해병 중대장 김기태의 증언이다. 그는 1966년 11월 10일 청룡부대 2대대 7중대장으로 꽝응아이성 선틴현 베트콩 소탕 작전인 일명 '용안작전'에 참여했다.

"'야, 그냥 보내!' 김기태 중대장은 뒤따라오던 화기소대에 주민들을 살려주라고 지시했다. 몇 걸음이나 옮겼을까. 탕탕탕! 드르르륵! 뒤에서 총성이 요란했다. '야, 새끼들아 뭐야!' 고개를 돌리며 고함쳤다. '아무 것도 아닙니다!' 그러나 계속 이어지는 수류탄 굉음. 쾅쾅쾅! '자식들아 뭐야?' 대답은 같았다. '아무 것도 아닙니다!' 비명소리와 신음소리가 섞여 나왔다. 이미 엎어진 물. '야, 새끼들, 확실히 해!' 그가 소리쳤다. 사탕수수밭으로 달아나는 사람들도 얼핏 보였다. 중대원들은 '라 라이!(이리와!)'하면서 달아나는 이들을 쫓아가 총을 쏘았다. '그런 일이 벌어지면 그냥 갈 수 없습니다. 누군가 살아남아서 증언하게 되면 골치 아픕니다. 중대장으로서는 전쟁터에서 양민 학살을 하는 것이 되니까 '확실히 하라'고 하지요. 확인 사살을 하라는 뜻입니다. 이후에 그 일에 대한 증언이나 보고가 없어 모두 죽은 걸로 압니다.'"(황상철, '엄청난 일들, 34년만에 말한다: 베트남전 참전 중대장 김기태씨의 고백' <한겨레21> 305호)

병사들도 처음부터 살인을 쉽게 했던 것은 아니었다. 한 신참 병사는 첫 수색에 참여했을 때 선임이 칼을 주며 포로로 잡힌 베트콩 용의자를 찌르라고 명령했다고 한다. 눈을 뜨고 있는 사람은 못 찌르겠다고 하자 선임은 그 병사의 머리에 총을 겨눴다. 그는 차마 상대의 숨통을 끊을 수가 없어서 허벅지를 찔렀고, 다음 병사가 '마무리'를 했다. 그런 그도 동료의 죽음을 보며 차차 변해갔다. "제정신이 아니었다. 전과를 올리자고 눈이 돌아갔다."(김현아, <전쟁의 기억 기억의 전쟁>)

퐁니·퐁넛 학살의 희생자들(1968년 2월 12일)

　　살인이 반복되면서 병사들의 의식도 둔감해졌다. 참전 해병 김아무개는 베트콩 용의자인 청년을 구덩이에 집어넣고 동료들과 "삽으로 죽일까? 총으로 죽일까?" 의논하며 낄낄거렸다고 한다(김현아, <전쟁의 기억 기억의 전쟁>). 저 사람이 베트콩이 맞는지, 설령 베트콩이라 해도 재판도 없이 죽여야 하는지 따위의 생각은 떠오르지 않았다. 베트콩은 인간이 아니라 여겼고, 인간이 아니기에 어떤 잔인한 방법으로 죽여도 상관없었다. 아이의 머리에 총을 쏘고 여자는 강간한 후 살해했다. 시체는 우물에 처박았다. 퐁니·퐁넛촌에서 한국군은 8개월쯤 된 아기도 살해했다. "언제 공격해올지 모르는 게릴라이기 때문에"

라는 말은 설득력을 잃는다. 아기가 게릴라란 말인가.

한국 병사들은 고생하는 부모와 형제들을 위해 전투 수당 대부분을 고국에 송금하는 착한 청년들이었다. 누가 이 청년들을 이렇게 만들었을까.

'작전 중 의도하지 않은 민간인 희생'과 '민간인 학살' 사이의 벽은 그렇게 두텁지 않다. 한국군의 작전은 민간인 희생을 낳을 가능성이 컸고, 작전이 변질되면 보복심과 증오심에 불타는 병사들이 민간인 집단 살상을 저지를 위험은 항상 존재했다. 그러나 한국군과 한국 정부는 이 가능성을 낮추고 위험을 줄이기 위해 노력하지 않았다. 채명신은 회고하기를, 1966년 2월 28일의 한 작전에서 '적 사살 92명, 소총 노획 4정'이라는 보고가 올라와 심각하게 생각했다고 한다. 사살 인원에 비해 무기가 너무 없다는 것은 사살된 사람 일부가 민간인일 수 있다는 뜻이기 때문이다. 그러나 이후 어떤 예방 조치가 한국군에 취해지지는 않았다. 이런 한국군의 태도는 1968년 2월 퐁니·퐁넛촌 학살 사건을 조사하는 과정에서도 반복된다.

생존자가 적을수록, 즉 '완벽하게' 실행된 학살일수록 그 범죄를 입증하기란 쉽지 않다. 그러나 퐁니·퐁넛촌 사건은 인근에 자리 잡은 미군 정보부대가 한국 해병부대의 마을 진입을 목격한 후 발생했고, 한국군이 빠져나간 후 미군 상병이 마을로 가 사진을 찍어 증거를 남겼기에 세상에 알려졌다. 희생자들의 처참한 사진이 미군 사령부로 전달되었고, 웨스트모얼랜드 사령관은 채명신 사령관에게 '진상 조사의 필요성'을 제기했다. 해병 헌병대 수사계장 성아무개 중사가 지시를 받아 작전에 참가한 병사들을 조사했다.

하지만 성 중사는 조사 보고서를 자기가 확인한 내용과 다르게 작성해야 했다. 성 중사는 이미 짜인 각본대로 "양민 학살은 청룡부대 복장으로 위장한 베트콩의 소행이다."라는 내용의 보고서를 올렸고, 채명신 사령관은 이를 근거로 웨스트모얼랜드에게 "해병여단 1개 중대가 소탕 작전을 벌인 것은 사실이나 대량학살은 음모일 뿐"이라는 내용의 답신을 보냈다. 성 중사는 후일 이렇게 말했다.

> "분명히 위에서 잘못한 것이죠. 당시에 진실을 밝혀야 했는데, 내 가족이 그렇게 죽었다고, 한번 처지를 바꿔서 생각해봐야 하는데……"(김현아, <전쟁의 기억 기억의 전쟁>; <한겨레21> 310호)

퐁니·퐁넛촌 주민들이 사이공 정부에 억울한 죽음을 탄원하였고, 1968년 3월 일어난 미군 최대의 민간인 학살인 '밀라이 학살'이 1969년 말에 폭로되면서 더불어 퐁니·퐁넛 사건도 다시 부각되었다. 미국은 한국에게 이 문제를 책임지고 조사하라고 요구했다. 한국 정부는 사건과 관련된 중대장 및 소대장들을 중앙정보부 조사실에 불러와 조사했다. 그러나 한국 정부는 공식 조사 결과를 내놓지 않았다.

모든 참전 한국군이 학살에 가담한 것은 분명히 아니다. 한국군을 '친절한 따이한'으로 기억하는 베트남인도 많다. 학살에 가담한 군인 중에는 그 순간 자기가 베트콩과 싸우고 있다고 생각한 군인도 있을 것이다. "적을 죽여야 내가 산다."라는 생각에, 또는 죽은 전우에 대한 보복심을 주체할 수 없어 총을 쏜 이들도 있을 것이다.

그러나 '한국군 전사자의 열 배의 적 사살'이라는, 게릴라전에서 불가능한 전과는 다수의 민간인 희생자를 거기 포함하지 않으면 설명할 수가 없다. 수없이 많은 민간인이 한국군에 의해 학살되었다는 베트남인의 증언이 우리 앞에 있다. 우리가 지금도 베트남인 앞에 "한국군은 베트콩을 죽였을 뿐 민간인을 학살한 적 없다."라는 말만 반복한다면, 3.1만세 군중을 학살한 책임을 부인하는 일본의 모습과 다를 수 있을까. 설령 베트남전쟁이라는 역사적 시공간에서 한 개인이 선택할 수 있는 폭이 크지 않았음을 인정하더라도, 진실을 규명하고 진실을 증언할 책임만큼은 져야 할 것이다.

12 베트남전쟁은
우리에게 무엇을 남겼나

미국인들은 TV 화면 앞에 얼어붙었다. 사이공의 미국 대사관이 베트콩에게 점령당했다. 미국을 상징하는 독수리 문양이 부서져 바닥에 내팽개쳐졌고 건물 벽에는 민족해방전선의 깃발이 내걸렸다. 대사관 직원의 피투성이 시신이 들것에 실려 나왔다. 기자의 목소리가 떨리는 가운데, 미군이 대사관 탈환을 위해 악전고투하고 있었다.

1968년 1월 30일 민족해방전선 게릴라와 북베트남군은 '테트(음력 설) 대공세'를 벌였다. 남베트남 주요 도시와 군사 기지가 일제히 공격당했다. 미국 대사관도 그중 하나였다.

반격에 나선 미군은 곧 대사관을 탈환했다. 다른 점령 지역에서도 베트콩은 막대한 전사자를 남기고 퇴각했다. 미군의 열 배 이상 희생을 낸, 베트콩의 명백한 패배였다. 그러나 심리전의 승자는 베트콩이었다. '베트남에서 곧 결정적 승리를 거둘 것'이라던 존슨 정부의 말이 거짓이었음을 미국인들은 이날 깨달았다. 베트콩과 지지 세력의 규모가 어마어마하게 불어났다는 것도. 미국인들은 자문했다. '왜 이런 전쟁에 우리 젊은이들이 희생되고 있는가?'

충격은 의문을, 의문은 분노를 낳았고, 분노는 행동으로 옮겨졌다. 미국과 유럽에서 반전 운동이 불타올랐다. "전쟁을 끝내라." "베트남에서 철수하라." 그해 벌어진 세계적인 저항을 역사는 '68혁명*'이라 부른다.

　존슨은 지쳤다. 창피함을 무릅쓰고 호치민에게 평화 협상을 제의했다. 1968년부터 제네바에서 미국·남베트남, 북베트남·베트콩 4자간 평화 회담이 시작되었다. 미국은 이제 '명예로운 철수'를 원했다. 존슨이 불출마한 대선에서 공화당의 닉슨이 당선되었다. 닉슨은 "베트남전쟁은 베트남인들의 몫"이라며 철군 구실을 찾더니 1969년에는 "아시아 국가의 방위는 아시아 국가 스스로 해결하라."라는 '닉슨 독트린'을 발표했다. 닉슨이 존슨보다 특별히 덜 호전적이어서 그러는 것이 아니었다. 전쟁 비용으로 인해 미국의 재정 적자가 더 버틸 수 없는 지경이었다. 평화 회담은 5년을 끌어 1973년 2월에 와서 결실을 맺었다. 평화 협정 체결 후 두 달에 걸쳐 외국군은 베트남을 떠났다. 한국군도 모두 귀국했다.

　미국은 남베트남 군대에 아낌없는 지원을 해주고 떠났다. 최신 장비, 1백만의 병력, 세계 4위의 공군력을 갖춰 주었다. 하지만 소용 없었다. 1975년 3월, 북베트남군이 해방전쟁을 시작하자 한 달 만에 남베트남 군대는 산산이 흩어졌다. 4월 30일, 북베트남 탱크가 남베트남 대통령궁 담을 부수고 진입했다. 티우 대통령은 일주일 전에 사

워싱턴에서 벌어진 반전시위(1971년) [사진: Leena Krohn]

임했고 항복 절차를 밟기 위해 취임한 새 대통령 즈엉반민이 항복 문서에 사인을 했다. 사이공으로 진입하는 도로는 남베트남군이 군인 신분을 숨기느라 서둘러 벗어 던지고 간 군복과 군화로 가득했다. 20년에 걸쳐 베트남인들은 세계 최강 군사 대국인 일본·프랑스·미국을 차례로 꺾었다. 사이공이 함락되는 날, 미국의 권위도 길바닥의 군화처럼 땅에 굴렀다.

주한 미군을 잡아놓기 위해 파병해야 한다고 역설했던 박정희는, 1968년 이후 정작 미군이 베트남에서 발을 빼려 하자 짭짤한 전쟁 특수가 중단될까 봐 조바심을 냈다. 박정희는 정일권 국무총리를 닉슨에게 보내 "북베트남 지역에 군대를 배치하는 것도 고려하고 있다."라고 전쟁 지속의 의지를 보였다. 미국도, 미군이 안전하게 철수하도록 한국군이 뒤를 봐주면 좋고, 한국군이 전과를 계속 올리면 베트남전쟁이 패배한 전쟁이 아니라는 이미지도 만들 수 있었다. 마침 채명신에 이어 1969년에 한국군의 지휘봉을 잡은 이세호 사령관은 "미군이 철수해도 한국군은 계속 주둔하겠다."라며 적에 대한 '과감한 선제공격'도 불사하겠다고 밝혔다.

미군은 물론 필리핀군, 타이군도 철수하는데 한국군은 계속 버텼다. 1969년에 베트남 주둔 외국군의 9.1%를 차지하던 한국군 비중은 71년에 21.7%, 72년에는 60%로 늘었다. 베트남전쟁이 한국의 전쟁이 되어가고 있었다. 하지만 미군의 대포와 항공기 지원이 줄어든 가운데 한국군이 독자 작전을 펼치는 것은 위험했고 효율도 떨어졌다. 71년과 72년을 비교하면 한국군 전사자가 20%나 늘었다. 파월 기간 한국군이 치른 전투 가운데 가장 치열했던 1972년 4월의 안케 고지 전투에서, 승전하기는 했으나 한국군의 피해가 몹시 컸다. 하루에 전사자가 너무 많이 생겨 상부의 문책을 우려한 사령부 근무 직원이 장병 전사 일자를 적당히 분산했을 정도였다. 참전의 명분이 사라졌는데도 박정희 정권은 병사들의 목숨을 달러와 바꾸려고 안간힘을 썼다.

파병의 또 다른 이유는 '미국에 대한 보은(報恩)'이었는데, 박정희 정권은 이 일을 전적으로 한국 국민에게 부담시켰다. 국무총리를 위원장으로 하는 '파월장병지원위원회'를 설치하고 전국에 2,637개 지방위원회 조직을 갖춰 파병에 관한 홍보·계몽 활동, 파병 장병 가족 지원, 위문 사업 등을 실시했는데, 이 일을 위해 대대적으로 국민성금을 조성했다. 1966년에서 1972년까지 초등학생의 코 묻은 돈까지 모아 조성한 성금은 1억 4천여 만 원, 당시 가격으로 집 40채가 넘는 액수였다. 정부는 '월남 장병 위문편지 쓰기 운동'에 학생들을 동원하면서 엽서 한 장을 10원이라는 비싼 값에 팔아 돈을 남겼다. 전투 수당은 미국에서 받고, 위문 사업은 국민의 돈을 털어 하며, 생색은 정부가 냈다.

베트남에 연예인 및 대학생 위문단을 보내고, 파병 용사 환송·환영식에 중고등학생을 동원하며, 파월 장병이 있는 농가에 농번기 노력 봉사를 조직하고, 고추장에서 꽃씨까지 온갖 위문품을 수집해 베트남에 보내는 이 일련의 사업들은 정부가 써야 할 경비를 절감하는 것 외에도 또 다른 효과를 낳았다. 한국 사회를 군사 조직화하고, 박정희 정권의 소제국주의적 욕망을 국민에게도 내면화시킨 것이다. 이 과정이 반발 없이 받아들여지지는 않았다. 강제적인 위문편지 쓰기에 동원된 학생이 "아저씨들, 입시 공부에 바쁜데 선생님이 쓰라고 해서 할 수 없이 씁니다. 귀찮아 죽겠습니다."라며 형식적인 편지를 보낸다든가, 파병을 앞둔 부대에서 탈영병이 속출한 것도 소극적 저항의 하나였다. 그러나 날마다 맹호·청룡·백마의 승전을 전하는 언론의 나팔 소리에 국민들은 익숙해졌다. 일상적 전쟁 동원 체제에 적응하며 한국은 거대한 병영으로 변해 갔다.

베트남 파병이 한반도 안보와 직결된다는 주장도 무의미했다. 한국이 남베트남을 지원하자 북한은 사회주의 형제국인 북베트남을 지원하고자 대남 도발을 강화했다. 한반도에 '제2전선'을 만들어 미군과 한국군의 신경을 분산시키려는 의도였다. 1965년과 1966년에 한 해 30~40건 꼴로 일어나던 비무장 지대의 소규모 교전은 1967년에 4백여 건, 1968년에 5백여 건으로 급증했다. 1968년 1월 21일 북한 특수부대원이 청와대를 기습하다가 실패했고, 1월 23일에는 미국 정보함 푸에블로호가 북한 영해를 침범하다가 북한에 나포되었다. 박정희는 북한이 자기를 암살하려 한 일에 격분해 미국 대사를 불러 놓고 "이북을 공격하자!"라며 흥분했고, 미국이 자기 편을 들어주지 않자 더욱 격분했다. 미국은 푸에블로호 승무원의 무사 귀환이 박정희의 기분을 맞춰주는 것보다 더 급했으므로 협상으로 문제를 해결하려 했다. 게다가 도발은 북한만 한 것도 아니었다. 충돌의 최소한 3분의 1은 한국이 시작한 것이어서 주한 미군 사령관이 정일권 총리에게 항의한 적도 있었다.

안보가 강화되기는커녕 한반도는 긴장의 도가니로 빠져 들었다. 심지어 미국은, 한국이 그토록 충직하게 베트남전쟁에 협조했음에도 '주한 미군 병력 유지'라는 약속을 어겼다. 1969년 닉슨 대통령은 박정희를 만나 주한 미군 감축 계획은 없다고 해놓고 몇 달 뒤 주한 미군 2만 명 철수 계획을 통보했으며 실제로 1971년에 철수를 완료해버렸다.

민주적인 정부라면, 변화된 국제 정세에 맞추어 군사적 긴장에서 평화공존으로, 미국의 '용병'으로 오해받는 처지를 벗어나 아시아 국가들과 새로운 관계를 쌓는 방향으로 가야 했다. 그러나 박정희 정권은 밖으로는 긴장 상황을 유지했고 안으로는 국민 통제를 강화했다.

1968년 박정희는 예비군을 창설하고 주민등록제도를 추진해 그해 말까지 국민 95%가 주민등록 신고를 하게 만들었다. 이순신 장군 동상을 광화문에 세우고, "나는 민족중흥의 역사적 사명을 띠고 이 땅에 태어났다."로 시작하는 국민교육헌장 암송을 교육 과정에 의무화했다.

13 부끄러운 역사를 넘어서기 위하여

베트남전쟁의 경제적 이익은 어떠했는가? 1965년에서 1972년까지, 한국은 베트남전쟁으로 약 10억 3,600만 달러의 외화를 벌어들였다. 이 가운데 장병의 송금이 19.4%였으며 파월 기술자들의 송금이 16%를 차지해, 합치면 전체 외화의 3분의 1 이상이 병사들과 기술자들이 '목숨을 걸고' 벌어들인 셈이었다. 브라운 각서의 한국 업체우대 조항에 따라 기술자들에게 베트남 취업의 문이 열렸는데, 취업은 한국에서 이뤄지기도 하고 제대한 군인이 현지에서 바로 취업하기도 했다. 이들은 베트콩의 저격을 뚫고 한국군 기지까지 물자 보급

트럭을 몰고 다니는 위험한 작업을 했다. 업무 중 사망자도 많이 나왔다.

용역군납 사업은 외화 수입의 가장 큰 몫을 차지한 바, 여기 뛰어든 기업들도 돈벼락을 맞았다. 특히 한진은 총 1억 646만 달러라는 막대한 사업 실적을 올렸다. 이는 한국의 베트남 특수 전체의 약 10%에 해당한다. 베트남에 진출한 한국 건설회사들도 외화를 쓸어 담았다. 항만·도로·기지 건설에 뛰어든 한국 기업들은 1966년에 공사 도급액 기준으로 1,100만 달러를 벌었고 1967년에는 1,560만 달러, 1968년에는 2,570만 달러 수익을 올렸다. 베트남전쟁을 계기로 한국 기업은 태국, 사우디아라비아 등에서 이뤄지는 해외 건설 사업에도 적극 진출한다.

1967년~1970년에 베트남전쟁 특수가 수출 총액에서 차지하는 비중은 최대 45%에 이르렀고, 외환 보유고 가운데 베트남에서 번 외화가 40%를 넘었다. 외화 획득에 버금가는 것도 많았다. 미국이 자국 시장을 한국에 확대 개방해주어 한국 경제가 수출지향 공업화의 길을 확고하게 걷게 되었으며, 미국의 지원을 받아 M16 소총·탄약 등 무기의 자체 생산 시설을 갖추면서 이후 중공업화로 도약할 기반을 만들었다. '한강의 기적' 곧 1960년대 경제 성장과 1970년대 중공업화의 밑거름이 베트남전쟁 특수라는 사실은 결코 부인할 수 없다.

그러나 그 부의 분배는 공정했는가? 미군 다음으로 많은 피를 흘린 한국군 병사들은 필리핀군이나 남베트남군보다 낮은 월급을 받았다. 파월 기술자들은 평생 처음 만져보는 고액의 월급을 받았지만, '월남 재벌'로 성장한 기업인들이 쓸어간 부에 비할 바가 아니었다.

한진은 1966년에 한국 재벌 순위 10위권 바깥이었다가 베트남에서의 실적 덕에 1975년에는 재벌 순위 4위로 등극했다. 그러나 이 실적은 상당 부분 임금 갈취에 의한 것으로, 한진 기술자들은 주당 70시간을 넘기는 살인적인 노동에 시달리면서도 초과근무수당을 제대로 받지 못했다.

한국에 돌아온 한진 소속 기술자들은 미지불한 임금을 지급하라고 회사에 요구했으나 여러 차례 무시당했고, 분개한 나머지 한진 빌딩을 점거하고 불을 질렀다. 1971년 9월 15일의 '칼(KAL) 빌딩 방화 사건*'이다. 그러나 정부는 한진에 아무 책임을 묻지 않고 농성자들만 잡아다 징역 1년에서 5년의 중형을 선고했다.

베트남 특수의 또 다른 부정적 결과는 부동산 투기였다. 베트남에서 번 외화를 주체하지 못하는 기업, 부동산 개발로 정치자금을 만들려는 박정희 정권이 투기를 조장했다. 1960년대 말까지 논밭이었던 서울 강남은 1970년 경부고속도로 개통과 함께 개발 열풍에 휩싸여, 강남 압구정동 땅값이 1963년에서 1970년 사이 25배로, 신사동 땅값은 50배로 올랐다. 이때 '복부인'이라는 용어가 나오며 부동산 투기에 대한 세간의 비난이 '아줌마의 탐욕'에 쏠렸지만 배후는 따로 있었던 것이다. 부의 불평등을 세습 구조로 고정시키는 부동산 투기 공화국이 이때부터 막을 올렸다.

벌어온 외화를 경제 발전에 효율적으로 썼는지도 의심스럽다. 대책 없이 몸집만 불리던 기업들은 1969년에 와서 속속 부실기업 판정을 받았고, 도산 위기에 처한 기업도 수두룩했다. 경제가 휘청대자 박정희 정권은 1972년에 이른바 '8.3조치'로 부실기업을 살려주었다. 8.3조치란 사채 이자를 원래 계약보다 강제로 확 낮추는 것으로 채권자의 재산을 빼앗아 기업에 주는 것이나 다름없었다. 많은 부실기업이 이때 재무 상황 개선이라는 특혜를 받아 대기업으로 성장하였다. 베트남에서 청년들이 피 흘려 번 돈이 기업의 부실경영으로 날아갔어도 아무도 책임을 지지 않았다.

박정희 정권은 32만 명의 한국군을 그들이 원하지 않은 전쟁터에 데려갔다. 그 전쟁터에서 한국군은 독립국가를 세우려는 베트남인들과 싸워 그들을 죽이고 땅과 마을을 파괴했다. 베트남인들만큼 가난했던 한국 젊은이들은 '돈 벌려고' 베트남에 가서 '살기 위해' 살인을 했으며 그 과정에서 일부는 여자와 아이까지 잔혹하게 살해하는 미친 전쟁 기계로 변했다.

참전 한국인들은 귀국해 한국 국토에 도로, 공장, 아파트가 들어서는 모습을 보며 '우리가 베트남에서 피 흘려 이룬 것'이라고 뿌듯해 했을지 모른다. 하지만, 그들이 정글을 기어 다니며 번 외화로 경제가 성장하고 신흥 재벌이 생겨났어도 정작 국가는 귀향한 병사들을 국가 유공자로 대우하지 않았다. 고엽제가 뭔지 몰라서 철모에 물과 섞어 손으로 뿌려대다가 후유증을 앓게 된 피해자들을 국가는 제대로 치료해주지도 않았다. 베트남 특수 위에 도약한 한국 경제는 오로지 박정희 한 사람이 이룬 업적인양 칭송되었고, 전쟁 기간 한국 사회는 박정희가 꿈꾼 군사 조직 같은 사회가 되었다. 누구도 그를 막을 자가 없어지자 박정희는 '유신 쿠데타'를 일으켜 종신 대통령 자리에 올랐다. 한국인과 베트남인이 치른 엄청난 희생 위에 세워진 것은 결국 박정희 1인 독재였다.

한 국가의 성숙도는, 가장 인정하기 싫은 대답을 얼마나 많은 국민이 인정하느냐에 달려 있다.

베트남전쟁 파병은 부도덕한 선택이었는가? 그렇다. 우리가 베트남인에게 끼친 고통과 피해를 우리가 얻은 경제적 이익으로 정당화할 수 없다. 베트남 파병은 누구를 위한 것이었나? 박정희 자신을 위한 것이었다. 게다가 그는 한국인 모두를 자신의 공범으로 만들었다. 이제 우리는 무엇을 해야 하는가? 베트남에서 우리가 저지른 일을 성찰하고, 민간인 학살의 진실을 규명하며, 진심을 담은 사과를 통해 참된 화해와 평화로 나아가야 한다.

우리가 기꺼이 이렇게 답할 때 부끄러운 역사를 넘어 나아갈 수 있다.

192
호치민
胡志明,
Ho Chi Minh

1890~1969. 베트남의 혁명가 · 정치인. 1차 세계대전 후 파리에서 사회주의운동 · 식민지해방운동을 시작했고 소련에서 공산혁명사상을 익혔다. 베트남에 몰래 입국, 독립운동세력을 모아 월맹(베트남독립동맹)을 결성했다. 중국과 미국의 지원을 이끌어내 민족해방혁명을 승리로 이끌며 1945년 9월 베트남민주공화국의 독립을 선언하고 초대 주석(대통령)으로 취임했다. 이후 강대국들의 간섭으로 완전한 독립을 이루지 못한 베트남은 남북으로 분할되었고, 호치민은 남북 간 전쟁(베트남전쟁)이 한창이던 1969년, 주석 재임 중에 병으로 급사했다.

195
4.19혁명

1960년 4월 19일 이승만 독재를 무너뜨린 시민혁명. 1948년부터 불법적 개헌을 통해 12년 동안 장기 집권한 이승만 정권은 1960년 3월 15일 4대 대통령 선거에서도 부정선거를 자행했다. 이에 마산에서 규탄 시위가 벌어졌으나 경찰의 강제 진압으로 사상자가 많이 발생했다. 한 달여 후인 4월 11일, 마산시위 때 실종된 김주열 군이 참혹한 시신으로 발견된 것을 계기로 시위가 다시 시작되었다. 일주일 후인 4월 18일, 서울 시내를 행진하던 고려대 학생들이 괴한들의 습격을 받자 이에 항의하는 시위가 전국 각지에서 벌어졌다. 며칠 후 대학교수들도 시위에 동참하고 시위대가 더 늘어나자 이승만은 결국 대통령직에서 물러났다.

195
장면

1899~1966. 인천 출생. 정치인. 미국 유학 후 귀국해 서울 동성상업학교 교장을 지냈고, 1948년 제헌국회의원에 당선되면서 정치활동을 시작했다. 1949년 초대 주미대사에 임명되어 한국전쟁 때 유엔과 미국의 지원을 얻어내는 데 기여했다. 1952년 국무총리직에서 물러난 후에는 야당 정치인으로 변신해 자유당 독재정권과의 투쟁에 앞장섰다. 4.19혁명 후 총리로 선출되었으나 5.16군사정변으로 취임 9개월 만에 물러났다. 정치활동을 금지당하고 투옥되었다가 석방되었다.

203
장준하

1918~1975. 독립운동가 · 민주화운동가 · 언론인. 박정희 정권 시기 민주화운동의 상징적인 인물이다. 일본에 학병으로 끌려가다 탈출해 임시정부에서 활동했다. 월간지 <사상계>를 발행해 박정희 정권의 군사독재를 비판했으며, 특히 유신헌법의 문제점을 지적하며 헌법 개정 운동을 벌이기도 했다. 투옥과 석방을 반복하며 유신 반대 운동을 지속하다 1975년 8월 경기도 포천의 한 계곡에서 의문의 추락사를 당했다.

203
함석헌

1901~1989. 평북 용천 출생. 교육자·언론인. 독창적인 기독교 사상 체계를 이룬 종교사상가이기도 하다. 자유당 정권 시절부터 월간지 <사상계>에 논설을 집필했다. 특히 박정희 정권 하에서 대표적인 재야활동가로 반독재투쟁과 민권운동에 몸 바쳤으며, 한일협정 반대단식, 삼선개헌 반대운동 등을 이끌며 민주화운동에 헌신했다. 노벨평화상 후보에 두 차례 추천(1979년과 1985년)되었으나 수상은 불발에 그쳤다.

212
화폐 개혁

군사정부는 1962년 경제개발 5개년계획을 발표하고 긴급통화조치와 긴급금융조치를 단행하였다. 정부는 기습적으로 기존 화폐의 '환' 표시를 '원'으로 바꾸고(10환→1원), 기존 화폐(환)의 유통과 거래를 금지했다. 이는 부정축재자들이 몰래 숨겨둔 (것으로 추정되는) 현금을 양지로 끌어내기 위한 조치이기도 했다. 그러나 정부의 예상과 달리 '숨겨둔 자금'은 별로 없었으며, 오히려 갑작스런 통화개혁과 그에 따른 예금 봉쇄조치로 인해 유동성 부족과 경제혼란이 이어지면서 산업 활동이 위축되는 결과를 낳았다.

225
통킹 만 사건

1964년 8월 미국은 자국의 구축함이 베트남 근해 통킹 만의 공해 상에서 북베트남 어뢰정의 공격을 받았다고 발표하였다. 이에 미국 의회는 '통킹 만 결의안'을 가결시켜, 대통령이 침략 저지에 필요한 모든 조치를 취할 수 있도록 승인하였다. 이는 미국이 베트남전쟁에 참전하는 계기가 되어, 이후 미국은 북베트남에 대대적인 보복폭격을 가하는 등 본격적으로 군사개입을 하게 된다. 그러나 1972년 미국 언론이 폭로한 바에 따르면, '통킹 만 사건'은 미국이 북베트남을 먼저 공격함에 따라 유발된 것이었다.

225
채명신

1926~2013. 황해도 곡산 출생. 해방 후 월남해 조선경비사관학교(육군사관학교의 전신)에 입학했다. 한국전쟁에 참전, 육군 5사단장과 육군본부 작전참모부장을 거쳤고 베트남전쟁 때는 초대 주베트남 한국군 사령관(1965~69년)으로 전쟁을 총지휘했다. 박정희 대통령의 최측근으로 5.16군사정변에도 가담했으나 유신헌법에 반대하면서 1972년 예편했다. 전역 후에는 주로 외교관으로 활동했다. 2013년 사망하면서 남긴 '파월 장병 곁에 묻어 달라'는 유언에 따라 (장성임에도) 국립현

충원 일반병사 묘역에 안장되었다.

240
리영희

1929~2010. 평북 운산 출생. 언론인·교수·사회운동가. 1957년 합동통신 기자로 언론인 생활을 시작했다. 언론사 재직 중 월남 파병, 군부독재, 학원탄압 등에 반대하다 구속, 해고, 해직 등의 고초를 겪었다. 한양대 교수 재임 시절, 유신체제를 비판한 저서 <전환시대의 논리>(1974)가 반향을 일으키며 명성을 얻었다. 다수의 사회비평서 출간과 인권운동 참여로 수차례 구속되고 옥고를 치렀으며, 진보적 지식인들과 대학생들 사이에서 '사상의 은사'이자 '실천하는 지성'으로 여겨졌다.

266
68혁명

1968년 5월 프랑스에서 일어난 사회변혁운동이다. '5월 혁명'이라고도 한다. 미국의 베트남 침공에 항의해 '아메리칸 익스프레스'의 파리사무소를 습격한 대학생들이 체포되자 이들의 석방을 요구하는 학생들의 시위가 이어졌다. 여기에 프랑스 전역에서 1천만 명이 참가한 총파업이 겹치면서 권위주의와 보수체제 등 기존질서에 저항하는 운동으로 확산되었다. 학생, 노동자, 공무원, 지식인, 예술가 등 다양한 계층이 참여하며 점차 사회문화혁명의 성격을 띠게 되었다. 혁명은 서유럽과 동유럽, 아시아 등 국경을 넘어 널리 퍼졌으며 특히 미국에서는 베트남전쟁에 반대하는 반전운동의 성격이 강했다.

274
칼(KAL) 빌딩
방화사건

1971년 9월 15일 한진상사 소속 파월기술자 4백여 명이 체불임금 지불을 요구하며 KAL빌딩을 점거, 방화한 사건을 말한다. 1966년 한진상사는 주 60시간 근무, 임금 월 340달러(숙식비 100달러 별도)의 계약조건으로 베트남에서 근무할 기술자들을 고용했다. 이들 파월 기술자들은 회사 측이 연장노동을 시키고 임금을 체불(체불임금 149억 원)하는 등 근로계약을 위반하자 소송을 제기하는 등 투쟁에 나섰으나 실효를 거두지 못하였다. 이들이 한진상사 본사가 있는 KAL빌딩을 점거하고 시위를 벌이자 당국은 강경대응에 나섰다. 시위대는 경찰에 의해 강제 해산되었고, 근로자 66명이 구속되었다.

참고자료

강준만, <한국 현대사 산책 1950년대편> (인물과사상사, 2009)
강준만, <한국 현대사 산책 1960년대편> (인물과사상사, 2009)
강준만, <한국 현대사 산책 1970년대편> (인물과사상사, 2009)
고경태, <1968년 2월 12일 베트남 퐁니·퐁넛 학살 그리고 세계> (한겨레출판사, 2015)
국방부 군사편찬연구소, <통계로 본 베트남전쟁과 한국군> (2007)
김대중, <나의 삶 나의 길> (산하, 1997)
김대중, <역사와 함께 시대와 함께: 김대중 자서전1> (인동, 1999)
김진선, <산 자의 전쟁 죽은 자의 전쟁> (중앙M&B, 2000)
김현아, <전쟁의 기억 기억의 전쟁> (책갈피, 2002)
박태균, <베트남전쟁> (한겨레출판사, 2015)
송건호, <한국현대언론사> (삼민사, 1990)
오준호, <반란의 세계사> (미지북스, 2011)
윤충로, <베트남전쟁과 한국 사회사> (푸른역사, 2015)
이규봉, <미안해요 베트남: 한국군의 베트남 민간인 학살 현장을 가다> (푸른역사, 2011)
채명신, <채명신 회고록-베트남전쟁과 나> (팔복원, 2013)
한홍구, <대한민국사1: 단군에서 김두한까지> (한겨레신문사, 2003)
해위학술연구원, <윤보선과 1960년대 한국 정치> (한국학중앙연구원출판부, 2015)
마이클 매클리어, 유경찬 옮김, <베트남 10,000일의 전쟁> (을유문화사, 2002년)
윌리엄 J. 듀이커, 정영목 옮김, <호치민 평전> (푸른숲, 2003년)
김정주, '1950~1960년대 한국의 자본축적과 국가기구의 전면화 과정', <동향과 전망 60>
(한국사회과학연구소, 2004)
김진선, '베트남전쟁의 승과 패' (국방부 군사편찬연구소, 2006)
박근호, '한국 경제에 미친 베트남 특수'
박태균, '1956~1964년 한국 경제개발계획의 성립과정', 서울대 국사학과 박사 논문 (2000)
유병용, '박정희정부와 한일협정'
정성진, '한국전쟁과 영구군비경제', 경상대학교 사회과학연구소 엮음, <한국전쟁과 한국자본주의> (한울아
카데미, 2000)
한홍구, '박정희 정권의 베트남 파병과 병영국가화' (역사비평, 2003)
'부끄러운 우리의 역사, 당신들에게 사과합니다!' (베트남전 진실위원회, 2000)
구수정, '떤장 마을 가는 길: 베트남에서 온 편지', <당대비평 9호> (생각의나무, 1999)
구수정, '베트남의 원혼을 기억하라' (한겨레21 273호, 1999)
구수정, '20세기 광기와 야만이 부른 베트남전 한국군 양민 학살' (한겨레21 297호, 2000)
오연호, '강간과 민간인 집단사살은 실제로 있었지만-청룡부대 2대대 6중대 1소대장 최우식 소위(당시 계
급) 인터뷰' (월간 말, 2000)
황상철, '엄청난 일들, 34년 만에 말한다: 베트남전 참전 중대장 김기태씨의 고백' (한겨레21 305호, 2000)
허문명 기자가 쓰는 '김지하와 그의 시대' <65>, (동아일보 2013.7.10.)
경향신문 기사 (1963.3.16. / 1965.7.1. / 1968.9.23.)
동아일보 기사 (1967.10.12.)

4장

박정희
정권 시기

글 **임영태**

고등학교 때부터 사회문제에 눈 떴고, 청년 시절에는 민주화·노동 운동에 관계했다. 지금은 한국 근현대사와 세계사, 인문·사회와 관련한 집필 활동에 주력하고 있다. (사)현대사연구소 연구위원으로 활동했다. 2005년부터 2010년까지 진실·화해를위한과거사정리위원회에서 일하며 공식 보고서 발간 작업을 총괄했다. 저술가로서의 목표는 많은 사람들에게 역사·사회의 진실을 전하는 것, 특히 젊은 세대가 쉽고 재미있게 읽을 수 있는 대중적인 역사·인문·사회 교양서를 만드는 것이다. 지은 책으로는 <희미한 옛 혁명의 그림자>, <스토리 세계사 1~10>, <두 개의 한국 현대사>, <산골대통령 한국을 지배하다>, <국민을 위한 권력은 없다>, <대한민국사 1945~2008>, <거꾸로 읽는 한국사>, <거꾸로 읽는 통일이야기>(공저), <북한 50년사 1,2>, <대한민국 50년사 1, 2>, <1980년대 한국 노동운동사>(공저) 등이 있다.

연표

1961   5.16군사정변
       중앙정보부 설치

1962   화폐 개혁

1963   5대 대통령 선거(박정희 당선)

1968   청와대 습격사건
       향토예비군, 주민등록증 도입

1969   박정희 3선 개헌

1970   새마을운동 시작

1972   7.4남북공동성명, 남북적십자회담
       유신 선포

1973   김대중 납치사건

1974   민청학련 사건

1975   장준하 의문사

1979   부마항쟁
       박정희 피살

박정희의
장기집권이 남긴 유산

4장을 열며

박정희는 대한민국 정부가 수립된 이래 지금까지 가장 오랫동안 대통령으로 있었다. 그는 5.16군사정변으로 장면의 민주당 정부를 무너뜨리고 권력을 장악한 뒤 중앙정보부장 김재규*의 총격으로 사망할 때까지 18년 동안이나 한국을 통치했다. 집권 기간이 길었던 만큼 한국 사회에 끼친 영향도 컸다. 한때 언론사에서 10년이나 5년 단위의 꺾어지는 해마다 '역대 대통령 가운데 누가 최고의 대통령이라고 생각하느냐'는 식의 설문조사를 할 때마다 박정희가 항상 1위를 차지했던 이유는 그의 집권 기간이 길었던 것과 관련이 깊다.

육친의 딸인 박근혜 대통령의 당선에도 '박정희의 후광'이 절대적이었다. 그래서 그런지는 몰라도 두 사람은 전혀 다른 시대 상황에도 불구하고 권력 행사 방식에서 유사한 점이 너무 많다. 왜 그럴까?

박정희는 쿠데타로 권력을 장악할 때까지 군인이었고, 집권 이후에도 군부를 권력 유지의 핵심 수단으로 삼았다. 박정희는 죽을 때까지 군대식 사고방식에서 벗어날 수 없었고, 그의 정치는 권위주의로 일관했다. 어려서부터 아버지를 옆에서 지켜보고 권력운용 방식을 따라 배운 박근혜는 다른 정치훈련을 받지 못한 상황에서 박정희의 통치 스타일을 그대로 물려받았다. 이른바 박정희의 '권력 DNA'를 물려받았다는 점도 무시할 수 없을 것이다. '콩 심은 데 콩 나고 팥 심은 데 팥 난다'고 하지 않던가.

인간의 행동은 경험과 체험 속에서 결정된다. 박근혜의 대통령 당선 직후, 새누리당 일각에서 "박근혜가 정치를 하는 건 아버지의 명예회복을 위해서다."라는 말이 흘러나왔다. 그러자 안병욱 가톨릭대학 교수는 "그게 박 당선인의 핵심 키워드다. 과거사 문제도 '박정희 명예 회복'이라는 기준에서 다룰 것이다. 그런 면에서 박근혜 정부는 이명박 정부보다 더 과거사와 관련해 적극적으로 나설 것이다. 다른 어느 때보다도 적극적으로 밀고 당기는 역사 전쟁, 투쟁이 전개될 것이다."라고 말했다(<프레시안>, 2013.1.10.).

아니나 다를까. 그런 예언은 그대로 적중했다. 한국사 교과서의 국정화를 시도함으로써 전 국민을 상대로 '역사 전쟁'을 벌인 것이다. 이는 결국 "박근혜 대통령의 머릿속에는 '아버지의 명예회복'밖에 없다."는 것을 의미한다. 자신은 그게 '아버지의 명예회복'이라고 생각할지 모르지만, 다른 사람들의 눈에는 일종의 '복수', '보복', '자기 나름대로의 원한에 대한 앙갚음'으로밖에 안 보였다.

그런데 이처럼 '비명에 간' 박정희의 명예회복을 정치의 중요 목표로 삼는 순간, 박근혜 정부는 박정희 정권의 '또 다른 연장'이 될 수밖에 없다. 이래저래 박정희는 여전히 한국 현대사에서 가장 논란이 되는 인물로 남아 있다. 더욱이 2017년은 박정희 탄생 100주년이 되는 해로서, 그에 대한 보다 냉엄한 평가가 필요한 시점이다.

지금까지 박정희에 대한 평가는 극과 극을 달리고 있다. 나라를 가난에서 구해낸 '훌륭한 정치지도자'로 기억하는 사람들이 있는가 하면, 인권을 유린하고 민주주의를 파괴한 '잔인한 독재자'로 기억하는 사람들이 있다. 사람마다 보는 시각에 따라 박정희에 대한 평가가 다른 것은 어쩔 수 없다.

그럼에도 우리가 박정희에 대한 평가를 하면서 유의해야 할 사실이 있다. 우리나라에는 아직도 박정희 지지자들이 강력한 정치·경제·사회적 영향력을 행사하고 있다는 점이다. 박정희가 통치한 18년 동안 큰 혜택과 음덕을 입은 사람들이 한국 사회의 핵심 권력집단을 형성하고 있다. 그들은 정치권력뿐만 아니라 경제와 언론 등 모든 분야에서 아직도 막강한 영향력을 자랑하고 있다. 더욱이 현직 대통령인 박근혜까지 전면에 나서서 아버지 박정희의 명예회복을 시도하는 판국이다. 그러니 한국 사회에서 박정희에 대한 공정한 평가가 이뤄지기를 기대하기는 쉽지 않다.

또한 우리는 역사 기록 가운데는 한 사회를 지배하고 장악한 권력집단, 즉 '승자들'의 시각으로 편집된 것들이 많다는 사실을 유의해야 한다. 따라서 우리는 역사를 볼 때 승자의 시각으로 포장된 기록 뒤에 숨어 있는 역사의 진실을 보려고 노력해야 한다. 그러자면 역사에 대한 비판적 안목이 요구된다. 박정희 시대를 살펴보는 데서도 이 같은 비판적 안목은 당연히 필요하다. 그러기 위해서는 '박정희 신화'의 근간이 되고 있는 경제적 성공의 빛과 그늘을 동시에 보는 것이 무엇보다 필요하다. 또한 경제의 성공을 이유로 민주주의와 인권 문제를 소홀히 하거나 간과하는 태도를 경계해야 한다.

'현재는 과거의 거울'이라는 말이 있다. 과거의 역사는 현재에 어떤 식으로든 투영되기 마련이다. 역사는 단지 지나간 시대의 옛 이야기가 아니라 현재와 직접적으로 연결되어 있다. 역사를 현재성의 관점에서 바라보아야 하는 이유이다. 그런 점에서 박정희의 시대와 박근혜가 어떻게 연결되어 있는지를 살펴보는 것도 중요하다.

01 박근혜 정부의 굴욕적인 '위안부' 협상

2016년 1월 6일 정오 주한 일본대사관 앞, 일본군 '위안부' 문제 해결을 위한 수요집회가 열렸다. 1992년 1월 8일 첫 집회 이후 24주년을 맞아서 치러진 1,212회째 수요집회였다. 한겨울 소한 추위의 기세가 드셌지만 이날 집회는 1,500명의 시민들이 참석할 정도로 어느 때보다 성황을 이뤘다. 이날 세계 41개 지역에서 동시다발로 <일본군 '위안부' 문제 정의로운 해결 세계행동>이란 이름으로 연대집회가 개최되었다.

일본군 '위안부' 문제가 한일 양국 사이에 중요문제로 등장한 것은 1990년대였다. 그 이전까지 일본군 '위안부'의 실체가 제대로 드러나지 않았으나 1991년 8월 14일 김학순 할머니의 최초 증언 이후, 시민단체의 노력과 일본인 관련자들의 증언, 학자들의 연구 발표 등으로 전모가 밝혀지기 시작했다.

1992년 1월, 일본 주오대학의 요시미 요시아키 교수는 일본 방위연구소 도서관에서 일본군이 '위안부' 제도를 만드는 데 깊숙이 개입했음을 밝힌 일본의 공식문서를 최초로 발굴, 공개했다. 이 문서 발굴로 '위안부 모집의 강제성'과 '일본군(정부)의 조직적 관여'를 부정할 수 없게 되었다. 대내외의 강력한 압박에 직면한 일본 정부는 결국 1993년 '고노 담화'를 발표하기에 이르렀다.

수요집회는 1992년 1월 8일 미야자와 기이치 일본 수상의 한국 방문을 앞두고 처음 시작되었다. 이때 시작한 수요집회가 이렇게 오랫동안 계속된 데는 기본적으로 일본 정부의 잘못된 역사인식과 무성의한 태도가 크게 작용했지만, 한국 정부의 미진한 외교 노력도 영향을 미쳤다. 특히 2016년 1월 6일의 1,212회째 수요집회가 이처럼 많은 관심을 끌게 된 것은 박근혜 정부의 굴욕적인 '위안부' 협상 때문이었다.

2015년 12월 28일 한국과 일본 양국 외교장관은 기자회견을 열어 그동안 두 나라 사이에 갈등을 일으켜 온 일본군 '위안부' 문제에 합의했다고 발표했다. 이날 기자회견에서 기시다 일본 외무상은 "'위안부' 문제는 당시 군의 관여 하에 다수 여성의 명예와 존엄에 깊은 상처를 준 문제로, 일본 정부는 책임을 통감한다."고 밝혔다. 또 그는 "아베 내각총리대신은 일본국 내각총리대신으로서 마음으로부터의 사죄와 반성의 마음을 표명한다."고 말했다. 이와 함께 한일 두 나라는 '위안부' 피해자 지원을 위한 재단을 한국 정부가 설립하고, 일본이 10억 엔(약 100억 원)을 출연하기로 했다.

그러나 양국 정부의 합의 내용에 대해 피해 당사자인 '위안부' 할

주한 일본대사관 앞에서 항의하는 '위안부' 할머니와 시민들(2011년) [사진: Claire Solery]

머니를 비롯하여 시민단체, 학계, 야당 등에서 강하게 반발했다. 학생과 시민단체에서는 일본대사관 앞의 소녀상을 지키기 위해 밤샘농성을 시작했으며, 1월 6일에는 세계 41개 지역에서 동시다발 집회를 개최하며 한일 협상 무효를 선언했다. 12.28일 합의에 대해 두 나라 정부는 '최종적·불가역적(되돌릴 수 없는) 해결'이라고 선언했다. 한국 정부는 '역대 어느 정부도 하지 못했던 외교적 성과'라며 자화자찬했지만 여론은 싸늘했다.

12월 29일 한일 양국의 협상 내용을 설명하기 위해 한국정신대문제대책협의회(정대협) 쉼터를 방문한 외교부 제1차관에게 이용수 할머니가 호통을 쳤다. "왜 우리를 두 번 죽이러 왔느냐?", "회담하기 전에 먼저 피해자들을 만나고 (회담을) 한다고 얘기해줘야 할 것 아니냐? 도대체 어느 나라 외교부냐?"며 항의했다. 김복동 할머니는 "우리가 돈 받으려고 하는 게 아니라 국가가 잘못한 것을 법적으로 사죄하라는 것"이라며 비판했다.

정대협·나눔의 집 등 6개 관련단체는 반박성명을 내고 "국민들의 바람을 철저히 배신한 외교적 담합"이라며 비판했다. 기독교와 천주교를 비롯하여 시민단체, 역사학자, 전직 관리도 비판 대열에 가세했다. 전직 고위 외교 관리는 "이 합의는 박근혜 정부의 무능한 외교가 빚어낸 외교적 재앙"이라며 "향후 한일관계는 물론 외교 전반에 커다란 악영향을 줄 것"이라고 비판했다. 그는 "이 합의를 그대로 두고서는 대한민국 외교가 견딜 수 없다. '위안부' 피해자뿐만 아니라 국가 존엄을 위해서도 반드시 파기해야 한다."라고 말했다(<경향신문>, 2016.1.4.).

02 '위안부' 졸속 합의의 배후는 미국

일본 내 일본군 '위안부' 연구의 1인자로 꼽히는 요시미 요시아키 주오대 교수도 "이번 합의는 백지로 돌려 다시 한 번 생각해야 한다."며 비판했다. 그는 "이 합의는 피해자들이 도저히 받아들일 수 있는 내용이 아니기 때문"이며, "이번 합의가 실행 과정에 들어간다 해도 피해자들이 받아들이지 않는다. 이번 합의로 문제가 해결될 수 없음을 뜻하는 것"이라고 말했다.

요시미 교수는 "'위안부' 제도를 만든 책임의 주체가 누구인지 여전히 애매한데다, 1993년 고노 담화 때와 달리 '재발 방지' 조처에 대해선 아무것도 약속하지 않았다. 예전보다 오히려 후퇴한 것"이라고 비판했다. 그는 '일본군의 관여 하에'가 아니라 '일본군'이라고 주체를 명확히 해야 한다고 말했다(<한겨레>, 2016.1.9.).

박근혜 정부의 '위안부' 합의에 대해서 '위안부' 문제를 해결한 것이 아니라 '땅에 파묻어 버린 행위였다'는 비판이 대세를 이뤘다. 왜 그럴까?

먼저, '위안부' 문제를 해결하기 위해서 가장 중요한 것은 일본 정부의 법적 책임 인정과 진심어린 사죄, 그리고 피해 배상이다. 그러나 일본 정부는 법적 책임과 배상을 분명하게 약속하지 않았다. 한국은 일본이 법적 책임을 인정하고 배상을 했다는 '확실한 근거'가 필요하지만 한국 정부가 '위안부' 피해자를 위한 재단을 설립하고 일본이 10억 엔을 낸다는 합의에서 배상의 의미는 전혀 찾을 수 없다. 실제로 일본 정부는 10억 엔은 피해 배상금이 아니라 위로금이라고 주장하고 있다. 이는 50년 전 한일국교 정상화 회담에서 받은 3억 엔을 두고 한국 정부가 청구권 자금(일제의 식민지 지배에 대한 피해 배상금)이라고 주장한 반면, 일본 정부는 '독립 축하금', '경제협력자금'이라고 주장한 것과 너무나 닮았다.

다음으로, '위안부' 문제와 같은 반인도적 전쟁범죄 행위는 특정국가의 법적 테두리를 넘어서는 인류보편의 가치를 담은 국제인권법에 의해 다루어져야 한다. 반인도적 범죄행위에 대한 청산은 진실을 밝히는 것이 출발점이며, 명확한 진실규명을 바탕으로 용서와 화해가 가능하다. 하지만 양국 정부는 진실을 규명하지도 못했고, 진정한 용서와 화해도 없는 상태에서 종료를 선언했다. 이는 전쟁범죄를 추궁할 수 있는 길을 막아버린 행위이다.

한국 정부가 주한 일본대사관 앞에 설치된 '평화의 소녀상'에 대해 "관련단체와 협의해 적절히 해결되도록 노력한다."고 합의한 것도 문제다. 소녀상은 '위안부' 피해자들의 고통을 잊지 않고 영원히 기억하기 위해 민간 차원에서 설치한 것이다. 따라서 정부 간 합의에서 소녀상을 언급한 것 자체가 적절하지 않다.

박근혜 정부는 '위안부' 문제와 관련, 줄곧 '피해자와 국민이 납득할 수 있는 해결책'을 원칙으로 내세웠다. 그러나 이 합의를 두고 '위안부' 피해자들은 수용할 수 없다고 거부했고, 국민 여론도 합의에 반대하는 쪽이 훨씬 높았다. 그럼에도 정부가 피해자들의 목소리는 외면한 채 합의를 강행한 것은 결국 이 합의가 피해자를 위한 것이 아니라는 것을 말해준다. 이는 곧 정치적 필요에 따른 '야합'에 불과하다.

그런데 그 정치적 야합의 배후에는 미국이 있다. 미국은 한·일 두 나라에 '위안부' 문제에 합의하도록 계속적으로 압력을 행사했다. 그리고 한국 정부는 미국의 압력을 견디지 못하고 떠밀려서 졸속협상을 하고 말았다. 미국이 '위안부' 문제 해결에 많은 관심을 갖고 영향력을 행사한 데는 당연히 이유가 있다.

미국의 입장에서는 동아시아에서 강국으로 부상하고 있는 중국을 견제하기 위해 미·일 동맹 강화가 무엇보다 절실하다. 미국이 이라크 전쟁으로 중동에서 진을 빼고 있는 사이 중국이 너무 급성장하는 바람에 동아시아에서 힘의 균형이 깨지고 말았다. 이에 미국은 일본을 앞세워 중국 견제에 나서고 있는 것이다. '아시아 회귀전략' 또는 '아시아 재균형 전략'이라는 것이다.

그런데 한국과 일본이 '위안부' 문제를 비롯한 과거사 때문에 갈등 관계에 놓이는 바람에 동아시아에서 미국의 전략에 차질이 생기고 말았다. 이에 미국은 한국에 '위안부' 문제 등 과거사를 해결하라고 계속 압박을 가했고, 박근혜 정부는 미국의 압력에 굴복해 일본과 '굴욕적 합의'를 하고 말았던 것이다.

03 50년 전의 밀실합의 닮은 판박이

박근혜 정부의 '위안부' 협상은 50년 전 박정희의 한일 국교 정상화 회담과 너무나 판박이처럼 닮아 있다. 한국의 경제 개발 자금 요구와 일본의 한국 경제 진출 필요성이 바탕에 놓인 가운데 미국의 강력한 지원과 압박 속에서 성사된 박정희의 한일 회담은 박근혜의 위안부 협상의 선구자 격이라 할 만하다.

1960년대 미국은 동아시아에서 한국과 일본을 묶어 소련·중국 등 공산권을 포위하는, 지역 차원의 강력한 반공 동맹을 구축하려 했다. 그런데 그걸 위해서는 한국과 일본의 국교 정상화가 절대적으로 필요했다. 또한 미국은 공산주의의 위협으로부터 한국을 지켜내기 위해선 경제발전이 관건이라고 판단했는데, 한일 국교 정상화를 통해 한국의 경제 개발에 필요한 자금 지원을 일본에 떠넘기고 싶었다. 미국은 달러 약세가 계속되면서 한국과 같은 개발도상국의 경제 개발 자금을 지원할 여력이 없었다. 베트남전쟁이 확대되면서 미국의 한국 지원은 근본적인 한계에 부딪쳤다. 반면, 일본은 한국전쟁 특수를 바탕으로 1950년대 고도성장을 이루면서 세계의 경제 대국으로 발돋움했고, 자금이 풍부했다.

한일 회담을 통해 한국은 일본으로부터 경제개발 자금을 확보할 수 있었고, 일본 자본은 한국 진출에 성공했으며, 미국은 한·미·일 세 나라의 반공동맹을 강화할 수 있었다. 이처럼 한일 국교 정상화는 세 나라 정부의 이해관계가 맞아떨어지는 일석삼조의 효과가 있었다. 이승만·장면 정부는 국민들의 반일 감정 때문에 한일 회담에 적극적으로 나서지 못했으나 박정희 정권은 군사작전 하듯이 강력하게 밀어붙여 성공시켰다.

한일 국교 회담은 공식 회담보다 밀실 협상이 중요한 역할을 했다. 5.16군사정변 직후부터 양국은 외무장관 회담을 개최하며 한일 회담을 시작했으나 제대로 진척되지 않았다. 그러자 당시 군정 2인자였던 김종필 중앙정보부장이 직접 비밀 교섭에 나섰다. 1962년 11월 12일 김종필 중앙정보부장은 오히라 마사요시 일본 외무상과의 2차 회담에서 '김종필-오히라 메모'로 불리는 비밀 합의에 도달했다. 한국이 청구권을 포기하는 대신, 일본이 무상 원조 3억 달러, 유상 원조 (재정차관) 2억 달러, 민간 상업차관 1억 달러 등을 제공하기로 합의한 것이다.

'청구권'이란 일본의 식민지 지배에 대한 배상과 보상을 청구할 수 있는 권리를 뜻한다. 이는 일본의 식민지 지배로 피해를 본 한국 정부와 민간인들이 일본 정부와 기업 등을 상대로 배상과 보상을 요구할 수 있는 권리이며, 한일 회담에서 가장 중요한 핵심 문제였다.

그러나 김종필-오히라 메모는 일본이 한국에 제공하는 자금의 구체적인 명목은 한 마디도 언급하지 않은 채, 일본 정부가 한국 정부에 제공할 자금만 통째로 합의하고 말았다. 그런 모호한 비밀협상 때문에 일본 정부의 자의적 해석을 가능하게 만들었다. 나중에 한국 정부는 이 돈을 '청구권(배상권) 자금'이라고 했지만, 일본 정부는 '경제협력 자금' 혹은 '독립 축하금'이라고 주장했다. 한 마디로 식민지 지배에 대한 사과나 배상을 하지 않겠다는 오만방자한 태도인 것이다.

김종필-오히라 비밀협상을 통해 사실상 한일 회담의 핵심 의제가 타결되면서 협상의 주도권은 일본에 넘어갔다. 일본은 과거 자신들이 저지른 전쟁범죄에 대한 명확한 사죄와 반성을 할 필요도 없게 되었고, 오히려 다급해진 쪽은 경제 개발 자금이 필요한 한국이었다. 일본은 협상에서 여유를 부렸고, 돈이 급했던 한국 정부는 쫓기듯 협상을 마무리 지었다.

박정희 정권의 굴욕적인 한일 협상은 일본의 전쟁 범죄 행위를 덮어버렸을 뿐만 아니라 후에(1990년대부터) 본격적으로 문제가 된 '위안부'를 비롯하여, 징용 노동자, 징집 군인 등 일제 강점기 민간인 피해자들의 일본 정부와 민간기업에 대한 배·보상 청구의 길까지 막아버렸다. 민간인 피해 몫까지 챙긴 정부는 피해자에 대한 보상에 대해서는 일언반구도 언급하지 않은 채 오랫동안 책임을 방기했다. 그러다가 노무현 정부에서 뒤늦게야 '대일항쟁기 강제동원 피해조사 및 국외강제동원 희생자 등 지원위원회'를 통해, 민간인의 피해 보상에 나선다.

04 부메랑이 되어
돌아온 굴욕 협상

그런데 김종필-오히라 메모의 내용이 언론에 폭로되면서 굴욕적인 한일 회담 반대 운동이 대대적으로 전개되었다. 1964년 3월 22일 장준하 등이 연사로 나선 서울 장충단공원 집회에는 무려 70만 명의 군중이 몰려들어 한일 회담 반대 열기를 실감케 했다. 3월 24일 서울 시내 대학생들이 일제히 가두시위에 돌입했고, '민족 반역적인 한일 회담의 중지', '동경 체제 정상배 김종필 즉시 귀국', '평화선 사수' 등을 외쳤다. 이후 서울, 부산, 광주, 대전 등지에서 반대 시위가 일어났고, 고등학생들까지 시위에 가담했다. 고등학생들의 시위는 마치 4.19혁명을 연상시킬 지경이었다.

조선대학교 학생들의 한일 회담 반대시위(1964년) [사진: 조선대학교 홍보팀]

　　4월과 5월 내내 시위가 계속되자 미국도 박정희 정권의 위기를 걱정하게 되었다. 6월 2일 서울 시내에서 학생 3천여 명의 가두시위가 벌어졌다. 이때 회담의 배후인 미국을 비판하는 목소리가 곳곳에서 터져 나왔다. 6월 3일에는 전국적으로 10만여 명의 학생과 시민들이 시위에 참가했다. 김종필의 화형식이 거행되고, ROTC 후보생들까지 시위에 가담했다. 6월 3일 오후 4시경 경찰차와 트럭을 탈취한 시위대는 세종로와 태평로 거리를 장악했다. 서울시내 파출소들이 시위대의 투석으로 박살이 났다. 시위대는 청와대 앞 최후 저지선까지 위협했다.

경찰력만으로 더 이상 상황을 감당할 수 없게 된 박 정권은 마침내 군대를 동원했다. 정세를 관망하던 미국은 박정희의 군대 동원을 승인했다. 그냥 두어서는 박정희 정권이 무너질 수 있다고 판단한 것이다. 6월 3일 밤 9시 40분을 기해 서울 일원에 비상계엄이 선포되었다. 군대가 동원되면서 마구잡이 폭력 진압이 시작되었다. 6월 3일의 계엄령 발동으로 한일 회담 반대 시위는 소강상태에 접어들었다.

1965년 1월 한동안 중단되었던 한일 회담이 다시 속개되었다. 그런데 이때 일본 측 수석대표 다카스키 신이치의 '망언'이 터졌다. 다카스키가 "일본의 조선 통치는 좋은 것이었다. 일본이 20년만 더 통치했더라면 오늘날의 한국은 훨씬 더 발전된 나라가 되었을 것이다."라고 발언한 것이다. 그런데도 박 정권은 이를 문제 삼지 않고 회담을 진행했다.

한일 양국은 '김종필-오히라 메모'에 기초해 최종적으로 무상 원조 3억 달러, 유상 원조(재정차관) 2억 달러, 민간 상업차관 1억 달러에 합의를 보았다. 마지막 걸림돌이었던 독도 영유권 문제는 한국이 물러섰다. 조약문에 한국의 영토임을 명문화하지 않음으로써 일본이 국제사법재판소에 제소할 수 있는 근거를 마련해주고 말았다. 일본군 '위안부'와 징용자·징병자 문제도 더 이상 거론하지 않고 넘어갔다.

조약 체결 과정에서 일본의 식민지 지배에 대한 사과도 없었고,

일제에 의한 국권 피탈이 원천 무효라는 점도 확인하지 못했다. 이 협정으로 이승만 정권이 그은 평화선은 철폐되었다. 재일 교포의 법적 지위와 영주권 문제도 일본 정부의 임의적 처분에 맡겨지게 되었다. 일제가 35년간 불법으로 강탈해간 모든 한국 문화재를 일본의 소유물로 인정해버렸다. 정신대·사할린 교포·원폭 피해자 등의 문제는 아예 거론조차 하지 못했다(정신대는 일제가 여성의 근로 착취를 목적으로 조직한 것으로, 일본군 '위안부' 문제의 본질이 정확히 밝혀지지 않은 상태에서 한때 혼동하여 사용하기도 했으나 '위안부'와는 명백히 다르다).

박정희 정권은 학생과 시민, 재야, 학계, 예비역 장성 등 각계의 반대에도 불구하고 일사천리로 한일 회담을 밀어붙였다. 1965년 2월 19일 한일기본조약이 가조인 되었고, 6월 22일 동경에서 한일협정은 정식으로 조인되었다. 8월 14일에는 국회에서 여당 의원만으로 한일협정 비준동의안을 처리함으로써 마무리했다.

한일 회담에 대해서는 보는 입장에 따라 견해가 다를 수 있지만, 기본적으로 청구권 자금(일본은 그런 명목조차 인정하지 않았지만)으로 3억 달러 플러스알파로 끝낸 것은 너무했다는 데 대부분 동의하고 있다. 한국이 너무 조급하게 서둘지 않고 분명한 원칙을 세워서 협상에 임했다면 그렇게 굴욕적인 협정을 맺지 않았을 것은 분명하다. 일본도 한국에 경제적으로 진출하는 것은 무시할 수 없는 큰 매력이었다. 미국의 압박이 거셌고 경제 개발 자금 확보가 시급했지만 일본과의 국교 정상화는 '돈 문제'로만 처리될 수는 없는 일이었다.

일본의 침략과 전쟁 범죄 행위, 식민지 지배에 대한 분명한 사죄와 책임 있는 배·보상, 그리고 재발 방지를 위한 역사 교육 등이 무엇보다 중요한 일이다. 하지만 박정희 정권은 그러한 역사 인식이 부재했다. 불법적인 군사 쿠데타로 권력을 탈취한 박정희 정권으로서는 경제 개발을 통한 정권의 정통성 확보가 무엇보다 시급했고, 거기에 필요한(일본으로부터 받을) 돈만 계산했다. 그러다 보니 조급하게 덤비다가 일본의 계략에 말려들어 그처럼 굴욕적인 협상을 하고 말았다. 그 후과(後果)는 50년 뒤까지도 부메랑이 되어 돌아오고 있다.

05 5.16군사정변으로 권력을 탈취한 박정희

박정희는 5.16군사정변을 통해 합법적인 정부를 뒤집어엎고 정권을 탈취했다. 박정희는 무슨 목적으로 5.16을 일으켰던 것일까? 과연 5.16은 단순한, 권력 탈취를 위한 군사정변인가? 아니면 그들의 주장처럼 세상을 바꾸기 위한 '혁명'인가? 그걸 알기 위해서는 박정희의 정신세계와 사고방식을 살펴볼 필요가 있다.

박정희는 일제 강점기인 1917년 경상북도 선산군 구미면에서 가난한 농부의 8남매 중 막내로 태어났다. 박정희는 대구사범학교를 졸업한 뒤 보통학교 교사가 되었지만 그것은 그가 꿈꾸던 길이 아니었다. 영웅 숭배 경향이 높고 권력 욕구가 강했던 박정희는 평소 나폴레옹을 숭배했다. 박정희는 군인들이 권력의 상징으로 여겨지던 식민지 상황에서 '긴 칼을 차고 싶어서' 안달이 나 있었다. 그는 결국 교사를 때려치운 뒤 일본군 장교가 되는 길을 선택했다.

1942년 일제의 꼭두각시 만주국의 육군군관학교(신경군관학교)를 우수한 성적으로 졸업한 박정희는 일본 육군사관학교에 편입하는 특전을 부여받았다. 그는 1944년 4월 전체 3등의 성적으로 일본 육사(57기)를 졸업했다. 그는 일본 육사 시절 조선인의 흔적을 지우기 위해 다각도로 노력했고, 일본의 충직한 황군 장교로 인정받았다. 1944년 7월 일제 지배 하의 만주군 소위로 부임한 박정희는 1945년 8월 15일 '다카키 마사오'(高木正雄) 중위로 일본의 패전을 맞았다(일부에서는 박정희가 일본식 이름인 오카모토 미노루(岡本實)로 창씨개명했다고 주장하는데 확인되지는 않는다).

박정희의 혈서를 다룬 기사
(1939년 3월 31일자 만주신문)

　일제의 항복 후 중국 국민당군(軍)에 무장 해제를 당한 박정희
는 1946년 5월 미군 수송선을 타고 부산으로 돌아왔다. 그해 9월 박
정희는 조선경비사관학교(육군사관학교의 전신) 2기생으로 입학했
고, 12월에 소위로 임관했다. 박정희는 9개월 만에 대위로 승진했고,
1948년 8월 1일에는 소령으로 진급했다. 그의 앞길은 탄탄대로처럼
보였다. 당시 군부는 일본군과 만주군 출신이 요직을 차지하고 있었
고, 그들은 박정희의 선후배였다.

　하지만 박정희 앞에 시련이 기다리고 있었다. 박정희는 1948년
10월 여순사건 뒤 군부 숙정 과정에서 남로당 관련 혐의로 구속되었
고, 1949년 2월 무기형을 선고받았다. 하지만 그는 만주 육군군관학

교 선배인 백선엽 중령(당시 육군 정보국장)과 동기인 김안일 소령(당시 육군 방첩대장) 등의 구명운동에 힘입어 감형, 석방되었다.

이때 박정희는 남로당 군사부 책임자 이재복 밑에서 남로당원으로 활동했으나 정보기관에 체포된 뒤 관련 인물들의 정보를 제공함으로써 풀려날 수 있었다. 그 뒤 박정희는 육군본부에서 정보문관으로 근무하다가 1950년 7월 한국전쟁 직후 육군 정보국 전투정보과장으로 현역에 복귀했다. 그리고 제5사단장, 제7사단장을 거쳐 부산군수기지사령관, 육군본부 작전참모부장을 지냈고, 1961년 5.16 당시에는 제2군 부사령관으로 근무했다.

그러나 박정희는 1950년부터 1961년까지 11년 사이에 약 25차례나 보직이 바뀌는 등 핵심 요직에서 밀려나며 군부의 아웃사이더로 겉돌아야 했다. 그는 승진 심사 때마다 과거 경력이 문제가 되어 탈락하곤 했다. 이승만 정권 당시 양대 군맥이었던 서북파(평안도·황해도 인맥)와 동북파(함경도 인맥)의 어디에도 속하지 않았던 것도 중요한 원인이었다. 이때 박정희는 파벌이 지배하는 군부와 부패한 정치권에 깊은 반감을 갖게 되며, 이는 5.16을 일으킨 한 원인으로 작용했다.

박정희가 5.16을 일으킨 데는 그의 출생과 성장, 특히 만주 육군군관학교와 일본 육사, 그리고 만주군의 경험과 그곳에서 형성된 정신세계가 크게 영향을 미쳤다.

박정희는 가난한 농부의 아들로 태어나 배고픔의 고통을 체험했다. 권력을 장악한 뒤 박정희는 종종 "가난은 나의 스승이자 은인이다. 그러기 때문에 본인의 24시간은 이 스승, 이 은인과 관련 있는 일에서 떠날 수가 없다."라고 말하곤 했다. 박정희가 경제 개발 계획을 강력하게 밀어붙인 배경에는 어릴 때의 경험이 크게 작용했다.

5.16을 일으킨 동기는 그것만은 아니었다. 박정희는 만주군 장교 시절 일본 명치유신 시기 우국지사들의 천황주의 국가관과 1930년대 2.26쿠데타를 일으킨 일본군 청년 장교들의 극우적 군국주의 사상에 깊이 매료되어 있었다. 평생 동안 박정희의 정신세계에는 일본군의 황군 정신이 강하게 자리 잡고 있었다(이상우, <박정권 18년 그 권력의 내막>).

일본의 국가주의, 군국주의 정신세계에 깊이 빠져 있던 박정희에게는 4.19혁명 이후 거세게 몰아친 자유의 물결이 혼란으로만 비춰졌다. 박정희는 1930년대 일본군 청년 장교들처럼 일사불란하게 움직이는, 병영처럼 조직된 사회를 꿈꾸었다. 박정희는 무력을 동원해서 권력을 장악하기로 마음먹었고, 입버릇처럼 되뇌었던 것같이 '목숨을 걸고' 5.16을 감행하여 권력을 탈취했다.

박정희는 자유당과 민주당 등 민간 정치인들의 정치 행태에 대해서도 남다른 비판 의식을 갖고 있었다. 박정희의 눈에 그들은 부잣집에서 태어나 고생 한번 하지 않고 평탄하게 살아온, 샌님 같은 존재들로 보였다. 박정희는, 그들은 한국의 빈곤 문제를 해결할 수 없다고, 가난을 해결하고 부패를 척결하고 국가 안보를 지키기 위해서는 '군인들이 나서야' 된다고 생각했다.

박정희가 5.16군사정변을 일으킨 데는 군 인사에서의 소외, 진급 지체 등 개인적인 불만과 군의 파벌 및 부정·비리에 대한 반감, 장면 정권에 대한 비판 의식 등이 함께 작용했고, 그 바탕에는 만주군 시절의 경험과 군국주의적 세계관이 자리 잡고 있었다. 따라서 이른바 5.16군사정변의 주체들이 내세우는 '국가와 나라를 위기에서 구하기 위해서'라는 주장은 상당 부분 '언어적 수사(修辭)'에 지나지 않는다. 설령 그들의 의도를 선의로 해석한다 하더라도, 5.16이 합법적인 민주정부를 전복하고 무력으로 권력을 탈취한 불법적인 군사 쿠데타라는 사실에서는 벗어날 수 없다.

06 5.16은 민주주의를 파괴한 반혁명

　박정희와 함께 살펴보아야 할 또 한 사람은 '5.16의 기획자'로 자타가 인정하는 김종필이다. 김종필은 1926년 충청남도 부여의 한 농촌에서 태어났다. 그는 서울대학교 사범대학에 입학했으나 '국대안 반대투쟁'에 연루되어 수배자 신세가 되었다. '국대안 반대투쟁'이란, 서울과 경기도 일원에 산재해 있던 국립 단과대학들을 하나로 묶어 국립종합대학으로 설립하는 방안에 반대하여 벌어진 투쟁을 말한다. 학생과 교수들은 이 방안을 미군이 교육을 일사불란하게 통제하기 위한 조치로 보고 강력히 반대했지만, 결국 미군정에 의해 국립서울대학교가 만들어졌다.

　당시 그는 경찰의 추적을 피해 2년 만에 대학을 중퇴하고 1948년 육군사관학교 8기생으로 들어갔다. 당시에는 사회운동을 하다가 경찰의 수배를 피해 군으로 도피하는 사람들이 상당수 있었다.

　김종필은 1949년 6월 소위로 임관해 육군 정보국에 배치되었다. 1952년에는 소령이 되어 박정희와 함께 근무했다. 김종필은 정보 계통에 근무했기에 야전부대 장교들과는 달리 시간과 활동에서 제약을 덜 받았고, 동기생들과도 긴밀하게 접촉할 수 있었다. 그는 고급 장교

중앙정보부장 재직 무렵의
김종필(1962년)

군사정변 후 중앙청 앞에서 포고하는
군사혁명위원회 위원장 장도영과 부위원장 박정희(1961년 5월 20일)

들의 인사 기록을 접할 수 있는 기회가 많았고, 그 때문에 고위 장교의 성장 과정이나 군사적 자질을 잘 알 수 있었다.

김종필은 비교적 국제 정세의 흐름에도 민감했다. 1950년대 제3 세계 국가들에서는 이집트의 나세르를 비롯하여 파키스탄, 터키, 과테말라, 태국 등에서 군부가 쿠데타를 일으켜 정권을 장악했다. 김종필은 이들 군부 쿠데타를 면밀하게 검토했고, 특히 나세르의 권력 장악 과정에 주목했다. 박정희도 <국가와 혁명과 나>라는 책에서 자신의 롤 모델이 터키의 케말 파샤와 이집트의 나세르라고 주장했다.

김종필은 이런 자신의 경력을 바탕으로 동기들을 규합하고, 박정희를 지도자로 한 군부 쿠데타를 기획했다. 그는 이승만 정권 붕괴 후에는 '정군 운동'과 '하극상 사건'을 주도했지만, 장면 정부는 이들 청년 장교들의 요구를 받아들이지 않았다. 그러나 엄밀하게 말하면 김종필 등 8기생들의 군사 쿠데타 모의가 이른바 '혁명 대의'에서 나온 것은 아니었다.

장도영 육군참모총장은 김종필보다 세 살이 많았고, 박정희보다는 여섯 살이나 적었다. 군사영어학교 출신의 장도영은 육군 중장 계급장을 달고서 참모총장이 되었으나 김종필은 겨우 중령에 불과했다. 그의 동기인 육사 8기생들은 대부분 비슷한 처지에 있었으니 인사적체에 대한 불만이 클 수밖에 없었다. 그런데다가 군부 최상층은 대부분 군내 파벌과 관련되어 있었고 썩을 대로 썩어 있었다. 청년 장교들의 불만이 클 수밖에 없었다. 이들이 5.16을 일으킨 가장 주된 현실적 요인이었다.

박정희와 김종필로 대표되는 핵심 인물들의 행적과 사고를 중심으로 5.16의 동기와 원인을 살펴볼 때, 5.16은 명확한 이념과 전망을 가지고 이루어진 것은 아니었다. 그 때문에 그들은 이른바 '군사혁명 공약'의 제1항을 미국의 입맛에 맞추기 위해 '반공을 제1의 국시로 삼아 반공체제를 강화한다'는 것으로 내세울 수밖에 없었다. 5.16 세력은 결국 쿠데타 성공 후 혁명 이념을 급조하지 않을 수 없었다. 박정희 군사정권이 내세운 많은 슬로건과 정책들은 권력을 장악한 다음에 만들어진 것들이었다.

장면 정부는 부패하고 무능했어도 합법적인 선거과정을 통해 등장한 정통성 있는 정부였다. 4.19 이후의 정국 상황이 다소 혼란스러웠다고 해도 쿠데타와 같이 헌정 질서를 파괴하는 방식으로 해결할 문제는 아니었다. 사회 혼란이 문제라면 계엄령을 선포한다든지 해서 합법적인 절차를 통해 질서를 잡을 수 있는 길은 얼마든지 있었다. 따라서 5.16은 어떻게 보아도 정당화될 수 없는 군사 반란이었고, 피로써 쟁취한 민주주의 혁명을 하루아침에 총칼로 짓밟은 반혁명 쿠데타였다.

5.16의 반동성은 쿠데타 이후 박정희 군사정권이 취한 일련의 조치에서 그대로 확인되고 있다. 4.19 이후 열린 공간에 진출한 진보 세력과 진보 언론의 싹을 아예 잘라버리기 위해 많은 민주인사들을 처형했으며, 북한에서 남북 협상을 위해 파견한 '밀사(密使)' 황태성*을 '간첩'으로 처형하는 등 남북 화해보다는 남북 대결 정책을 선택했다. 박정희는 한·미·일 반공동맹을 바탕으로 한국이 반공의 최첨단으로 기능하기를 바라는 미국의 전략을 일방적으로 추종하는 길을 선택했던 것이다.

07 금권과 중앙정보부의 힘으로

1971년 제7대 대통령 선거에서 박정희는 김대중과 맞붙었다. 박정희는 1969년 '3선 개헌(1963년 5대에 이어 1967년 6대 대통령으로 재선된 박정희가 3선을 목적으로 추진한 개헌)'을 통해 재출마의 길을 열었고, 1971년 선거에서 승리하여 영구 집권으로 나아가려 했다. 반면 이에 대항하는 신민당의 김대중은 '40대 기수론'을 주창하며 야당의 대세로 부상한 김영삼을 꺾는 이변을 연출했고, 참신한 선거 공약으로 새바람을 불러 일으켰다. 1971년의 대선은 한국 정치사에서 하나의 이정표였다. 민주주의 국가로 갈 것인지 독재국가로 갈 것인지의 갈림길이었던 것이다. 그러나 안타깝게도 중앙정보부를 총사령탑으로 하여 관권과 금권을 총동원한 박정희에게, 바람으로 맞붙은 김대중이 패배함으로써 한국 민주주의가 조종을 울리고 말았다.

1971년 대선에서 중앙정보부는 여당인 공화당의 후보 박정희의 선거를 총괄 지휘했다. 공화당 선거대책본부가 있었지만 실제로 선거 전략을 수립하고 선거 과정 전체를 조율한 것은 중앙정보부였다. 중앙정보부는 관권과 금권의 조직과 동원을 책임졌다. 김종필 공화당 당의장, 강창성 중앙정보부 차장 등 당시 권력의 핵심에 있었던 사람들은 총 600~700억 원의 정치자금이 사용되었다고 증언했다(김충식, <정치공작사령부 남산의 부장들 1>).

당시 공화당의 선거자금 600~700억 원은 1971년 당시 국가예산 5,242억 원의 10%를 훌쩍 넘는 엄청난 금액이었다. 2017년 현재 우리나라의 전체 국가 예산은 400조 7,000억 원이다. 만일 1971년 당시의 예산 규모와 박정희의 선거 자금 규모 비율대로 단순 계산을 하게 되면, 2016년에는 40조 원 이상의 돈을 뿌렸다는 이야기가 된다. 이러한 천문학적인 정치자금을 긁어모으는 데서 중앙정보부가 핵심 역할을 한 것은 말할 필요도 없다. 이 자금들은 모두 재벌과 대기업 등에서 거두어들인 것인데, 이는 달리 말하면 개발독재 과정에서 재벌과 대기업들에게 그만큼의 혜택이 주어졌다는 이야기이다.

　오늘날 우리가 알고 있는 재벌들은 대부분 박정희 정권 시절에 덩치를 키우기 시작했고, 그 바탕에는 이러한 정경유착이 자리 잡고 있었다. 박정희를 비롯한 핵심권력과 연계를 맺은 재벌들은 정부가 주는 온갖 특혜를 누리면서 기업을 키울 수 있었는데, 그 대신 일정한 액수를 정치자금으로 헌납해야 했다. 정부가 발주하는 사업에선 무조건 10%를 떼어내 정치자금을 조성했다. 하지만 이는 당시의 전반적인 부패 수준에 비추어 보면 매우 낮은 수준의 뇌물이었다. 그 때문에 재벌들은 오히려 이를 고마워했고, 앞으로 그런 기회를 더 달라고 애원했을 지경이다.

　당시 삼성그룹 이병철 회장의 장남으로 경제계에서 맹활약하던 이맹희는 "우리나라 대부분의 도로가 공사비 중 30~40%의 돈은 엉뚱한 데로 흘러가고 건설비의 60~70%로 지은 것이다."라고 말했다. 또한 이맹희는 "삼성전자를 만드는 데 들어간 뇌물만 5억 원이었는데 이 액수는 당시 차관액의 약 3%에 해당하는 돈이었다."고도 했다. 그래도 삼성은 박대통령과 적절한 라인이 있었기에 비교적 적은 액수가 들었다. 당시에는 "뇌물을 바칠 줄을 찾는 데에도 뇌물이 필요했다."(강준만, <한국 현대사 산책 1960년대편 3>)

　대통령이 재벌·대기업과 유착해 정경유착의 모범을 보였으니 공무원들의 부정부패가 만연한 것은 당연했다. 그야말로 '빽과 돈, 힘을 쥔 자들만 살아남는 풍토'였다. 1960년대는 아직 박정희의 권력이 절대화한 상태는 아니었다. 그런데도 이런 지경이었으니, 1970년대 박정희가 '신성한 존재'가 된 유신체제 아래서는 더 말할 나위도 없었다. 국가 경제 전체가 박정희와 그에 밀착한 소수의 관료, 독점재벌에 의해 주물러졌다. 이 같은 정경유착의 폐해는 전두환·노태우 정권까지 그대로 이어졌다.

한국의 재벌들은 30여 년에 걸친 군부독재정권 아래서 정경유착을 통해 막대한 자본을 축적했으며, 일부는 민간정부와 IMF·신자유주의체제를 거치면서 오늘날과 같은 세계적인 초국적 자본으로 성장할 수 있었다. 이처럼 군부독재정권의 젖줄을 먹고 자란 재벌과 대기업 등 경제권력은 이제 정치권력을 능가하는 힘을 갖게 되었다.

1971년 선거 당시 중앙정보부는 선거 자금과 대중 동원뿐만 아니라 여론 조작에서도 결정적인 역할을 수행했다. 중앙정보부의 기획과 조정 아래 신문과 방송을 동원해서 박정희의 치적을 홍보하고 영도자로 치켜세우는 일이 진행됐다. 특히 중앙정보부는 경상도 지방에서 지역감정을 부추기는 흑색 전단을 조직적으로 살포함으로써 경상도에서 박정희에 대한 몰표가 나오는 데 결정적인 역할을 했다. 그 결과 박정희는 경상도에서 158만 표를 더 얻었고, 김대중은 전라도에서 62만 표를 더 얻었다. 망국적인 지역감정이 선거를 결정지었던 것이다.

동아일보의 김충식 기자는 1971년 대선과 관련하여 "김대중의 조직참모 엄창록 격리, 향토예비군 폐지를 둘러싼 안보 논쟁 유도, 박 후보 유세장의 청중 동원, HR 주재 고위 선거대책회의 운영을 통한 행정조직 선거 이용, 박(정희)후보 '마지막 출마' 선언 그리고 신민당 지도부 이간 공작 등 핵심 전략은 모두 중앙정보부 작품이었고 대부분 적중했다."라고 평가했다(HR은 당시 중앙정보부장이던 이후락의 영문 약칭이다).

예 역사는 반복되는가

그런데 1971년의 대통령 선거를 보면 2012년 국정원의 18대 대선 개입 사건이 떠오른다. 2012년 대선 공작 사건에서 국정원이 한 활동을 보면 과거 자신의 할아버지 격인 중앙정보부의 노하우가 고스란히 전수되고 있음을 알 수 있다. 2012년 국정원의 대선 공작 사건은 1971년 중앙정보부의 대선 공작의 현대판이라 할 수 있을 것이다.

물론 1971년 대선에서 중앙정보부가 했던 역할을 2012년 대선에서 국정원이 똑같이 할 수 없었던 것은 분명하다. 시대가 다르고, 중앙정보부와 국정원의 기능과 성격에도 적지 않은 차이가 있기 때문이다. 당시 중앙정보부는 그야말로 무소불위의 권력기관으로서 여당의 대선 전체를 총괄한 정치공작 사령부였다. 중앙정보부의 활동 또한 공공연한 비밀이었지만, 누구도 거기에 시비를 걸 수 없었다. 그러나 2012년 대선에서는 국정원이 선거 공작단을 꾸려 조직적으로 선거에 개입했지만 이 사실을 감추기 위해 쉬쉬해야 했다.

그럼에도 우리는 2012년에 국정원이 과거 중앙정보부나 안기부가 했던 공작 수법을 그대로 활용했다는 것을 금방 확인할 수 있다. 여당과의 연계를 통한 이념 논쟁 유도(노무현 대통령의 'NLL 포기' 의혹 논쟁 유도, 야당 후보에 대한 '종북 좌파' 낙인찍기 등), 조직적인 여론 조작 활동, 보수 언론의 노골적이고 편파적인 보도를 위한 선거 쟁점 제공, 극우 세력과의 간접 연계 및 보수 세력 결집 등과 같은 것들이 대표적이다. 이 모두에 국정원이 다양한 방식으로 개입되어 있음은 말할 필요도 없다(임영태, <두 개의 한국 현대사>).

국정원이 방대한 조직과 자금을 동원해 국내 정치에 개입하게 되면 공정한 선거는 불가능하다. 극단적으로 말하면 대통령 선거는 할 필요도 없게 된다. 해봐야 결과는 뻔하기 때문이다. 그런 점에서 국정원의 선거 개입은 한국 민주주의의 근간을 뒤흔드는 문제가 아닐 수 없다. 도대체 국정원은 어떻게 민주화된 사회 조건에서도 이런 일을 벌일 수 있었을까? 그건 결국 국정원이 본질적으로 중앙정보부의 속성에서 탈피하지 못했기 때문이다. 중앙정보부는 박정희 시대의 정치를 이해하는 핵심 키워드이자 아직까지도 잔존하고 있는, 구시대를 대표하는 유물인 셈이다.

중앙정보부는 5.16군사정변의 직접적인 산물이다. 쿠데타로 등장한 5.16세력이 합법화된 권력을 장악하기 위해서는 군대의 총칼이 아니라 다른 것이 필요했다. 5.16이 성공한 뒤 그 내부에서도 갈등이 생겼고, 경쟁이 벌어졌다. 이 과정에서 승리하기 위해서는 조직과 돈이 있어야 했다. 그래서 이른바 '5.16주체'는 권력을 계속 장악하기 위해 먼저 중앙정보부를 만드는 일에 착수했다.

중앙정보부는 다중의 포석을 가지고 만들어졌다. 국내 정치를 장악하기 위한 정치조직이면서 동시에 북한을 염두에 둔 정보조직이었다. 중앙정보부는 미국의 중앙정보국(CIA)을 모델로 한 조직이었지만 그 역할은 근본적으로 달랐다. 미국의 CIA는 주로 대외정보를 취급하며 대외정책의 집행과 실현을 지원하지만 한국중앙정보부(KCIA)는 국내정보를 주로 취급하며 국내정치에 관여했다.

박정희 시대 중앙정보부는 무소불위의 권력기관이었다. 박정희를 제외한 누구도 중앙정보부에서 큰소리를 칠 수 없었다. 중앙정보부는 박정희 정권 내내 정권 안보의 첨병이 되어 사회 모든 곳에 촉수를 뻗쳤다. 박정희의 말 한 마디면 여권 내의 권력 실세도 하루아침에 중앙정보부에 끌려가 짐승으로 전락하고 말았다. 중앙정보부는 애초 조직의 취지였던 국가 안보는 뒷전이었고 오직 대통령 박정희에게만 충성하는 권력의 총구 노릇을 했다. 중앙정보부는 권력의 첨병이 되어 박정희 정권에 위협이 되는 정치인과 재야 민주 인사들을 감시하고 통제하는 정치공작 사령부 노릇을 했다. 그 곳에서 수많은 관제(官制) 간첩과 조작된 간첩 조직들이 양산되었다.

박정희 정권 시기 중앙정보부 부장은 사실상 권력의 2인자였다. 남산(본부가 남산에 있어서 남산은 중앙정보부의 별칭이 되었다)의 부장들은 박정희 정권 수호의 최일선 사령관이었으나, 대부분 박정희에게 이용당할 대로 이용당한 뒤 '팽(烹)' 당했다. 중앙정보부의 초대 부장 김종필과 그 뒤를 이은 김재춘, 김형욱, 이후락 등이 그랬다.

09 권력의 수호신이 된 중앙정보부

중앙정보부를 처음 만든 것은 김종필이다. 5.16이 일어난 지 이틀 뒤인 1961년 5월 18일, 김종필은 육사 8기 동기생인 서정순·이영근·김병학 중령을 불렀다. 김종필은 이들에게 "미국의 CIA와 일본의 내각 조사실을 절충한 정보수사기관을 만들려고 하니, 이를 위한 법을 만들라."고 지시했다.

중앙정보부법은 6월 10일 국가재건최고회의(5.16군사정변 직후 설치된 국가 최고 권력기관)를 통과하여 공포되었다. 실로 번갯불에 콩 구워 먹듯이 만든 법이었지만, 그 뒤 적어도 30여 년 동안 대한민국의 역사에서 헌법만큼이나 중대한 의미를 갖는 법이 되었다. 곧 국가재건최고회의 직속으로 중앙정보부가 설치되었다. 중앙정보부는 민정 이양 뒤에는 대통령 직속으로 바뀌었다.

5.16 세력은 중앙정보부를 장애 수단을 제거하기 위한 물리기구로 설정했다. 애초부터 중앙정보부는 정보수집기관이 아니라 '권력을 위해 방아쇠를 당기는 집행기구'로 출발한 것이다.

중앙정보부의 기능은 '국가 안전 보장과 관계되는 국내외 정보 사항 및 범죄 수사와 군을 포함한 정부 각 부의 정보 수사 활동을 조정·감독'하는 것이라고 했다. 중앙정보부는 전국에 지부를 두며, 직원은 중앙정보부장이 임명했다. 중앙정보부장과 차장은 국가재건최고회의 의장(민정 이양 후에는 대통령)이 임명하며, 특히 부장은 정보 수사에 관하여 타 기관 소속직원을 지휘·감독할 권한을 가졌다. 또한 '정보부장, 지부장, 수사관은 범죄수사권을 갖고, 수사에서 검사의 지휘를 받지 않는다. 중앙정보부의 직원은 그 업무 수행에 있어서 필요한 협조와 지원을 전 국가기관으로부터 받을 수 있다'고 규정했다.

중앙정보부는 모든 정보수사기관과 국가기관의 정보를 조정·통제, 독점하고, 독자적인 수사권까지 확보하며, 수사과정에서 모든 정부 기관을 지휘·감독할 수 있었다. 이렇게 되면 누구도 대항할 수 없는 괴물이 되는 것은 당연했다. 이러한 막강한 권력을 가진 중앙정보부의 부장은 대통령을 제외한 누구도 간섭할 수 없는, 그야말로 최고의 권력자일 수밖에 없었다.

중앙정보부는 박정희의 집권 18년 동안 정권 수호의 첨병이 되었고, 이후 신군부가 들어서 전두환이 정권을 장악하는 과정에서도 중요한 기반이 되었다. 또한 박정희 정권과 신군부 정권(전두환-노태우 정권) 동안 수많은 정치인과 민주인사들은 중앙정보부의 희생양이 되어야 했다. 전두환 정권은 중앙정보부를 국가안전기획부(안기부)로 명칭을 변경하고 일부 기능을 조정했으나, 이 시절의 안기부는 기본적으로 박정희 시절의 중앙정보부와 동일한 역할을 담당했다.

중앙정보부와 군부는 박정희 정권을 떠받치는 두 개의 기둥이었다. 군부가 정권을 지키는 무력이었다면 중앙정보부는 '정권의 안위를 살피는 신경망'이었다.

중앙정보부는 김종필을 부장으로 하고 정보 계통의 육사 8기생을 주요 간부로 하여 조직되었다. 중하위 간부와 요원들은 장면 정권에서 이후락이 책임자로 있던 정보연구실, 육본 정보국과 육군 방첩대(CIC), 대북 첩보대(HID), 경찰, 공채생 등으로 채워졌다. 김형욱은 자신의 회고록에서 중앙정보부 직원에 대해 "이들 직업수사관들의 전직은 사찰계 형사, 방첩부대 문관, 헌병 하사관, 심지어 일제 치하에서 설치던 조선인 헌병과 밀정 등 형형색색이었다. 그 중 어떤 사람은 일제 치하에서는 일본 순사로 독립운동가들을 때려잡다가 자유당 치하에서는 야당을 때려잡다가 한때 공산당이 서울을 점령했던 시절에는 우익 민주인사를 때려잡다가 나중에는 공산당 간첩을 때려잡은 '천의 얼굴'을 가진 사나이도 있었다."라고 말했다.

중앙정보부는 처음 800여 명의 직원으로 출발했으나, 그 후에 수만 명의 방대한 부원을 거느린 '가장 응집력이 강한 조직'으로 발전했다. 중앙정보부는 한국 사회의 모든 곳을 통제하며 '한국 위의 한국'으로 군림하게 되었다. 중앙정보부는 정규 요원 외에도 숱한 정보원들이 있었기 때문에 그 영역이 어디까지인지 불확실할 정도로 한국 사회의 모든 곳에, 심지어 '다방과 술집까지 그 촉수가 미쳤을 정도로 국민의 삶 모든 영역에 침투'해 있었다.

중앙정보부가 처음으로 한 일은 장도영 육군참모총장을 비롯한 군부 내의 반(反)박정희-김종필 세력을 제거하는 일이었다. 김종필이 지휘하는 중앙정보부의 활약으로 장도영과 그를 지지하던 육사 5기 생들이 대부분 제거되었다. 군정은 박정희-김종필 체제로 정비되었다. 박정희와 김종필은 "공산세력의 간첩 침략과 혁명과업 수행의 장애를 제거하기 위해 중앙정보부를 만든다."고 했지만, 중앙정보부는 처음부터 정치적인 장애물, 즉 국내의 정적을 제거하는 데 이용되었다. 중앙정보부는 그 뒤에도 전두환·노태우 등 '군인 대통령의 칼'이 되었고 '권력우상의 총구'가 되었다.

10 세계를 향한
중앙정보부의 이벤트

국가 안보를 위한 정보 수집과 수사를 목적으로 창설된 중앙정보부는 처음부터 그 목적과는 거리가 먼 정치활동을 주로 했다. 5.16 주체의 한 명인 김형욱이 장악한 뒤에는 활동 범위를 더욱 확대했다. 권력 유지를 위한 정적 제거뿐만 아니라 모든 정치적 사안에 손길을 뻗쳤다. 야당, 학생·노동운동가, 언론인, 교수·지식인, 재야인사, 종교인 등 모든 정치적·사회적 영향력을 가진 인사들이 중앙정보부의 감시와 통제의 대상이 되었다.

중앙정보부가 1960년대 후반 드디어 크게 '한 건' 하며 세계를 놀라게 했다. 그 동안은 주로 국내에서만 악명을 떨쳤는데 이제는 해외에까지 손길을 뻗쳐 세계를 깜짝 놀라게 만든 것이다. 이른바 '동백림 사건'이 그것이다.

중앙정보부는 1967년 7월 8일 '동백림 간첩단 사건'에 대해 발표했다. 이에 따르면, 독일에 거주하고 있던 다수의 한국인이 수시로 동독의 수도 동백림(東伯林: 동베를린 East Berlin)에 있는 북한대사관을 방문했으며, 이들 중 일부는 그곳에서 북한에서 파견된 공작원들로부터 밀봉교육을 받고 서독과 한국에서 간첩으로 암약했다는 것이다. 사건 관련자들은 대부분 교수, 학자, 문화예술인 등 이른바 지식인 계층이었고, 일부 파독 광부와 간호사가 포함되어 있었다.

동백림은 냉전시대 동독(독일민주공화국)의 수도였다. 베를린은 1945년 5월 8일 제2차 세계대전에서 독일이 패한 이후 전승 4개국(미·영·프·소)에 의해 분할 점령됐다가 냉전과 함께 동·서 베를린으로 분단되었지만 양 지역의 교류는 비교적 자유로웠다. 독일을 찾은 서방 세계의 많은 사람들이 유서 깊은 도시 베를린을 방문하기를 원했고, 서베를린에 들어간 사람들은 간단한 절차만 거치면 동베를린에도 비교적 자유롭게 드나들 수 있었다.

고국을 떠나 오랫동안 독일에 거주한 일부 교민과 유학생들은 이런 동·서 베를린의 자유 왕래 분위기에 젖어서 별다른 의식 없이, 서독지역에 비해 상대적으로 저렴한 식료품과 서적을 구입하기 위해 공산권 지역인 동베를린을 종종 출입했다. 당시 남북 간의 적대적인 대치 상황이 엄존하는 한국은 '반공에 살고 반공에 죽는' 사회였지만, 그들은 비교적 이념에 관대한 유럽 사회에 살면서 그런 현실을 잊어버렸던 것이다.

그런데 북한이 동베를린을 드나드는 한국인들에게 북한의 발전상을 보여주는 화보, 평화통일방안 선언문, 최고회의 연설문 등의 선전물을 보냈다. 1960년대는 북한이 경제적으로 남한보다 훨씬 앞서 있었다. 사람들은 자연히 북한의 주장에 호기심을 갖게 되었다. 다수의 한국 유학생과 장기 체류자들이 한국음식 접대와 같은 북한의 관심과 환대에 대한 기대감, 북한에 살고 있는 가족 소식의 탐문, 북한의 평화통일방안에 대한 관심 등으로 동베를린의 북한대사관을 왕래하게 되었다. 이 사실이 중앙정보부에 포착되면서 사단이 났던 것이다.

그런데 2006년 1월 국정원진실위가 발표한 바에 따르면, 이 사건은 당시 중앙정보부의 발표와 달리, 간첩단 사건과는 거리가 있었다. 국정원진실위는 "독일과 프랑스, 미국, 오스트리아 등 외국으로부터 30명의 용의자를 강제, 불법적인 방법으로 연행해온 것은 해당국의 국가 주권과 국제법을 무시한 불법행위였고, 동백림 사건의 검찰 송치자 66명 가운데 23명에게 간첩죄를 무리하게 적용하고, 사건 관련자들의 귀국 후 활동부분을 과장하는 등 사건의 외연과 범죄사실의 확대를 기도했다."고 평가했다(국가정보원, '동백림 사건 진실규명', <국정원진실위 보고서 2>).

하지만 '단순한 실정법(반공법) 위반 사건을 무리하게 확대, 과장한' 이 사건의 파장은 엄청났다. 중앙정부보가 국제관계와 서독 법률체계를 무시하면서까지 비밀리에 공작원을 파견하여 관련자들을 서독과 프랑스 등지에서 불법적인 방법으로 연행해서 조사했기 때문이다. 1967년 6월 7일, 중앙정보부는 해외 혐의자를 체포, 국내로 연행하기 위해 「GK-6717 공작계획」(일명 'GK-공작')을 수립하고 유럽 현지에 공작팀을 파견했다. 중앙정보부는 6월 20일 이후 독일, 프랑스 등 현지에서 비밀리에 활동을 개시하여 관련자들을 은밀히 체포, 납치하여 국내로 연행했다.

이 과정에서 거짓말과 공갈, 협박, 폭력이 다반사로 행사되었다. 이런 사실이 알려지자 당장 서독과 프랑스 등 서방에서 여론이 크게 들끓었다. 서독과 프랑스 정부는 한국 정부의 강제 연행과 인권 유린에 대해 강력히 항의했고, '영토 주권의 침해이자 납치 행위'라고 비난하면서 원상회복을 요구했다. 연행된 관련자들 중에는 작곡가 윤이상*과 화가 이응로 같은 국제적인 유명 인사도 포함되어 있었다.

당시 독일에서 활약하고 있던 윤이상(당시 50세)은 이미 세계적인 음악가의 반열에 올라 있었고, 이응로(당시 64세) 또한 국제적인 명성을 얻고 있는 원로 화가였다. 유럽을 중심으로 '윤이상·이응로 구출위원회'가 조직되었으며, 윤이상의 경우는 세계적인 음악가들이 서명한 탄원서가 한국 정부에 전달되는 등 심한 압박이 가해졌다.

이 사건으로 한국 정보기관의 고문과 폭력이 심각한 국제 문제가 되었다. 윤이상의 경우, '물고문을 받고 주사를 맞았다'고 주장했고, 중앙정보부의 취조 과정에서 자살을 기도하는 일이 발생했다. 천상병* 시인은 "정보부에서는 나를 3번씩이나 전기고문하며 서독 유학생 친구와의 관계를 자백하라고 했지만 몇 차례 까무러치면서도 끝내 살아났다. 지금도 몸서리가 쳐진다. 고문한 놈을 찾아 죽이고 싶은 심정일 때도 있었다.”고 말했다. 그는 이 사건 이후 정상적인 사회생활을 하지 못했고, 힘든 나날을 보낸 끝에 1993년 그의 시 제목처럼 ‘귀천(歸天)’했다.

어릴 때 소아마비를 앓아서 지팡이를 짚어야 했던 이수길은 “1967년 6월 27일 수사관들은 다시 전기고문과 물고문을 자정까지 계속했다. 이날 고문이 지금까지 받은 고문 중 가장 가혹했으며, 고문이 끝날 때 나는 이미 의식불명이었고, 드디어 죽음을 이긴 것 같은 환상을 느꼈다.”고 회고했다. 동백림 사건과는 아무 관련도 없지만 사건을 확대·과장하기 위해 연결시킨 서울대 민족주의비교연구회(민비련) 관련자 김학준 또한 “가족 면회와 변호사 접견 등이 모두 금지된 상태에서 밤이면 교도소로부터 남산으로 끌려가 반죽음을 당했다. 지하실에 끌려가 고문을 당해 기절도 하고 허위자백도 했다.”고 언급했다.

동백림 사건에서 고문과 관련된 증언은 수도 없이 많다. 정부 여당의 국회의원이나 고위 인사들조차 남산에 끌려가 고문을 당하던 시절이니 국가 안보를 크게 위협하는 ‘간첩’ 사건 피의자들을 중앙정보부 수사관들이 어떻게 대했을지는 말하지 않아도 자명하다.

이 사건으로 한국의 국가 위신이 추락했고, 중앙정보부의 해외 공작 활동도 심각한 타격을 입었다. 그런데도 불구하고 중앙정보부는 정신을 못 차리고 1970년대까지 그와 같은 잘못된 행위를 계속했다. 중앙정보부는 일본에서 야당 지도자를 납치한 '김대중 납치 사건', 유신 정권 지지를 위한 미 의회 로비 활동으로 문제가 된 '코리아게이트 사건*' 등을 일으켜 물의를 빚었으며, 이는 결국 박정희 정권의 몰락을 재촉하는 중요한 요인으로 작용했다.

11 '사카린 밀수 사건'과 정경유착 비리

1966년 5월 24일 부산 세관은, 삼성이 경남 울산에 공장을 짓고 있던 한국비료에서 사카린 2,259포대(약 55톤)를 건설자재로 꾸며 들여와 판매하려던 것을 적발했다. 부산 세관은 사카린 1,059포대를 압수하고 2천여만 원의 벌금을 매겼다. 곧 '한국비료(삼성) 사카린 밀수 사건'이다.

경향신문의 특종 보도로 이 밀수 사건이 세상에 폭로되자 한국 사회가 들끓었다. 언론은 물론이고 사회적으로도 심각한 지탄이 쏟아졌다. 상황이 심각하게 돌아가자 이병철 삼성 회장은 기자회견을 열고 한국비료의 국가 헌납과 자신의 경제계 은퇴를 발표했다. 이병철의 차남인 상무 이창희는 밀수 책임자로 지목되어 구속되었다. 헌납 각서까지 썼던 이병철은 도중에 이를 부인하기도 했으나 정권과 여론의 압력에 백기를 들고 말았다.

이 사건으로 삼성 직원들은 중앙정보부에 끌려가 고춧가루고문과 전기고문을 받는 등 된통 당해야 했다. 당시 최고의 재벌인 삼성의 위신은 추락할 대로 추락했고 심각한 타격을 입었다. 한국비료의 지분 51%를 국가에 헌납해야 했고, 이병철은 나중에 다시 복귀하지만 이때 한창 일할 56세의 나이로 은퇴를 선언해야 했다.

이 사건이 한국 사회에 던진 충격은 컸다. 당시 국회의원이었던 김두한은 국회에서 국무위원들을 향해 똥물을 뿌렸다가 제명당하기도 했다. 김두한 의원은 "배운 게 없어서 말은 잘 할 줄 모르지만, 다른 사람이 할 줄 모르는 행동은 잘 할 수 있습니다."라고 말한 뒤 국무위원석으로 다가가 "이것은 재벌이 도둑질해먹는 것을 합리화시켜주는 내각을 규탄하는 국민의 사카린이올시다."라면서 종로 파고다공원 화장실에서 퍼온 똥을 뿌렸다. 그는 국무위원들을 향해 "똥이나 쳐 먹어, 이 새끼들아! 고루고루 맛을 봐야 알지!"라고 외쳤다.

정일권 총리, 장기영 경제기획원 장관, 김정렴 재무부 장관, 민복기 법무부 장관, 박충훈 상공부 장관 등이 인분을 뒤집어쓰고 말았다. 김두한의 배후에 김종필이 있다는 김형욱 중앙정보부장의 말에 박정희가 '김두한이를 끝까지 족쳐서 자백을 받아내라'고 지시했다. 결국 김두한은 중앙정보부에 끌려가 초죽음이 되어야 했다(강준만, <한국 현대사 산책 1960년대편 3>).

이 사건으로 장기영 경제기획원 장관, 김정렴 재무부 장관, 민복기 법무부 장관이 해임되었다. 또한 사건이 터지자 학생들과 야당은 밀수 규탄 성토대회를 열었다. 특히 10월 15일 대구 수성천변에서 열린 민중당의 규탄대회에서 장준하 의원은 "박정희야말로 우리나라 밀수 왕초다."라고 비판했다가 '국가원수 모독죄'로 구속되는 신세가 되기도 했다.

그러나 장준하의 말은 결코 과장된 것이 아니었다. 이병철의 장남인 이맹희의 증언에 따르면 밀수는 이병철과 박정희의 합작품이었다. 한국비료를 대선용으로 구상한 박정희는 1967년 대통령 선거 전에 한국비료를 꼭 완성시켜 줄 것을 이병철에게 요구했고, 그 목표 달성을 위해 사실상 밀수에 같이 뛰어든 것이었다.

"1965년 말에 시작된 한국비료 건설 과정에서 일본 미쓰이는 공장 건설에 필요한 차관 4,200만 달러를 기계류로 대신 공급하며 삼성에 리베이트로 100만 달러를 줬다. 아버지(이병철 회장)는 이 사실을 박 대통령에게 알렸고, 박 대통령은 '여러 가지를 만족시키는 방향으로 그 돈을 쓰자'고 했다. 현찰 100만 달러를 일본에서 가져오는 게 쉽지 않았다. 삼성은 공장 건설용 장비가, 청와대는 정치자금이 필요했기 때문에 돈을 부풀리기 위해 밀수를 하자는 쪽으로 합의했다. 밀수 현장은 내(이맹희)가 지휘했으며, 박 정권은 은밀히 도와주기로 했다. 밀수를 하기로 결정하자 정부도 모르게 몇 가지 욕심을 실행에 옮기기로 했다. 이참에 평소 들여오기 힘든 공작기계나 건설용 기계를 갖고 오자는 것이다. 당시 밀수 총액은 요즘으로 치면 2천억 원에 해당되었다. 밀수한 주요 품목은 변기·냉장고·에어컨·전화기·스테인리스 판과 사카린 원료 등이었다."(<한겨레>, 2001.4.3.)

그러나 사건이 폭로되고 여론이 악화되자 박정희는 이병철을 배신하고 책임을 전가한 뒤 교묘히 빠져나갔다. 사카린 밀수 사건은 그 진상이 제대로 폭로되었다면 정권이 무너질 수 있는 엄청난 비리였다. 하지만 이때는 진상이 제대로 밝혀질 수 없는 시절이었다. 박정희는 자신의 죄상을 감추기 위해 온갖 수단을 다 동원했고, 결국 중앙정보부의 맹활약 덕분에 박정희는 삼성을 희생양 삼아 자신의 죄상을 숨기고 살아남을 수 있었다.

이 사건에서 알 수 있듯이 우리는 박정희식 경제개발과 고도성장 과정에서 생겨난 심각한 부작용을 지적하지 않을 수 없다. 박정희 집권 기간 동안 핵심 권력집단이 정치뿐만 아니라 경제까지 마음대로 주물렀다. 이러한 체제는 정책 결정이 빠르고 한정된 개발 자원을 필요한 곳에 집중 배치할 수 있다는 효율적인 측면도 있었다. 하지만 세상에 공짜는 없는 법이다. 권력자와 밀착한 재벌 기업은 온갖 특혜를 누리며 빠르게 성장했고, 그 과정에서 정경유착의 심각한 폐해가 생겨났으니 이 또한 박정희 시대의 치부가 아닐 수 없다.

12 유신을 위한 비밀공작 '풍년사업'

　1971년 4월 18일 민주당 대통령 후보 김대중은 장충단 유세에서 "지금 (박정희 정권과 관련된 인물이) 어느 나라에 가서 총통제를 연구 중이다. 이번에 정권 교체를 못하면 총통제가 실시되어 선거가 없을 것이라는 확실한 증거가 있다."라고 주장했다. 이 무렵 실제로 박정희 정권은 교수와 검사 등 실무진을 대만(타이완)에 파견하여 총통제와 관련된 자료를 수집, 연구 중이었다. 중앙정보부 자료에 따르면,

박정희 정권은 1971년 4월부터 김대중이 말한 총통제, 즉 유신체제를 위한 비밀작업(비밀공작 명 '풍년사업')을 시작했다.

1972년 5월, 이후락 부장의 지시에 따라 판단기획국 부국장을 팀장으로 하는 5명의 비밀공작팀이 중앙정보부가 운영하던 궁정동 안가에 자리를 잡았다. 이와 함께 김정렴 청와대 비서실장과 이후락 중앙정보부장, 홍성철·유혁인·김성진 청와대 비서관, 신직수 법무장관, 헌법학자 한태연·갈봉근 등이 참여하는 유신 준비팀이 가동되었다. 준비팀은 입법·사법·행정 삼권을 박정희 1인에게 집중시키는 유신헌법 초안을 마련하는 한편, 개헌 방법과 발표 시기, 발표 방법 등 유신 마스터플랜을 마련했다.

준비팀의 작업 결과는 매주 박정희 대통령과 이후락 중앙정보부장, 김정렴 비서실장이 참가하는 3인 회의에 보고되었으며, 8월경에는 마스터플랜이 마무리되었다. 그때부터 신직수 법무장관, 김치열 중앙정보부 차장 등이 새 헌법의 구체적인 골격을 짰다. 실무 작업에는 6공화국 노태우 정부에서 검찰총장과 법무장관을 지냈고 박근혜 정부에서 청와대 비서실장에 기용돼 '기춘대원군'이란 별명까지 얻었던 김기춘 검사 등 10여 명이 참여했다.

한태연 교수는 청와대에서 불러 가보니 "헌법은 김기춘 검사가 주도해 초안을 완성해놓은 상태였고, 법무부가 골격을 절대 손대지

유신을 발표하고 있는 당시 김성진 청와대 대변인(1972년 10월)

말라고 해서 자구 수정만 해주었다."고 말했다. 다른 자료들도 김기춘이 검사로 있으면서 유신헌법 작성에 핵심적 역할을 했다는 사실을 보여주고 있다(<한겨레>, 2012.2.24.).

암호명 '풍년사업'으로 불린 유신 준비 작업은 밀실에서 6개월 동안 치밀하고 조직적으로 진행되어 1972년 10월 17일 마침내 햇빛 아래 그 모습을 드러냈다. 한국 민주주의의 사망진단서나 다름없는 유신체제는 이처럼 중앙정보부와 청와대 극소수 인사들에 의해 박정희의 지휘 하에 철저히 어둠 속에서 계획되고 준비되었다. 정말이지 유신은 '어둠의 자식'이었다.

1972년 10월 17일 저녁 7시, 박정희는 '대통령 특별 선언'을 통해 '10월 유신'을 선포했다. 박정희 대통령 스스로 친위 쿠데타를 일으킨 것이다. 박정희 대통령이 비상대권을 쥐고 모든 것을 장악했다. 비상계엄이 선포되고, 탱크가 중앙청 앞에 등장했다. 국회가 해산되고, 국무회의가 국회의 기능을 대신했다. 모든 집회는 금지되었고, 대학은 문을 닫았다. 언론과 출판, 방송은 사전 검열을 받아야 했고 유언비어는 엄단되었다.

11월 21일에는 유신헌법이 국민투표에 부쳐졌다. 계엄령이 선포되어 살벌한 분위기에서 계도 요원들의 유신헌법 찬양·홍보만이 난무했다. 투표율 91.9%, 찬성 91%의 기록이 얼마나 허황된 것인지 모르는 사람은 아무도 없었다. 12월 23일 장충체육관에서 박정희를 임기 6년의 8대 대통령으로 선출하기 위한 통일주체국민회의가 개최되었고, 12월 27일 대통령 취임식이 치러지면서 유신체제가 정식으로 출범했다.

유신을 위한 비상사태 선포와 함께 평소 박정희에게 밉보인 '악질' 국회의원 15명의 명단이 보안사령관 강창성의 손에 넘어갔다. 박정희가 악질로 분류한 의원들은 중앙정보부와 보안사 요원들에게 연행되어 발가벗겨진 채 인간 취급 이하의 만행을 당했다. 무자비한 구타와 폭력, 물고문, 통닭구이고문 등이 행해졌다.

악질에서 벗어난 나머지 정치인들은 군인들에 의해 가택연금 상태가 되었다. 중앙정보부는 야당 의원들에게 각서를 받아냈다. 유신을 지지·찬양하며 '관제 야당' 노릇을 하겠다는 내용이었다. 거의 대부분의 의원들이 각서에 도장을 찍었다. 그 대신 박정희 정권의 정치자금이 야당 의원들에게도 건네졌다. 야당도, 국회의원도, 국회도 아무런 의미가 없는 세상이 되었다. 자유민주주의가 종말을 고했다.

13 민주주의의 조종을 울린 유신체제

유신체제는 박정희를 절대 권력자의 위치에 올려놓았다. 박정희는 행정·입법·사법의 삼권 위에 군림하는 '위대한 영도자'의 자리를 차지했다. 통일주체국민회의 대의원들이 체육관에서 형식적 선거 절차를 통해 대통령을 선출했다. 통일주체국민회의 대의원들은 박정희의 대통령 선출을 위한 거수기에 불과했다. 대의원이 되기 위해서는 중앙정보부의 사전 심사와 철저한 검증 과정을 거쳐야 했다.

박정희 대통령에게는 국회해산권, 국회의원 3분의 1의 지명권, 법관 임명권, 긴급조치를 발동할 수 있는 비상대권이 주어졌다. 대통령 임기는 6년이지만 중임 제한이 철폐되어서 영원히 계속할 수 있었다. 6년마다 통일주체국민회의 대의원들이 모여 손을 한 번씩 들어주면 그만이었다. 대통령 선거 비용도, 정책 공약이나 후보 경쟁과 유세도 필요 없는, 참으로 '효율적인(?)' 정치 제도였다.

유신체제는 선거에 따른 경쟁체제를 사실상 없애 박정희의 영구집권을 가능하게 만들었다. 대의 제도가 근본적으로 부정되었으며, 삼권 분립에 의한 권력 간의 균형·견제의 원칙이 유명무실해졌다. '한국적 민주주의의 제도화'를 통해 국민의 자유와 권리가 유보되고,

정권에 대한 비판이 원천 봉쇄되었다.

유신체제는 박정희 1인 지배체제이자, 박정희를 정점으로 한 소수 친위 그룹이 권력을 독점한 과점적 지배체제였다. 재미 정치학자 길영환 교수는 이를 로마의 집정관 제도에 비유하여 '프리토리안(Praetorian) 권력체제'라고 불렀다. '프리토리안'은 로마 황제에 의해 운용된 친위대(호위대, 근위대)를 의미한다. 로마 황제의 근위대처럼 박정희를 황제처럼 떠받들며 호위하는 소수의 친위 세력이 권력을 독점하고 지탱하는 체제라는 의미이다. 당시 박정희의 친위 권력으로 군부와 중앙정보부, 청와대 비서실과 경호실, 고위행정관료 등이 있었는데, 이들이 권력을 멋대로 주무른다는 의미에서 그런 이름이 붙여졌다.

군부는 박정희 권력의 시작이자 끝이었다. 박정희는 군부 쿠데타로 권력을 잡았고, 권력 유지에 필요할 때마다 군대를 동원했다. 군대는 박정희 권력의 최후 보루이자 유신체제를 지탱하는 핵심 무력이었다. 박정희는 쿠데타로 권력을 잡은 뒤 반혁명 사건을 수없이 거치면서 군부에 대한 통제권을 확고히 했다. 그러나 군부는 박정희에게도 무서운 존재였다. 언제 박정희 등에 칼을 꽂을지 몰랐다. 박정희는 중앙정보부와 보안사를 통해 항상 군부의 실력자를 점검하고, 실권자들의 충성 경쟁으로 통제력을 확보했다.

중앙정보부는 김종필·김형욱 부장 시절부터 정권 보위기관으로서의 역할을 충실히 담당했지만 1970년대 이후, 특히 이후락 부장 시절부터는 유신체제 수호의 선봉이 되었다. 대공 정보 수집에서부터 야당과 야당 지도자에 대한 정치 공작과 감시·통제, 학생과 노동자·농민, 언론인과 교수·문인, 종교계·재야인사 등 민주화세력의 사찰과 공작에 이르기까지 중앙정보부의 손길이 미치지 않는 곳이 없었다. 야당의 대통령 후보까지 지낸 김대중을 일본에서 백주에 납치해 살해하려 했던 김대중 납치 사건을 비롯하여 장준하 의문사 사건, 8명의 민주인사를 사형으로 몰아간 인혁당 재건위 사건, 전 중앙정보부장 김형욱 납치·살해 사건*, 학생 운동권에 대한 대표적인 용공조작사건인 민청학련 사건, 납북귀환어부와 재일교포에 대한 간첩 조작 사건* 등 그야말로 모든 곳에 음험한 손길을 뻗쳤다.

　　유신체제는 박정희를 정점으로 소수 친위 인사들이 권력을 독점한 권력체제였다. 그들은 대체로 군부와 중앙정보부, 청와대 비서실과 경호실, 내각의 행정·경제 관료 등 행정 집행 권력에 포진했고, 몇몇 재벌도 여기에 참여했다. 청와대 비서실과 경호실은 군부와 중앙정보부에 비해서는 권력의 무게가 떨어졌지만, 이들도 친위 그룹으로서 막강한 권력을 행사했다. 경제기획원, 재무부를 중심으로 한 행정·경제 관료들은 주로 경제 정책 집행 과정에서 막강한 영향력을 행사했다. 유신시대에는 정치뿐만 아니라 경제 또한 전적으로 박정희의 의사에 따라 좌우되었다. 그리고 유신정우회(유정회)와 공화당의원, 일부 야당 인사가 권력 핵심의 외곽에 자리를 잡았다. 유정회는, 박정희가 지명하여 국회의원이 된 자들이 모여 만든 국회교섭단체였다. 대통령은 유신헌법에 따라 국회의원의 3분의 1을 지명할 수있었다. 공화당 의원들도 그랬지만 특히 유정회는 유신권력의 의회내 친위대였다.

유신권력의 핵심 인사들은 박정희의 죽음과 함께 유신체제가 종말을 고하면서 함께 권력을 잃었다. 하지만 경제 관료들과 경제계 인사들, 일부 정치인·의원들은 그 후에도 오랫동안 권력의 정점에 접근해 있었다.

14 긴급조치와 대형 공안사건 조작

1974년 5월 17일 아침 9시경, 오종상은 평택읍으로 가는 버스 안에서 옆자리에 앉아 있던 여고 3학년 학생에게 "웅변대회 연제가 무엇이냐"고 물었다. 그 여학생은 "반공, 근면, 저축, 수출 증대"라고 대답했다. 이에 오종상은 "박영복 은행 사기 사건에서와 같은 사기꾼들을 위해 하는 저축은 필요 없다. 샐러리맨들이 적은 월급에서 한 푼두 푼 모아 저축을 하면 그 돈을 정부에서 잘 이용하여 산업 발전에 도움이 된다면 좋겠지만 어떤 특정 개인이 대출을 받아 소비해버리는데 그런 저축이 무슨 필요가 있느냐?"라면서 정부 정책을 비판했다.

그리고 난 얼마 뒤 6월 7일 오종상은 '긴급조치 제1호 및 반공법 위반(찬양·고무) 혐의'로 서울시경 수사과 경찰관들에게 검거되었고, 중앙정보부에서 조사를 받은 후 6월 12일 서울구치소에 수감되었다. 오종상의 반정부 발언을 들은 여학생이 자신이 재학 중이던 학교의 일반사회 교사에게 제보했고, 교사가 중앙정보부에 신고하면서 수사가 시작되었던 것이다. 교사에게 신고한 학생은 평소 '정부를 비판하는 발언을 하는 사람은 빨갱이'라고 교육받아서 반공도덕 선생님께 신고했다고 증언했다. 교사는 학생의 이야기를 듣고 집으로도 찾아가서 그의 동정을 살펴보라고 이야기했다고 한다.

오종상은 군 검찰에 의해 기소되어 비상보통군법회의에서 징역 7년, 자격 정지 7년을 선고받았으나 항소심인 비상고등군법회의에서 징역 3년, 자격 정지 3년으로 깎였다. 그는 꼬박 3년간의 징역살이를 다 채우고야 감옥에서 풀려났다. 오종상은 체포된 뒤 중앙정보부 남

국군의 날 행사 때 박정희 초상을 나타낸 카드섹션(1973년) [사진: Baek, Jong-sik]

시민회관 별관에서 열린 10월 유신 3주년 기념식(1975년)

산본부로 끌려가 조사를 받았는데 그 과정에서 무차별적인 폭행과 협박, 잠 안 재우기 등의 고문을 당했다. 그는 당시 수배 중이던 학생 운동권 인사들의 소재를 대라는 협박에 시달려야 했고, 북한 찬양 발언과 관련해 실제 발언과 다른 내용으로 조작을 강요받았다. 허위 자백을 위해 고문이 자행된 것이다(진실화해위원회, '오종상 긴급조치 위반 사건', <2007년 하반기 조사보고서>).

이 사건은 '긴급조치 위반 사건 가운데 대화 중 유신체제를 비판하는 단순발언으로 처벌받은 전형적 사례'의 하나였다. 진실화해위원회의 '긴급조치 위반 사건의 판결문 분석 보고'에 따르면, '음주·대화 중 유신체제 비판 발언' 유형이 수집 자료 589건 중 48%인 282건에 달했다. 이른바 '막걸리 반공법'처럼 유신시대 긴급조치 위반 사건도 이런 내용이 많다. 막걸리 한 잔 먹고 정부 정책 좀 비판하고, 사회 불만 좀 토로하고, 관리들의 부패 좀 비난했다가 인생이 망가진 사람이 숱하게 양산된 것이다. 유신시대 사람들은 눈과 귀, 입을 틀어막은 채, 벙어리가 되고 귀머거리가 될 것을 강요받았다.

긴급조치는 박정희가 유신체제를 선포한 뒤 재야와 학생들의 유신 반대 운동이 시작되자 이에 재갈을 물리기 위해 만든 초헌법적 조치였다. 박정희는 '국가의 안전보장이 중대한 위협을 받을 우려가 있다고 판단하여' 긴급조치를 발동했다. 그러나 이는 순전히 박정희의 자의적 판단에 따라 이뤄진 조치로서, 정치적 반대세력과 민주화운동세력을 탄압하기 위한 수단에 지나지 않았다. 긴급조치로 수많은 학생과 민주인사들이 감옥신세를 져야 했다.

1974년 4월 박정희는 긴급조치 4호를 발동했다. 민청학련과 관련된 모든 행위를 금하며, 관련자는 5년 이상 유기징역에서 최고 사형까지 처벌한다는 내용이었다. 이와 동시에 민청학련 관련 주모자의 체포 작전에 돌입했다. 이 사건으로 1,024명이 체포되었고, 그 중 253명이 구속되어 180명이 기소되었다.

비상군법회의 검찰부가 최종 기소한 32명 가운데 김지하, 여정남, 이철, 유인태, 김병곤 등 9명에게 사형이 선고되었고, 나머지 사람들도 20년(12명) 내지 15년(6명)의 중형이 선고되었다. 윤보선 전 대통령과 박형규 목사, 지학순 주교 등 재야인사들도 징역 15년에서 집행유예까지 선고받았다. 민청학련 사건과 직간접적으로 관련된 기소자들의 형량을 합치면 1,650년이나 되었다. 하지만 박 정권은 사건 관련자들 대부분을 1년 안에 석방함으로써 국민과 민주화운동세력을 향한 협박이라는 것을 시인했다.

15 사법사상 암흑의 날

그렇지만 이 사건의 배후로 지목된 '인민혁명당 재건위원회(인혁당 재건위)' 사건 관련자들은 끝내 풀려나지 못했다. 1975년 4월 8일 대법원은 인혁당 재건위 사건 관련자 중 서도원, 도예종, 김용원, 이수병, 우홍선, 송상진, 하재완, 여정남 등 8명에게 사형을, 8명에게는 무기징역을, 6명에게는 징역 20년을 선고했다. 그리고 대법원의 형이 확정된 지 18시간 만인 4월 9일 새벽, 8명의 사형이 전격 집행되었다.

너무나 충격적인 일이었다. 사형 선고는 받았지만 고문을 통한 조작 시비가 제기되고 있었고, 재심이 청구되면 어떻게 될지 모르는 상황이었다. 재심 청구가 기각되더라도 정치범의 사형 집행까지는 몇 년이 걸리는 것이 관례였다. 제네바에 본부를 둔 국제법학자협회는 인혁당 재건위 사건 관련자들의 사형이 집행된 4월 9일을 '사법사상 암흑의 날'로 선포하고, 이들에 대한 사형 집행을 '사법 살인'으로 규정했다. 법 집행을 가장한 '정치범 학살'로 보았던 것이다.

2002년 9월 16일 의문사진상규명위원회는 인혁당 재건위 사건 수사 과정에서 있었던 고문 등의 가혹 행위, 수사 기록과 공판 조서를 변조한 사실 등을 근거로 재조사를 권고하는 보고서를 발표했다.

같은 해 12월 10일 인혁당 재건위 사건 사형수 8명의 유족들은 의문 사진상규명위원회의 발표 내용을 바탕으로 법원에 재심을 청구했다.

2007년 1월 23일 서울중앙지방법원은 인혁당 재건위 사건 재심에서 관련자 8명 전원에게 무죄를 선고했고, 같은 해 8월 21일 서울중앙지방법원은 희생자의 유족들이 국가를 상대로 낸 손해배상 청구 소송에서 "국가는 총 637억여 원(총 배상액 245억 원과 30년간의 이자)을 지급하라."고 판결했다(인혁당 재건위 사건 유족과 관련자들은 배상금으로 기금을 조성하여, 열사들의 뜻을 기리고 민주화와 통일, 평화운동을 연구·지원하기 위해 '4.9통일평화재단'을 만들었다). 그러나 2011년 2월 대법원(주심 신영철 대법관)은 지연 이자 산정 시점을 조정해 배상액을 대폭 삭감하여 또 다시 유족의 가슴을 울렸다.

법원에서 재심을 통해 무죄를 선고한 이 사건의 가해자인 박정희는 이미 고인이 되었지만 그의 딸인 박근혜는 이 판결을 어떻게 받아들였을지 궁금하다. 18대 대선을 앞둔 2012년 9월 10일 새누리당 대통령 후보 박근혜는 MBC 라디오 '손석희의 시선집중'에 출연했다. 그녀는 손석희의 "인혁당 사건 유족들에게 사과할 의향이 있느냐"는 질문에 대해, "그 부분에 대해서는 법원의 판결이 두 가지로 나왔다."면서 "그 부분에 대해서도 앞으로 판단에 맡겨야 하지 않겠는가."라고 말했다.

박근혜는 1975년의 사법 살인과 2007년의 재심 판결을 '두 개의 다른 판결'로 인식하고 있었다. 이는 재심의 의미를 알지 못하고 있거나, 알면서도 무시하는 것이라고 볼 수밖에 없었다. 그 어느 쪽이든 심각한 문제가 아닐 수 없었다. 박근혜는 다음날인 9월 11일, 국회에 출석하면서 기자들의 질문에 "같은 법원에서 상반된 판결도 있었지만, 한편으로는 그 조직에 몸담았던 분들도 최근에는 여러 증언을 하시기 때문에 그런 것까지 감안해서 역사의 판단에 맡겨야 하지 않겠는가."라고 답했다.

　박근혜는 이 발언 당시 여당의 대통령 후보였고, 2012년 12월 대선에서 대한민국의 18대 대통령으로 당선되었다. 과거의 심각한 인권침해 사건에 대해, 그리고 법원에서 재심을 통해 무죄를 선고한 사건에 대해서 대통령 후보가, 또 대통령이 이 같은 사고방식에서 벗어나지 못한다면 대한민국의 인권과 민주주의가 위태롭지 않을 수 없을 것은 자명하다. 실제로 박근혜 대통령 집권 기간에 일어난 인권침해와 민주주의 파괴 상황은 매우 심각하였다.

　이 같은 박근혜 후보의 발언에 인혁당 재건위 사건 관련자와 유족들은 거세게 반발했고, 여론 또한 나빠지면서 지지도가 하락했다. 그러자 박근혜는 "유족들에게 죄송하고 위로의 말씀을 드린 바 있다."며 사과하는 모양새를 취했다. 대선을 앞둔 상황에서 표가 중요했던 것이다. 그러나 유족들은 박근혜의 이러한 발언을 '진심 어린 사과'로 보지 않았다. 그 다음에라도 박근혜 대통령의 진심 어린 사과와 후속조치가 필요했지만, 전혀 그럴 의사를 내비치지 않았다.

반면, 박근혜는 기회만 되면 박정희 시대의 역사를 미화하기에 급급하였다. UN에 가서 새마을운동을 홍보하는가 하면, 박정희의 경제 업적을 포장하느라 여념이 없었다. 나아가 박정희가 했던 것처럼 무리하게 한국사 교과서를 국정화함으로써 역사 해석권을 독점하려다가 국민의 저항에 부딪치고 말았다. 역사 교과서 국정화는 박정희에 대한 명예 회복이 가장 중요한 목적이었다. 가히 박정희 시대의 재판(再版)이라 하지 않을 수 없는 상황이 연출되었다.

16 반유신운동과 박정희의 몰락

유신시대 한국 정치는 말 그대로 '암흑천지'였다. 헌정을 중단시키고 유신체제를 세우는 과정 자체가 불법적인 '친위 쿠데타'였으며, 그 이후 정치는 중앙정보부와 보안사, 경찰 등의 정보기관과 군부를 동원한 무력통치에 의해 묵살되었다. 의회는 박정희 개인의 거수기가 되었고, 사법부는 임명권을 쥔 박정희의 시녀가 되었다. 행정부는 박정희라는 절대 권력자, 헌법 위에 군림한 '위대한 통치자'의 교시를 집행하는, 국민의 억압기구에 불과했다.

그러나 유신체제는 자유민주주의를 전면 부정하고 박정희의 영구 집권을 가능케 하는 유신헌법만으로 유지될 수는 없었다. 유신헌법이 선포되자 곧바로 박정희의 유신독재를 비난하면서 헌법을 개정하고 자유민주주의를 회복하려는 민주화운동, 반(反)유신 저항운동이 시작되었다.

박정희를 '밀수왕초'라며 원색적인 비난까지 하면서 박정희 정권과 가장 날카로운 대립각을 세웠던 장준하는 헌법 개정을 위한 백만인 청원운동에 돌입했고, 신병 치료차 일본에 머물던 중 유신을 맞은 김대중은 해외에서 유신반대운동에 나섰다. 학생과 언론, 대학교수와 양심적인 종교인, 문인, 재야정치인 등 민주세력도 유신반대운동에 나섰다.

박정희는 손가락만한 작은 구멍이라도 생겨서 물이 새기 시작하면 거대한 둑도 순식간에 무너진다는 것을 알았다. 박정희는 헌법에 대해 거론하는 것 자체를 원천 봉쇄하기 위해 긴급조치를 발동했으며, 이는 1970년대 중반부터 박정희가 김재규의 총격으로 사망하는

1979년 10.26 때까지 한국 사회를 통치하는 가장 주요한 수단이 되었
다. 유신체제를 반대하는 민주화운동가들 수천 명이 긴급조치로 구속,
처벌받았다(진실화해위원회, <2006년 하반기 조사보고서>).

긴급조치는 유신헌법 제53조에 규정된 국가긴급조치권으로 대
통령이 내리는 특별조치였다. 긴급조치 발령 시 대통령은 국회의 동
의 없이 헌법상 국민의 기본권을 정지시킬 수 있었고, 정부와 법원의
권한도 마음대로 정지시킬 수 있었다. 국회는 긴급조치의 해제를 대
통령에게 건의할 수 있을 뿐, 대통령이 이를 묵살하면 그만이었다. 긴

급조치는 사법적 심사의 대상도 되지 않았다. 결국 긴급조치권은 대통령에게 사실상 헌법 위에 군림할 수 있는 권한을 부여한 것과 같았다. 긴급조치는 유신체제 아래서 총 9차례(1호~9호) 발령되었다.

유신정권은 긴급조치로 학생, 재야인사, 야당 정치인, 종교인 등 민주인사를 구속하고 처벌했을 뿐만 아니라 미행과 도청, 감시를 일상화했다. 학원과 언론에 대한 일상적인 통제는 물론이었고, 야당의 경우 당내의 모든 행사까지 정치공작의 대상이 되었다. 이때 가장 중요한 역할을 한 것은 말할 필요도 없이 중앙정보부였다. 경찰 또한 학원 내에 상주하며 학생들의 반(反)유신 시위를 원천 봉쇄했다.

중앙정보부는 유신체제 수호의 선봉장이 되었고, 박정희의 신경망 역할을 했다. 그렇게 해서 김대중 납치 사건, 장준하 의문사 사건, 민청학련 사건, 인혁당 재건위 사건, 김형욱 실종사건, 재일교포 간첩 조작사건 등이 일어났다. 중앙정보부는 말 그대로 무소불위의 권력을 행사하며 국민의 일거수일투족을 감시했다. 그러나 아무리 해도 모든 국민의 행동을 완벽하게 통제할 수는 없는 법이다. 억압이 있는 곳에 저항이 있고, 저항은 필연적으로 억압체제에 균열을 가져오게 마련이다.

1970년대 중반 긴급조치 발동 이후 학생을 중심으로 전개되던 반(反)유신 운동은 1970년대 후반 김영삼이 이끄는 강성 야당이 등장하면서 새로운 전기를 맞게 된다. 1978년 12월 12일의 10대 총선에서 야당이 1.1%를 더 득표하는 초유의 일이 벌어졌으며, 1979년 5월에는 '선명 야당'을 기치로 내건 김영삼이 신민당 총재에 당선되었다. 김영삼은 '민주 회복'을 강력히 천명하고 나서 정국을 긴장케 만들었다.

1979년 8월에는 경찰이 신민당사에서 농성하던 YH무역* 여성노동자들을 강제 진압하는 과정에서 야당 의원들이 경찰에 맞아 코뼈가 부러지고 김경숙 노동자가 사망하는 사건이 벌어졌다. 이 일로 박정희 정권과 야당과의 갈등이 더욱 심해졌다. 10월 초에는 박정희 정권과 사사건건 부딪치던 김영삼 신민당 총재가 의회에서 제명되는 초유의 사건이 일어났다. 야당 총재의 발언을 문제 삼은 유신정권의 광기 어린 행동이었다.

제명 사건에 분노한 김영삼 총재의 정치적 고향 부산과 마산에서 시민과 학생들이 들고일어나면서 10월 16일부터 부마항쟁*이 벌어졌다. 부마항쟁과 정국대응을 둘러싸고 유신정권 내부에서 강경파와 온건파 간에 갈등이 불거졌다. 강경파인 차지철*은 "크메르 루주군은 200만 명을 죽였다."는 식으로 초강경 주장을 폈고, 온건파인 김재규는 유화책을 주장했다. 사태 수습을 두고 강온파가 부딪치면서 갈등하던 끝에 김재규의 손에 박정희와 차지철이 살해되는 사건

(10.26사건)이 일어났다. 이로써 박정희의 유신체제도 끝장났다. '총으로 흥한 자, 총으로 망한다.' 총으로 권력을 잡은 박정희는 총으로 최후를 맞은 뒤 권력을 내려놓았다.

17 고도성장에는 빛과 그늘이 있다

이제 마지막으로 박정희를 옹호하는 대표적인 견해에 대해 검토해 보도록 하자. "박정희가 정치적으로는 독재를 했을지 모르지만 경제적으로 큰 업적을 남겼다." 박정희의 치적을 옹호하는 사람들의 대표적인 논리이다. 박정희 집권 기간 동안 한국 사회는 '압축 성장'으로 표현되는 높은 경제 성장을 이뤘다. 이러한 고도성장은 박정희의 독재 정치를 희석하는 효과까지 거두며 '박정희 향수'를 불러일으키는 역할을 하고 있다. 보수 세력은 물론이고 진보학계 일각에서도 박정희 시대의 경제에 높은 점수를 주고 있는 실정이다.

실제로 양적인 성장만을 놓고 볼 때 박정희 집권 기간 동안의 경제 성적은 매우 놀랍다. 5.16군사정변이 일어난 1961년 82달러이던 1인당 국민소득은 박정희가 사망한 1979년 1,636달러로 20배가 불어났다. 수출은 4천만 달러에서 150억 달러로 급상승했다. 이 기간 동안 한국의 연평균 경제 성장률은 9.3%에 이르렀다(<한겨레21>, 2005.2.1.). 이 기간 동안 인구가 1.5배로 증가했다는 걸 감안하더라도 놀라운 성과다.

이는 국제적으로도 유례를 찾기 힘들 정도의 성과다. 1913~50년까지 세계 주요 국가 중 미국의 1인당 국내총생산 증가율이 가장 높았으나 2%에 못 미쳤다. 1950년 1인당 국내총생산 8% 증가를 비롯해 1950~70년대에 고도성장을 경험한 일본도 한국에는 훨씬 못 미친다. 더욱이 한국은 1960년대 초까지만 해도 세계 최빈국의 하나였던 것을 감안할 때 이러한 고도성장은 '기적'에 가까운 것이며 유례없는 '대질주(great spurt)'라고 평가할 만하다(이제민, '한국의 산업화와 산업화 정책', <한국경제성장사>).

지금까지 한국의 경제 성장과 비견될 수 있는 성과를 거둔 나라로는 중국이 있다. 중국은 1978년 개혁·개방 정책을 추진한 뒤 2009년까지 20여 년간 9.9%의 연평균 실질 GDP 성장률을 기록했다(한국은행 해외조사실 아주경제팀, <개혁·개방 이후 중국의 경제적 위상 변화와 향후 전망>). 또 1978~2004년까지 26년 동안 매년 평균 9.4%의 GNP 성장률을 기록했다(딩춘, '세계화 시대의 중국경제-발전과 전망'). 중국이 본격적인 개혁·개방 정책을 펴기 시작하면서 한국의 박정희 시대의 경제 개발 모델을 많이 참고했다고 평가되고 있다. 아마도 중국은 한국의 사례가 국가 주도 경제 개발 모델이라는 점에서 많은 시사점을 얻었을 것으로 보인다.

물론 박정희의 독재(유신) 체제와 중국 공산당의 일당 독재 체제는 그 정치적 성격이 명백히 다르지만, 정책을 효율적으로 집행할 수 있는 정치 구조(1인 독재와 공산당 독재)를 갖고 있다는 점에서는 유사한 측면이 있다. 한국의 박정희 시대와 중국이 개혁·개방 정책을 펴던 시기의 세계 경제 상황은 전혀 달랐지만, 중국이 국가(공산당) 주도의 경제 개발의 선행모델을 한국의 박정희 정권에서 찾아보았을 것은 충분히 예상할 수 있다.

이렇듯 박정희 시대에 양적인 측면에서 '기적적 성장'을 이룬 것은 분명하지만 문제는, 이러한 '박정희 시대'의 경제적 성과를 '박정희 개인'의 업적으로 돌리는 것이 합당한가 하는 점이다. 사실 '경제 성장이 박정희 덕분'이라는 식으로 말하는 것은 '지도자의 역량과 국민의 역량을 혼동하는 것'이다. 이는 '국민의 역량과 시대적 요구에 의해 지도자의 역량이 발휘된 것'으로 보는 게 타당할 것이다.

박정희를 과대평가하는 사람들은 종종 박정희 정권을 필리핀의 마르코스 정권과 비교하지만, 이는 잘못된 것이다. 한국은 필리핀과 달리 우수한 노동력을 갖추고 있었고 토지개혁을 통해 지주계급이 사라져 자본주의가 발전할 수 있는 사회·경제적 바탕이 마련되어 있었다. 여기에 국제적인 역학 구도 덕분에 베트남과 중동의 특수를 누릴 수 있었고, 일본에서 기술과 자본을 도입하는 데 유리한 상황이었다.

따라서 박정희가 시대 상황을 잘 이용한 것은 분명하지만 연평균 9%의 높은 성장을 모두 그의 공으로 돌리는 것은 적절치 않다. 당시 한국은 '값싼 양질의 노동력이 있었고, 집권 초창기 방위비 부담이 크지 않았으며, 1960~80년대에 걸쳐 미국이 사상 최대의 호황을 누린 것의 반사이익을 볼 수 있었다'는 점을 고려해야 한다. 이러한 객관적인 여건을 감안하지 않고 모든 것을 박정희의 공인 것처럼 이야기하는 것은 역사에 대한 무지가 아닐 수 없다.

아울러 박정희 시대 경제 성장의 주역이었으나 제대로 대접받지 못한 노동자와 농민 등 근로민중의 역할에 대해서도 제대로 평가가 이루어져야 한다. "근로기준법을 준수하라!"며 분신자살한 전태일*의 죽음에서 알 수 있듯이 1960~70년대 한국의 노동 현실은 근로기준법조차 지켜지지 않는, 열악하기 짝이 없는 상황이었다. 박정희 정권은 최소한의 생존권적 요구인 임금 인상 요구나 노동자의 자주적 권리인 노동조합 결성의 요구조차 '용공세력의 불순한 요구'로 몰면서 탄압하기에 바빴다. 여기서도 알 수 있듯이 박정희 시대 고도성장의 실질적인 주인공은 공장과 농촌에서 피땀 흘리며 일한 노동자와 농민 등 근로민중이었다.

박정희 시대 한국 경제의 고도성장은 이러한 근로민중의 희생 위에서 가능했지만 박정희의 추종자들은 그들의 공로를 인정하는 데 인색하기 짝이 없다. 박정희 정권을 비롯한 군부 정권 시절 '선(先)성장 후(後)분배'의 논리로 노동자, 농민의 요구를 억누름으로써 한국 경제는 고도성장을 구가할 수 있었다. 문제는, 그와 같이 근로민중에게만 일방적 희생을 강요하는 논리가 지금까지도 경제 위기가 닥칠 때마다 반복되고 있다는 사실이다. 도대체 언제까지 '먼저 파이를 키워야 한다'는 헛된 논리를 반복할 것인가? 어서 복지국가를 이룩하여 노동자와 자본이 공생하면서도 사회적 풍요의 혜택을 함께 누릴 수 있는 사회로 바뀌어야 할 것이다.

18 '박정희 신화'가 무너지다

2016년 12월 9일 오후 4시 10분, 박근혜 대통령에 대한 탄핵소추안이 국회를 통과하였다. 재적 의원 300명 중 299명이 투표하여 찬성 234표, 반대 56표, 기권 2표, 무효 7표의 결과를 보였다. 당초의 예상을 훨씬 뛰어넘는 압도적인 찬성으로 탄핵 소추안이 국회에서 가결된 것이다. 이와 함께 박근혜 대통령은 직무 정지 상태가 되었다. 헌법재판소의 최종적인 결정이 남아 있지만 사실상 박근혜 대통령의 탄핵은 기정사실로 여겨지고 있다.

박근혜 대통령이 일부 여당의원(최소 64명 이상)까지 가담한 가운데 국회의 탄핵을 받은 것은 '최순실 게이트' 때문이다. 박근혜 대통령은 '비선실세' 최순실의 국정 개입과 사익 추구를 위해 여러 위법행위를 저질렀고, 그 결과 국가의 공적 시스템이 무력화되고 말았다. 검찰 특별수사본부는 박근혜 대통령에게 총 8개의 법률 위반 혐의가 있다고 발표했다. 현직 대통령의 경우 내란·외환의 죄를 제외하고는 형사소추되지 않는다는 특권 때문에 체포와 기소는 면했지만 범죄 혐의는 명확했다.

박근혜 대통령은 최순실 일가와 그 주변 인사들의 배를 채워주기 위해 K스포츠·미르재단과 같은 위장된 기구를 만들어 후원금을 내도록 기업에 압력을 행사했다. 대통령은 재벌회장을 독대하거나 청와대 경제수석을 통해 후원금 액수까지 제시했다. 일부 기업의 경우에는 일방적으로 후원금을 낸 것이 아니라 편의와 특혜를 대가로 뇌물을 제공한 혐의를 받고 있다. 검찰은 대통령에 대한 직접조사를 하지 못한 것 때문에 이에 대해서는 제외했지만, 특검에서는 이 문제가 구체적으로 확인될 것으로 여겨지고 있다.

검찰이 확보한 정호성 전 비서관의 휴대전화 녹취파일과 문자 등에서 최씨가 '권력서열 1위'였음을 확인할 수 있는 정황들이 구체적으로 드러났다. 한 달간 열리지 않던 수석비서관 회의가 최순실의 말 한 마디에 12시간 만에 소집된 경우도 있었다. 최순실은 박근혜 대통령의 코디 역할 뿐만 아니라 국정운영에도 세세하게 개입했다(<한겨레>, 2016. 12. 13.).

최순실은 청와대를 제집 드나들 듯 아무런 제재도 받지 않고 무사통과했다. 행정관 차량을 이용해 외부인 출입증인 비표를 발급받는 절차도 생략하고 자유롭게 출입했다. 또한 최순실은 정호성 전 비서관으로부터 중요한 국정자료를 넘겨받아 보았고, 대통령의 연설문을 수시로 고쳤다. 정호성 비서관은 국정자료를 넘긴 후 확인전화나 문자를 보내고 최씨의 의견을 받아 대통령에게 전달하는 역할을 매우 충실히 수행했다. 최순실과 가까운 사이였던 고영태는 최순실이 문화관광부 차관을 '수행비서'처럼 부렸다고 증언했을 정도였다.

범죄 행위가 명백히 드러났음에도 박근혜 대통령은 반성의 기미조차 보이지 않았다. 대통령은 국회의 탄핵 가결 후, "피눈물이 난다는 말의 의미가 무엇인지 알겠다."고 말했다. 이 말을 들은 세월호 유가족들로서는 통탄할 일이 아닐 수 없었다. 수학여행 간다고 웃으며 떠난 아이들이 바다 밑에 수장된 지 천 일이 다 되어가고 있다. 유가족들이 그 수많은 날들을 피눈물을 흘리고 있을 때 누구보다 이들을 위로하고 돌봐야 할 대통령은 무엇하고 있었는가를 생각하면 피를 토할 지경이다.

2014년 4월 16일 아침부터 세월호가 바다 속으로 가라앉으면서 아이들이 수장되고 있던 긴박한 그날, 7시간 동안의 대통령의 행적은 의혹투성이지만 청와대는 그동안 제대로 된 설명을 한 번도 한 적이 없었다. 그러나 촛불시위와 검찰 수사가 진행되면서 마침내 그 비밀도 밝혀지기 시작했다. 그 긴박한 순간에 대통령이 '올림머리(박근혜 대통령은 이미지 조작을 위해 육영수 여사가 했다는 그 머리모양을 하곤 했다)'를 하느라 적지 않은 시간을 허비했다는 게 밝혀졌다. 유가족뿐만 아니라 온 국민의 공분을 불러일으키는 행위가 아닐 수 없었다.

박근혜는 대통령으로서의 책임감은 고사하고 모든 국민들이 다 갖고 있던 꺼져가는 생명에 대한 안타까움과 애도의 마음조차도 갖고 있지 않았다. 세월호 사건은 국민의 생명과 안전을 지키기 위해 국가가 무엇을 해야 하며 국가의 지도자인 대통령은 어떻게 행동해야 하는지를 준엄하게 묻고 있다. 그러나 박근혜 대통령은 비통한 유족의 마음을 위로하기는커녕 무시로 일관하였고, 정부 또한 세월호 사건의 진실을 밝히기보다 은폐하기에 급급했다.

세월호 사건 이후 박근혜 정부가 보인 행태와 '박근혜·최순실 게이트'에서 드러난 국정의 난맥상을 보면 그야말로 '이게 나라냐'는 말이 딱 어울릴 지경이다.

이 같은 범죄 행각이 명백히 드러났음에도 불구하고 대통령이 파렴치한 변명으로 일관하자 분노한 시민들이 거리로 쏟아져 나와 청와대를 향해 '하야하라!'고 외쳤다. 매주 토요일마다 시민들의 촛불집회가 서울 광화문과 전국 각 도시에서 개최되었다. 10월 29일부터 12월 31일까지 10차에 걸쳐 전국에서 연인원 1,000만 명의 시민이 참가한 촛불시위가 이어졌다. 12월 2일의 6차 집회에만 전국에서 총 232만 명(서울 170만, 부산·대구·광주·대전 등 지방 62만)이 참가하여 한국 역사상 최대 규모를 기록하였다. 11월 26일의 5차 집회에도 전국에서 190만 명(서울 150만, 지방 40만)이 참가하였다.

촛불시위는 지극히 평화적으로 진행되었지만 대통령과 집권여당인 새누리당을 향한 시민들의 분노는 하늘을 찔렀다. 대통령의 진심어린 사죄와 반성, 그리고 퇴진이 요구되었다. 그러나 박근혜 대통령은 끝내 자신의 잘못을 깨닫지 못하였고, 국민을 향한 진심어린 사죄의 말도 하지 않았다. 스스로 물러나지도 않았다. 이제 길은 두 가

'박근혜 퇴진'을 요구하는 시위(2016년 10월 29일 청계광장) [사진: Teddy Cross] - 출처: flickr

지였다. 민중의 힘으로 권좌에서 끌어내리는 혁명이 있었고, 다른 하나는 법과 제도의 틀 안에서 문제를 해결하는 탄핵이 있었다. 촛불의 압력에 떠밀린 국회가 대통령 탄핵에 본격적으로 나섰고, 마침내 탄핵 소추안이 압도적 찬성으로 국회를 통과했다.

박근혜 정부는 2016년 가을과 겨울 시민들의 '촛불혁명'으로 무너졌다. 이와 함께 '박정희 신화'도 끝장났다. 박근혜와 함께 '박정희의 신화'도 탄핵되었다. 그것은 '촛불혁명'을 불러온 박근혜·최순실 게이트가 박정희로부터 시작되고 있는 것과 무관하지 않다.

19 한번은 비극,
      한번은 소극

1974년 8월 15일 박근혜는 어머니 육영수 여사를 잃었다. 1973년의 김대중 납치 사건에 분노한 재일교포 문세광의 박정희 암살 기도 와중에 일어난 일이었다. 1975년 4월 30일에는 남베트남(월남)이 패망했다. 어머니의 피살과 베트남 패망에 따른 안보위기로 박근혜는 정신적 공황 상태에 빠졌다. 그때 최태민이라는 영혼의 구세주가 나타났다. 최태민은 방황하는 어린 양 박근혜에게 '구국'과 '십자군'의 깃발을 제시했다. 스스로를 조물주의 '칙사', '태자마마'라고 했던 사이비 종교 교주 최태민이 목사 행세를 하며 '구국선교단'의 깃발을 들고 박근혜 앞에 나타난 것이다.

하지만 구국선교단은 기독교계의 반발과 '대통령의 딸이 특정 종교와 관련된 활동을 하는 것'에 대한 문제 제기로 1976년 4월 '구국여성봉사단'으로 명칭을 바꾸었다. 남성이면서 이 단체의 총재가 된 최태민은 박근혜를 등에 업고 관변 여성단체들을 구국여성봉사단으로 통합하고 그 예산을 독차지하려고 했다. 하지만 1979년 5월 구국여성봉사단은 새마음봉사단으로 이름을 바꾸어야 했다. 주요 사업으로 추진해 온 '새마음운동'이 남녀노소를 포괄하기 때문이라는 명분을 내세웠지만 사실은 여성계의 거센 반발 때문이었다.

어린 시절 남들 앞에 나서는 성격이 아니었던 박근혜를 대중 앞에 내세운 것은 최태민이었다. 최태민의 구국선교단, 구국여성봉사단, 새마음봉사단은 박근혜의 잠재되어 있던 권력의지를 일깨웠다. 1970년대 한국에는 아직도 봉건적 사고방식이 남아 있었다. 당시는 시골의 할아버지 할머니들은 박근혜가 나타나면 "공주님이 오셨다!"며 흙바닥에 엎드려 큰절을 올렸던 시절이다. 그런데 결혼도 하지 않은 20대 중반의 젊은 처녀가 60대, 70대의 노인들을 세워 놓고 두세 시간씩 충효에 대해 강연하는 것은 참으로 민망한 일이었다.

하지만 세상 물정을 몰랐던 박근혜는 최태민이 만드는 그런 자리에 참석하는 것을 마다하지 않았다. 김재규는 "육영수 여사도 그러지 않으셨다."는 말까지 하면서 이 문제를 거론했지만 박근혜에게는 씨알이 먹혀들지 않았다. 박근혜는 육영수 여사가 죽은 뒤 퍼스트레이디 역할을 했으며, 최태민과 함께 이런 일들을 하면서 기꺼이 즐겼다. 이 무렵 박근혜에 밀착한 최태민 앞에서 기업들은 알아서 기었다. 기업들은 최태민에게 선을 대어 한몫 잡아보려고 스스로 돈을 갖다 바쳤다.

이런 가운데 박근혜의 놀라운 행태가 드러났다. 무려 9년 2개월 동안 청와대 비서실장을 지내 '영원한 비서실장'으로 불리는 김정렴은 자신의 회고록에서 놀라운 사실을 고백했다. 하루는 박근혜가 자신에게 구국선교단을 지원하고 있는 어느 건설회사와 섬유공업회사의 현안을 해결해 달라고 부탁했다. 당시는 비서실장 김정렴이 모든 정치자금을 관리하고 있을 때였다. 경험이 없는 어린 박근혜가 노회한 최태민에게 놀아날 것을 염려한 김정렴은 즉각 박정희에게 이 사실을 보고하고 대책을 세웠다. 자신이 박근혜의 활동자금을 마련할 터이니 박근혜가 금전 문제에 개입되는 일이 없도록 원천봉쇄해 달라고 건의했던 것이다. 박정희는 김정렴의 건의를 받아들였다. 김정렴은 박정희의 양해를 얻어 모든 수석 비서관들에게 구국선교단에 이용당하지 말도록 당부했다.

몇 차례 구두보고에도 불구하고 구국선교단 문제가 계속 터져 나오자 당시 민정수석이었던 박승규는 '잘릴 각오'를 하고 상세한 보고서를 작성하여 박정희에게 제출했다. 얼굴이 벌겋게 상기된 채 보고서를 다 읽은 박정희는 한참 동안 말이 없었다. 그러다가 보고서를 박승규에게 돌려주면서 "당신이 직접 근혜한테 얘기 좀 해봐. 나한테 보고 안 한 걸로 하고…."라고 말했다. 냉혹한 독재자 박정희도 '자식 이기지 못하는 부모'에 불과했다.

그런데 매달 한두 차례 꼬박꼬박 신문지상에 등장하던 최태민의 이름이 1977년 3월 24일 경로병원 관련 기사를 끝으로 사라졌다. 하지만 신문지상에 이름이 나오지 않을 뿐 박근혜에 대한 최태민의 영향력은 지속되었다. 그리고 이번에는 최태민 대신 그의 딸 최순실이 언론에 등장했다. 단국대 대학원생이던 최순실은 1979년 6월 10일 새마음제전에서 전국새마음대학생총연합회 회장 자격으로 개회선언을 했던 것이다.

최태민 문제가 해결되지 않자 총대를 메고 나선 것은 중앙정보부장 김재규였다. 우직한 김재규는 검사로 중앙정보부에 파견 나와 특명수사를 전담하는 6국장으로 있던 백광현에게 최태민의 비리에 대한 상세한 조사를 지시했다. 1977년 9월 12일 오전 김재규는 백광현과 함께 1시간가량 박정희를 면담했고, 백광현을 내보내고 10분간 단독으로 박정희와 이야기를 나누었다(한홍구, '권력형 개인 비리 최태민, 총체적 국정농단 최순실', <경향신문>, 2016.11.4.).

그런데 김재규가 작심하고 만든 보고서를 올린 다음 더욱 황당한 일이 벌어졌다. 박정희는 이 보고서를 박근혜에게 주었고, 박근혜는 이를 최태민에게 전달했다. 1977년 9월 12일 저녁, 청와대에서 '기묘한' 자리가 만들어졌다. 박정희가 중앙정보부장 김재규와 6국장 백광현을 한편에 앉혀 놓고, 다른 편에 박근혜와 최태민을 앉힌 채 대질심문을 벌인 것이다. 흔히 박정희의 '친국'이라고 불리는 일이다. 이때 박근혜는 울며불며 최태민을 옹호했고, 중앙정보부가 거짓말을 하고 있다고 달려들었다. 그런데 더욱 놀라운 것은 박정희의 태도였다. 박정희는 '근혜가 아니라잖아' 하는 식의 태도를 나타냈던 것이다. 김재규로서는 황당했고 박정희에 대한 믿음이 산산이 조각나는 순간이었다.

아버지 박정희는 딸 박근혜 앞에서 대단히 무기력했다. 아니 무책임했다. 박정희가 천하의 중앙정보부장이 올린 보고서를 믿지 않고 딸의 눈물에 넘어가자 김재규는 극도의 실망감과 모욕감에 빠지고 말았다. 박정희는 이미 그가 알던 박정희가 아니었다. 박정희는 이

미 한 나라를 통치할 만한 판단력을 갖고 있지 못한 상태였다. 김재규가 10.26사건 후 항소이유서에서 자신이 박정희에게 총을 쏜 '간접적이지만 중요한' 동기의 하나로 "구국여성봉사단과 관련한 큰 영애의 문제"를 꼽은 것은 이런 이유 때문이었다.

박정희는 그 뒤 의전비서관 최필립(뒤에 정수장학회 이사장 역임)을 박근혜의 전담맨으로 붙여 최태민과 떼어놓으려고 하였다. 하지만 최태민은 최필립까지 자기 편으로 끌어들이는 수완을 발휘하였다. 박정희는 결국 최태민 문제를 해결하지 못했다. 그러나 박정희가 그 문제를 해결하기 위해 고민했던 것은 분명하다. 측근들의 회고에 의하면, 박정희가 최태민 관련 보고가 올라오면 "가슴이 찢어질 것 같다."고 말하거나, 심지어 눈물을 보이기까지 했다고 한다. 조갑제에 따르면 박정희는 1979년 5월 최태민이 여전히 박근혜에게 영향력을 행사하고 있다는 보고가 들어오자 "그 자는 백해무익한 놈이다. 교통사고라도 나서 죽어 없어져야 할 놈이다."라고 화를 냈다고 한다. 그러나 박정희는 "야단치려고 해도 어미 없는 것이 불쌍해서 눈물이 나더라."라는 동정심을 보이고 말았다. 결국 이 동정심이 박정희와 박근혜를 망치고 말았다(한홍구, '권력형 개인 비리 최태민, 총체적 국정농단 최순실', <경향신문>, 2016.11.4.).

최태민 문제가 김재규가 10.26사건을 일으키는 직접적인 원인은 아니었지만, 그 자신이 분명히 밝혔듯이 '중요한 이유 중 하나'가 되었다. 결국 박정희는 최태민 문제를 해결하지 못해 자신의 운명을 재촉하고 말았다. 박정희가 죽은 지 37년 뒤 또 다시 최태민의 딸 최순실 때문에 박정희의 딸 박근혜가 탄핵을 받게 되었다. 박정희는 최태민을 제대로 손보지 못해 자신과 딸까지 몰락하는 신세로 만들고 말았다. 운명의 장난이라고 해야 할까? 또한 박근혜는 정치를 시작한 지 18년 만에 국회에서 탄핵을 당해 몰락했다. 박정희는 권력을 잡은 지 18년 만에 부하의 총을 맞고 생을 마감해 강제로 권좌에서 내려왔다. 18년은 우연의 일치겠지만 그래도 의미가 심장하다.

박근혜는 아버지 박정희의 후광에 힘입어 대통령까지 올랐지만, 아버지가 해결하지 못한 최태민 때문에 결국은 몰락하고 말았다. 마르크스는 "역사는 반복한다. 한 번은 비극으로, 한 번은 소극(笑劇, 우스꽝스런 희극, 즉 코미디)으로."라고 말했지만 과연 맞는 말일까? 박정희의 죽음과 연관되었다고는 하지만 최태민 사건은 박근혜 탄핵을 불러온 '박근혜·최순실 게이트'에 비하면 차라리 코미디에 가까운 게 아닐까? 아니면 그 반대일까?

284
김재규

1926~1980. 경북 선산 출생. 군인 · 정치인. 육군사관학교 졸업 후 군 요직을 두루 거치고 1973년 육군중장으로 예편했다. 국회의원, 중앙정보부 차장, 건설부 장관을 지내고 1976년부터 중앙정보부장으로 재직 중 1979년 10.26사건 (김재규가 궁정동에서 열린 연회에서 박정희 대통령과 차지철 경호실장 등을 총으로 살해한 사건)을 일으켰다. 그의 거사 동기에 대해서는 '자유민주주의 회복', '차지철과의 권력투쟁', '미국 CIA의 개입' 등 여러 설이 있었으나 명확하게 규명되지는 못했다. 그 해 군사재판에서 '내란목적 살인 및 내란미수죄'로 사형을 선고받고 다음해 5월 교수형에 처해졌다.

313
황태성

1906~1963. 경북 상주 출생. 사회주의운동가 · 독립운동가. 일제강점기에 경북지역을 중심으로 독립운동과 공산주의운동을 벌였다. 박정희의 친형 박상희와 같이 활동했다. 광복 후 경북지역 인민위원회에서 활동하다 1946년 10월 대구에서 시위(대구 10월항쟁)가 일어나고 공산당 간부들에 대한 검거가 시작되자 이를 피해 월북하였다. 이후 북한에서 무역상 부상(副相)을 지냈으며, 1961년 5.16군사정변으로 박정희가 정권을 잡자 남북협상의 밀사로 남파되어 박정희를 만나고자 하였으나 실패하고, 간첩혐의로 구속되어 사형 당했다.

328
윤이상

1917~1995. 경남 산청 출생. 작곡가. 통영에서 성장했으며 14세부터 독학으로 작곡을 시작, 일본 유학을 다녀온 후 잠시 음악교사로 재직했다. 1950년대 중반 프랑스에 건너가 유럽 각지에서 활동하다 독일에 정착했다. 1967년 동백림 사건으로 사형을 선고받았으나 세계 음악인들의 탄원과 독일정부의 석방 노력에 힘입어 2년 복역 후 풀려났다. 한국 입국이 금지되어 독일에 귀화했고, 한국의 민주화와 남북통일을 위해 꾸준히 활동했다. '20세기의 중요 작곡가 56인', '유럽에 현존하는 5대 작곡가'로 선정되는 등 세계적 명성을 얻었다. 통영에서는 매년 윤이상을 추모하는 '통영국제음악제'와 '윤이상국제음악콩쿠르'가 열리고 있다.

328
천상병

1930~1993. 일본 출생. 시인. 해방 후 귀국해 마산에서 성장했다. 1949년 마산중학교 5학년 때 <문예>지에 추천받으며 일찍이 재능을 드러냈고, 대학 입학 후 시와 평론 등을 발표하며 본격적으로 활동을 시작했다. 1967년에는 동백림 사건에 연루되어 6개월간 옥고를 치렀다. 그 후 고문 후유증과 영양실조로 길

에서 쓰러져 행려병자로 오인되는 바람에 정신병원에 수용되었다. 연락이 두절되자 그가 죽은 줄로 안 지인들이 1971년 그의 첫 번째 시집이자 유고시집인 <새>를 발간했다. 가난과 주벽, 방랑 등으로 많은 일화를 남기며 '문단의 마지막 순수시인', '문단의 마지막 기인(奇人)'으로 불리다 지병으로 세상을 떠났다.

330 '코리아게이트' 사건

1976년 재미 실업가이자 로비스트인 박동선이 미국 워싱턴 정가에 로비자금을 제공한 사건. 당시 박동선은 박정희의 지시를 받고 미 의회 의원들과 정부 관리들에게 거액을 제공했다. 미 언론 보도로 이 사실이 밝혀지면서 '워터게이트'에 빗대어 '코리아게이트'로 불리게 되었다. 국내에서는 보도통제로 한참 후에 알려졌다. 당시 미국 정부가 박동선의 송환을 요구했으나 한국 정부가 거부하면서 외교 마찰이 빚어졌다. 결국 박동선이 미국에서 뇌물 제공과 선거자금 불법 제공 등의 혐의로 기소되자 양국은 외교적 해법을 모색했다. 이에 따라 박동선이 미 의회에서 로비활동에 대해 세 차례 증언하고 미 법원이 기소를 철회하면서 사건이 종결되었다.

341 김형욱 납치·살해 사건

1979년 10월 초, 전 중앙정보부장 김형욱이 파리에서 납치되어 살해된 사건. 김형욱은 5.16군사정변 후 국가재건최고회의 최고위원을 지낸 박정희 정권의 실세였다. 1963년 중앙정보부장으로 임명되어 각종 공작정치를 기획하며 박정희 체제 유지에 결정적 역할을 했다. 대통령의 최측근으로 위세를 떨치며 3선 개헌안을 추진했으나 개헌안이 통과된 직후 해임되었다(1969년 10월). 이 일로 원망을 품게 된 김형욱은 1973년 미국으로 망명해 박정희를 비난하고 정권의 비리를 폭로했다. 이어 회고록 출간을 준비하던 중 프랑스 파리에서 중앙정보부 요원들에 의해 납치, 살해되었다. 박정희의 정치적 보복으로 보는 견해가 일반적이다.

341 납북귀환어부와 재일교포에 대한 간첩 조작 사건

납북귀환어부 간첩 조작 사건은 1968년 이후 남북관계가 악화되면서, 북한에 납북되었다가 귀환한 어부들에게 간첩 누명을 씌워 처벌한 사건이다. 1967년 황해도 앞바다에서 북한 경비정에 피랍됐다가 풀려난 어부 서창덕이 이근안 등의 고문에 의해 간첩으로 조작된 사건이 한 예이다. 서씨는 당시 반공법 위반 혐의로 처벌받았으나 17년이 지난 1984년 간첩죄로 다시 기소되어 징역 10년을 선고 받고 복역 중 가석방되었다. 2008년 이뤄진 재심에서 가혹 행위에 의한 허위 자백이었음이 인정되어 무죄를 선고받았다. 재일교포 간첩 조작 사건은 모국에 공부하러 온 재일교포 출신 유학생들에게 북한이나 조총련 등의 지령을 받아 간첩 행위를 했다는 누명을 씌워 처벌한 사건들이다. 1975년 11월과 12월 2차에 걸쳐 중앙정보부가 부산대, 한신대, 서울대, 고려대, 가톨릭의대, 한국외대 등에 재학 중이던 재일교포 2세 유학생들의 민주화 활동을 '재일교포 간첩단 사건'으로 확대, 조작하여 24명의 학생과 교수를 처벌한 것이 대표적인 경우이다.

354
YH무역 사건

유신체제 말기인 1979년 8월 9일 가발생산업체인 'YH무역' 노동자들의 농성을 경찰이 강제 진압하는 과정에서 노동자 김경숙 씨가 사망한 사건을 말한다. 박정희 정권에서 노동자들은 경제성장을 우선시하는 논리에 밀려 억압당하곤 했다. YH무역 노동자들은 회사가 무책임하게 폐업하자 폐업 철회와 생존권 보장 등을 요구하며 신민당사에서 농성을 벌였다. 정부가 경찰을 투입해 강제 진압에 나서면서 100여 명의 부상자가 발생하였고 노동자 김경숙 씨가 추락사하였다. 이 사건은 김영삼 신민당 총재의 의원직 제명 파동과 부마항쟁, 10.26사건으로 이어지면서 유신체제 몰락을 가져온 하나의 원인이 되었다.

354
부마항쟁

유신체제 말기인 1979년 10월 16일부터 5일 동안 부산과 마산에서 벌어진 대규모 유신독재 반대시위를 말한다. 부산과 마산의 첫 글자를 따 명명되었다(마산은 2010년 창원에 통합되었다). 박정희 정권의 독재와 인권탄압이 나날이 심해지자 국민과 야당의 저항도 점차 고조되었다. 특히 김영삼 의원의 국회 제명 파동으로 부산에서 일어난 반정부 시위가 마산과 창원 등으로 확산되자 정부는 강경진압에 나섰다. 이 부마항쟁 대응 방안을 둘러싸고 정권 핵심부 내에서 갈등이 일어났고, 이것이 10.26사건을 불러온 원인 중의 하나이다. 2012년 '국가는 부마항쟁 피해자들에게 배상해야 한다'는 판결이 나왔다.

354
차지철

1934~1979. 경기도 이천 출생. 군인·정치인. 미국의 포병학교와 보병학교를 졸업하고 귀국해 5.16군사정변에 가담하였다. 박정희의 경호장교로 활동하며 박정희의 신임을 얻어 육군중령으로 예편 후 정치에 입문했다. 6·7·8·9대 국회의원에 연이어 당선되었으며 1974년 육영수 피격사건으로 박종규 경호실장이 물러나자 후임으로 임명되었다. 경호실장으로 재직하는 동안 지나친 월권

행위로 대통령 비서실 및 중앙정보부와 충돌이 잦았다. 김영삼 총재의 의원직 제명을 주도하고 부마항쟁에 대한 강경진압을 주장하는 등 유신독재에 저항하는 야권과 시민들에게 강경대응으로 일관했다. 10.26사건 때 박정희와 함께 김재규에게 살해당했다.

358 전태일

1948~1970. 경북 대구 출생. 봉제노동자·노동운동가. 1965년부터 서울 평화시장에서 일하며 열악한 노동환경과 노동착취, 인권침해를 경험하였다. 당시 평화시장은 기성복을 제조·공급하던 곳으로 노동자가 2만여 명에 달했다. 전태일은 노동조건 개선을 끊임없이 요구했으나 받아들여지지 않자 1970년 11월 13일 시위 현장에서 '근로기준법을 준수하라'는 구호를 외치며 분신자살했다. 당시 그의 나이 22세였다. 이 일은 우리 사회의 노동운동, 민주화운동, 학생운동에 큰 영향을 끼쳤고, 전태일은 2002년 민주화운동 관련자로 인정되었다. 어머니 이소선 여사는 아들의 유언에 따라 노동운동과 민주화운동에 헌신하였다.

참고자료

박원순, <야만시대의 기록 2> (역사비평사, 2006)
이병천·이광일 편, <20세기 한국의 야만 2> (일빛, 2001)
김충식, <정치공작사령부 1, 2> (동아일보사, 1992)
이상우, <박정권 18년 그 권력의 내막> (동아일보사, 1986)
임영태, <두 개의 한국 현대사> (생각의길, 2014)
안병직 엮음, <한국경제성장사> (서울대출판부, 2001)
강준만, <한국 현대사 산책 1960년대편> (인물과사상사, 2003)
강준만, <한국 현대사 산책 1970년대편> (인물과사상사, 2004)
임영태, <대한민국사 1945~2008> (들녘, 2008)
국가정보원, <과거와 대화 미래의 성찰-국정원 과거사위 보고서 (Ⅱ), (Ⅲ)> (2007)
진실·화해를위한과거사정리위원회, <2007년 하반기 조사보고서> (2008)
진실·화해를위한과거사정리위원회, <2006년 하반기 조사보고서> (2007)
한국은행 해외조사실 아주경제팀, <개혁·개방 이후 중국의 경제적 위상 변화와 향후 전망>, (2009)
딩춘, '세계화 시대의 중국경제-발전과 전망', 한독경상학회 국제학술대회 발표자료 (2005)
프레시안 기사(2013.1.10.)
한겨레 기사(2016.1.9. / 2012.2.24. / 2005.2.1. / 2001.4.3.)
경향신문 기사(2016.1.4. / 2016.11.14.)
노컷뉴스 기사(2015.5.15.)